석학
人文
강좌
56

삶의 철학으로서 인문학
― 사람과 생명, 그리고 사회 ―

석학人文강좌 56

삶의 철학으로서
인 문 학
— 사람과 생명, 그리고 사회 —

초판 1쇄 발행 2014년 7월 15일
초판 2쇄 발행 2014년 12월 5일
지은이 백승균
펴낸이 이방원
편   집 안효희·김명희·조환열·강윤경
디자인 박선옥·손경화
마케팅 최성수
펴낸곳 세창출판사
출판신고 1990년 10월 8일 제300-1990-63호
주소 120-050 서울시 서대문구 경기대로 88 냉천빌딩 4층
전화 723-8660
팩스 720-4579
이메일 sc1992@empal.com
홈페이지 http://www.sechangpub.co.kr

ISBN 978-89-8411-474-6 04100
        978-89-8411-350-3(세트)

ⓒ 백승균. 2014

이 도서의 국립중앙도서관 출판시도서목록(CIP)은 서지정보유통지원시스템 홈페이지(http://seoji.nl.go.kr)와
국가자료공동목록시스템(http://www.nl.go.kr/kolisnet)에서 이용하실 수 있습니다. (CIP제어번호: CIP2014020211)

석학
人文
강좌
56

삶의 철학으로서
인 문 학
— 사람과 생명, 그리고 사회 —

백승균 지음

세창출판사

Geisteswissenschaft
als
Lebensorientierung

Seung-Kyun Paek, Ph.D

Sechang Publishing Co.

_ 머리말

　이 책은 교육부가 주최하고 한국연구재단이 서울시민을 위해 주관한 '석학과 함께하는 인문강좌' 제6기 「사람과 삶, 세상을 잇는 인문학」의 전체주제 아래 2013년 8월 3일부터 24일까지 매주 토요일마다 서울 역사박물관에서 행해진 3차례의 인문강좌와 한 차례의 종합토론으로 구성됐습니다. 첫째 주의 강좌는 사람의 생각을 바꾸는 인문학이었고, 둘째 주의 강좌는 사람을 자연 이상으로 보는 철학이었으며, 그리고 셋째 주의 강좌는 디지털정보사회에서 인간성 실현이었습니다.

　이 3강좌들은 사람과 생명, 그리고 사회라는 개별주제로서 범주화할 수 있으나, 통합주제로서는 「삶의 철학으로서 인문학」이라고 할 수 있습니다. 왜냐하면 사람과 생명, 그리고 사회가 인간의 삶과 직결되어 있는 범주들이고, 이런 범주들을 철학의 눈높이로서 인문학의 한 측면을 그려내고자 했기 때문입니다. 이에 대한 질의와 응답은 마지막 넷째 주의 종합토론 1과 2에서 김용일 교수님과 김진 교수님이 보다 심도 깊은 철학적 질의와 그에 대한 답변, 그리고 그때 참여하신 시민 여러분들의 다양한 철학적 일반질문에 대한 저자의 답변으로 이루어졌습니다.

따라서 이 강좌는 처음부터 전문인을 위한 철학적 이론체계나 학술적 자기주장이라기보다 일반시민을 위한 인문학적 사유 전반을 인간 삶의 철학적 연관성에서 개괄적으로 마련한 것입니다. 따라서 엄격한 철학적 논리나 이론적 체계를 고수하지 않고, 다만 철학함으로서의 인문학 일반과 오늘날의 디지털정보사회현상을 원칙론에서만 짚어보고자 했습니다. 따라서 인문학이란 무엇이고, 그 대상과 방법론이란 무엇이며, 그리고 자연과학과는 어떻게 다르고, 디지털지식사회의 본래 모습은 무엇인가를 인간 삶으로서의 문화와 함께 고찰했습니다. 시대가 바뀌고 삶의 방식은 바뀌나, 사람됨의 근원은 전혀 바뀌지 않습니다. 그래서 우리는 '초심(근원)'을 지목했고, 거기서 새로 시작할 때, 인간본래의 모습을 언제나 다시 되가질 수 있음을 정당화하고자 했습니다.

이를 위해 먼저 우리는 어떤 눈높이를 가져야 하고, 특히 사람을 신화에서는 어떻게 보고, 생물의학에서는 어떻게 보는지를 짚어야 했습니다. 생명의 잉태과정과 그 의미에 따른 생명의 존엄성에 대한 고찰은 물론이고, 죽음의 존엄성까지도 인문학적으로 묻고자 했습니다. 이는 결국 생물인간철학에서는 사람을 어떻게 보는가 하는 물음으로 이어집니다. 인간존재를 다만 추상적으로 이성적 존재 혹은 감성적 존재로만 규정할 것이 아니라, 먼저 현실적으로 생물학적 존재로 규정한 후, 이에 근거하여 철학적으로 정의하는 것이 인간학적으로 더욱 설득력을 가지게 됩니다. 그러나 궁극적으로는 이 인간생물철학의 한계마저도 짚어야만 한 것은 인간존재란 그 어떤 하나의 철학 틀로써는 규정될 수도 정의될 수도 없는 영성적 존재이기 때문입니다.

따라서 오늘날 디지털정보사회에서 인간 내지 인간성이 어떻게 실현돼야 하는가를 새로 짚어보지 않을 수 없었습니다. 문제는 이런 정보사회에서도 인문학적 사유가 가능한가 하는 것이었습니다. 물론 가능케 해야 합니다. 적어도 '초심'을 회복할 수 있도록 하기 위해서입니다. 포스트모던시대에서 큰 역사가 하나의 작은 이야깃거리로 바뀌었다고 해도, 아니 우리의 현실 삶이 가상의 디지털정보사회로 바뀌었다고 해도, 많이 '안다'는 지식정보보다 스스로 '생각한다'는 사유가 중요하고, 그런 사유능력이 더욱 중요합니다. 왜냐하면 생각 없는 디지털정보사회에서는 본래의 자기 자신을 망각하고, 우리 전체를 편향적 이기주의나 극단적 실증주의에로만 치닫게 할 수 있기 때문입니다.

이에 인문학으로서의 철학은 생명이 존재하는 한, 비판정신의 근원이 돼야 하고, 그런 근원성이 자기반성을 공시적 성격과 통시적 성격으로 되짚게 함으로써 인문학적 논리성을 사회화된 인간 삶의 새로운 형태로서 가능케 할 수 있습니다. 이의 궁극적 목표는 본래적이고 원초적인 참 긍정성을 통한 인간성 실현입니다. 이의 원형은 삶과 앎, 그리고 있음의 현실적 근거로서 생명이고, 생명의 현상은 인간의 외적 삶으로서 자기모습을 드러내나, 우리 자신들로 하여금 내일에서 오늘을 살아가게 하는 인간실존입니다. 인간실존은 전통사회의 진리에는 물론이고, 디지털정보사회의 진리에도 역행하는 인간본래의 근원에 대한 복권운동을 지향합니다. 그렇지 않으면 우리 자신들이 본래의 우리 모습을 상실한 채 오직 일상에서 그때그때만 살아가고 맙니다.

사실 오늘날의 인문학적 위기의식은 가상논리로부터 왔습니다. 가상이 현실이 되고, 현실이 곧 영상의 참세상으로 되어버렸기 때문입니다. 이는 우리의 현실 삶이 가상의 삶으로 현실화됐다는 말이고, 진리의 척도가 전도되었음을 말합니다. 아니, 현장의 패러다임이 바뀌었음을 의미합니다. 본질은 가고 점들(pixel)만이 참의 행세를 하게 됐습니다. 점들의 밀도가 높은 것은 현실로서 참이고, 낮은 것은 가상으로서 거짓인 것입니다. 따라서 더 이상 본질의 질적 차이가 아니라, 점들의 양적 차이가 디지털정보시대의 진리척도로 됐습니다. 이로써 디지털정보사회에서는 가상현실이 육체적 감성의 직접적인 욕구와 인간 삶의 현상적 충동자로 바뀌지게 되어, 결국 우리 자신들의 자기생각마저도 해체되어 버리고 맙니다.

이렇게 디지털정보사회에서 진정한 내 자신을 유지할 수가 없는 것은 기술적 익명성과 가면성으로 인해 자기 자신의 존엄성도 망각하고, 자신의 본래성마저 의식하지를 못한 채 마침내 자기 자신을 상실하고 말기 때문입니다. 정보라는 것이 처음부터 인성을 가져야 하는 소통이어야 했음에도 불구하고, 그렇지 못했다면 인문학적 자기반성은 지금이라도 뒤따라야 합니다. 사실 이 디지털지식사회가 기술정보만을 전 방위에다 내세움으로서 철학으로서 인문학의 운신 폭을 좁혀만 갔고, 마침내 철학의 위기, 인문학의 위기가 닥치게 됐습니다. 그렇지만 철학이나 인문학 자체란 본질적으로 위기에 처할 수 있는 학문이 아니잖습니까! 특히 철학은 처음부터 대상을 지목하지 않고, 철학함 자체의 내적 근원성을 목적으로 삼고 있기 때문입니다. 아무리 디지털정보사회가 오늘날 우리를 프로그래밍사회로 밀어 넣고 있다고 해도, 진정 철학이 비판적 자기성찰과 자기반성을 통해 금단의 것까지를 사유할 수 있게 할 때, 인간의 삶 전체를 위한 새로운 길은 열릴 것입니다. 이런 방향의 철학적 사유야말로 우리가 앞으로 지향해 나가야 할 방향이 아니겠습니까!

이를 위해 문학은 무엇이어야 하고, 역사는 무엇을 봐야 하며, 그리고 철학의 눈높이는 어디에다 설정해야 하는지 되물어야 합니다. 이의 근본바탕은 생명 자체이나, 생명의 실현은 '사람됨'의 인간성 실현으로 이어져야 합니다. 그래서 서당교육이 있었고, 이에 학교교육이 따랐으나, 이젠 디지털정보교육이 그 판을 새로 짜고 있습니다. 참으로 서당교육은 낡은 교육이고, 학교교육은 한물간 교육이며, 가상의 디지털정보교육만이 지고의 교육이란 말입니까! 서당교육이나 학교교육도 궁극적으로는 인간교육이었고 인성교육이었으며, 오늘날의 영상교육인 디지털정보교육 역시 사람을 사람답게 하는 인간교육, 인성교육이 그 궁극적 교육목적이 돼야 하지 않겠습니까! 어떤 시대 어떤 교육이든 교육의 궁극목적은 '사람됨'을 위한 인간성 실현의 교육이었습니다.

　오늘날 우리가 2,500여 년이 지난 지금도 여전히 정신적으로 B.C.800년~B.C.200년경 전후 중국에서나, 인도에서 혹은 이란에서나, 그리스에서 논의되었던 철학적 사유들에 따라 살아가고만 있다면, 이미 그때부터 지금과 같은 사람이 '사람'으로서 살기 시작한 것이 분명합니다. 심지어 문자가 없던 그림의 선사시대로부터 문자가 발명된 선형의 역사시대를 거쳐 이제는 '화소(pixel)'의 탈역사시대에 우리가 산다고 하지만, 인간의 근본이 크게 달라지지 않았다는 것은 문화사적으로 너무나 명백한 사실입니다. 그런데 지금이 IT기술의 만능시대라고 해서 디지털영상프로그램만을 가지고서 인간의 근원성을 찾겠다고만 하면, 어찌 허망하지 않을 수 있단 말입니까!

　따라서 디지털정보사회에서도 철학적 인문학의 복권운동은 무엇보다 먼저 사람의 근원성을 지목해야 하고, 인간의 본래성을 되가져야 합니다. 그러나 현실적으로 불가능하다면, 지금이라도 우리의 새 삶을 통해 우리 자신의 근원성과 소통할 수밖에 없습니다. 그래야만 인간 삶의 내면성들은 물론이고, 삶 속에 내재하는 경험적 내용들이 현실적으로나 실천적으로 되살아날 수가 있습니다. 이때 우리는 우리 자신으로서 새 사람이 되고, 우리의 삶도 그때마다 새로 생성하게 됩니다. 이런 것이 밖으로는 사람이 어린아이와 사심 없는 소통을 함으로써 본래의 자기 자신에게로 되돌아갈 수 있음을 말하기도 합니다.

참으로 사람만은 아무리 늙어도 동심을 그 심연에다 그대로 간직 하고 있습니다. 그런 동심과 매 순간을 스스로 소통하면서 살아갈 때, 사람은 본연 그대로 자연스럽게 본래의 초심을 언제나 새로 되 가지게 됩니다. 이런 초심의 영역이 인문학적 실천성으로 될 수 있 는 것은 그것이 참 인간적일 뿐만 아니라, 사람의 '사람다움'과 '자 유함'을 각성토록 하기 때문입니다. 물론 여기에는 얼마만큼의 고 통이 따르기는 하지만, 고통이란 그 자체로서 근원적 과거이고, 본 래적 미래이기 때문에, 그것은 양도 질도 아닌 철학적 경첩으로서 사람의 안과 밖을, 아니 삶과 죽음을 다 함께 우리 자신으로 하여금 깨닫도록 합니다.

이런 인문학적 사유과정 전체를 인간 삶의 철학에서 개괄적으로 시민 여러분들과 함께 짚어보자 한 것이 이 인문학강좌의 근본적 취지였습니다. 그러나 여기에서 미처 본인이 짚지 못하고 넘긴 부 분에 대해서는 앞의 두 교수님 이외에도 시민 여러분들의 질의를 통하여 다소나마 보강할 수 있었던 것은 큰 다행이었습니다. 이는 다음 좋은 기회를 얻어 삶의 쇄신처럼 수정 보완하여 나가도록 하 겠습니다.

특히 전체 사회를 맡아주신 한국체육대학교의 이미숙 교수님의 지적 호기심과 진지한 격려의 말씀, 그리고 마지막 토론사회를 맡아주신 서강대학교의 강영안 교수님의 학자적 노련미에도 저자는 심심한 감사를 드립니다. 그는 처음과 끝을 한마음으로 이끌어주신 분이었습니다. 또한 한국의 인문학부흥을 위해 전체 인문강좌를 구상하여 실천해 나가는 한국연구재단 인문학대중화사업단의 권영민 교수님을 비롯한 여러 운영위원님들과 사무국의 박민관 팀장님과 함께하신 여러분들의 많은 수고와 친절하심에 감사함을 잊을 수가 없습니다.

또한 이 인문학강좌를 위해 처음부터 전체 구상을 함께 논의해준 계명대학교의 이재성 교수님과 원고정리로부터 PPT는 물론이고 서울까지 동행하여 강의효과를 배가 되게 해준 계명대학교 목요철학원의 송경준 연구원의 헌신적인 노력, 그리고 인문학강좌의 종합토론에 기꺼이 참여하여 좋은 제안들을 해주신 계명대학교의 김용일 부총장님과 울산대학교의 김진 교수님은 물론이고, 동산의료원의 사려 깊으신 이미영 교수님, 대구대학교 사이버대학의 발랄한 임지향 교수님과 그 문하생들, 또한 이 저서의 완성도를 높이기 위해 참고문헌과 찾아보기를 면밀히 정리해준 계명대학교 교양대학의 김형찬 교수와 계명문화대학교의 아량 넓으신 김인숙 교수님, 그리고 50년 지기의 동학 서울교육대학교의 박범수 교수님, 특히 독문표제를 제안해준 Prof.Dr. Christian Spahn 님과 손동선, 최경인, 윤상훈 부부, 최준희, 박희연, 정이 많은 임마리아에게 감사를 드립니다.

또한 나의 평생반려자인 고마운 전혜자와 내 딸 백민아 그리고 김동제와 김지명의 격려에, 특히 이번 석학과 함께하는 인문강좌에 늘 출석하시어 부족한 이 사람을 사심 없이 격려해주신 서울 마포구의 민병숙 님에게, 그리고 끝으로 이 원고를 귀한 책으로 출판하기 위해 혼신을 다하여 주신 세창출판사의 이방원 사장님을 비롯하여 편집과 디자인을 맡으신 강윤경, 김명희, 안효희, 조환열 그리고 박선옥, 손경화 님의 수고하심에 깊이 감사드립니다.

2014년 6월 7일
백승균

제 1 장

—

사람의 생각을 바꾸는 인문학
- 철학함의 인문학적 사유 -

1. 자연과학과 인문학은 어떻게 다른가

1) 가장 확실하다는 사실

사람은 살아가면서 많은 경험을 하고, 그런 경험을 통하여 또 새로운 경험을 하면서 더욱 풍부한 지식을 획득하게 된다. 이렇게 일상적 경험으로 사람이 살아가는 데는 특별한 지식이나 철학이 없어도 아무런 지장이 없다. 그러나 사람이 사는 데는 경험적 상식만을 가지고 살아갈 수는 없다. 왜냐하면 상식이란 시대에 따라서 변하기 때문이고, 지역에 따라서도 달라지기 때문이다. 그래서 생각하는 사람은 경험적 상식 그 이상을 추구한다. 특히 오늘날과 같이 IT기술이 극도로 발단된 사회에서는 과학적 지식 없이는 하루살기가 버거워진다. 한 순간이라도 신지식을 놓치는 날이면 삶이 어려워지기 이전에 한 인생이 도태되고 만다. 따라서 철학적 인생관을 논하기 이전에 우리에게는 무엇보다 확실한 과학적 사고와 판단이 중요하다. 왜냐하면 과학적 지식은 우리로 하여금 객관적 사실에 근거를 두고 합리적 판단을 가능케 하기 때문이다.

그러나 과학이 사실을 설명할지언정 사람 자체를 기술해내지는 못한다. 기술해낸다고 해도 과학 자체의 논리적 범위 내에서만 기술할 수 있을 뿐 그 의미내용을 밝혀내지는 못한다. 과학은 사실이 어떤 것이든 그 사실을 사실 그대로 밝혀내는 것이기 때문에 사실이 어떻게 있는가를 그대로 기술하는 것이 과학의 제1목표가 된다. 여기서는 '왜'라는 물음이 중요하지 않고, 어떻게라는 방법이 중요하다. 이런 확실성만을 담보하는, 더구나 사실이 어떻게 있는가만을 고집하는 과학은 사실의 가치가 어떠한가 하는 물음에는 속수무책이다. 참으로 과학이 사실만을 문제로 삼았기 때문에 근대 이후 학문의 반열에는 등단할 수가 있었다. 그러나 가치문제의 대두로 과학은 현장에서 한발 물러서지 않을 수 없었다. 인간 삶의 가치판단 때문이었다. 다시 말하면 과학은 인간의 삶에 결정적으로 영향을 끼치나 과학 그 자체가 결코 우리의 삶을 마련하여 줄 수는 없다.

따라서 사람들은 자신들의 일상적 경험을 다 모았다고 해서 그것이 곧 진리가 되는 것이 아님을 알게 된다. 물컵 속의 막대는 일상적 경험으로는 확실히 꺾이어 보이나 실제로는 꺾인 막대가 아니라 곧은 막대이고, 1+1=2라는 수학적 명제마저도 현실에서는 그대로 통하지 않는다. 실질적 내용이 아니라 오직 형식적 상징일 뿐이다. 마치 100-1=99가 아니라 0이라는 것이 현실의 결과인 것과 같다. 왜냐하면 자동차의 부품 하나나 원전의 부품 하나란 단지 부품 하나가 아니라 자동차운행 전체나 원전가동 전체를 불가능토록 하기 때문이다. 심지어는 철학적 개념인 삼단논법이나 모순개념에도 그러한 내용이 그대로 통용된다는 사실이다. 그러므로 경험적 사실이나 과학적 확실성, 심지어 과학주의의 한계에서 철학은 사람이 어떻게 살아야 하는가라는 가치문제를 짚어낸다. 그럼에도 한가지 분명한 것은 사람이 살아간다는 것이 긴장의 연속이라는 사실이다. 어찌 사람만이 그렇겠는가! 숨 쉬는 모든 생명체는 예외 없이 한 순간도 긴장하지 않

원뿔 바로 세우기 (생명과 긴장)

고는 생명 그 자체를 부지할 수가 없다. 이를 상징적으로 표현하면 인간의 삶이란 꼭짓점으로 원뿔을 바로 세우기와 같다고 할 수 있다. 정지하면 넘어져도 돌아가면 서서 살아 있게 된다. 이러한 사실이 갖는 의미는 무엇인가?

2) 사실의 세계와 의미의 세계

한 부부가 있었다. 남편은 사실을 중시하는 엄격한 자연과학자였고, 아내는 사실보다는 의미를 강조하는 문학소녀였다. 서로가 우연히 만나 좋아하고 사랑하여 결혼을 했다. 수년을 함께 살면서 아이들도 하나 둘 낳았다. 서로의 금슬은 좋았으나, 아이들의 양육과 교육문제를 두고는 서로의 의견이 달랐다. 처음에는 조용한 말다툼이 어느새 감정이 격해져서 마침내 서로가 음성을 높이기 시작했다. 드디어 남편이 넘어서는 안 되는 손찌검을 했다. 연애할 때는

천사니 하더니만 이젠 손찌검까지 한다면서 아내는 울분을 참지 못해 엉엉 울음을 터트리고 말았다. 아내의 두 뺨에는 닭똥 같은 눈물이 쫙 흘러내렸다. 가만히 아내의 눈물을 쳐다보던 남편이 갑자기 자신의 실험실로 뛰어 내려가서 플라스크(flask)를 들고 와서 흘러내리는 아내의 눈물을 받아 도대체 눈물이 무엇인지를 아내에게 객관적으로 알려주기 위해 과학적인 실험을 했다.

실험결과는 이러했다: 맑은 액체이고, 약한 알칼리성이며, 98%의 수분과 나머지 2%는 소량의 소금, 단백질, 인산염이 포함돼 있다. 정상인이 눈을 뜨고 활동하는 16시간 동안 분비되는 눈물의 량은 0.6cc, 즉 1g의 3분의 2 정도이고, 여자의 눈물샘은 남자의 눈물샘보다 더 커서 눈물이 많다. 갓난아이는 3-4개월 동안 눈물샘에 눈물이 없어 아무리 울어도 눈물이 나지 않는다. 눈물은 교감신경과 안면신경으로 인해 나온다. 눈물에는 '라이서자임'이라는 효소가 있어 소독의 역할도 한다. 눈물의 실제온도는 36.5도 내지 37도 정도였다. 남편은 이 구체적인 실험 데이터를 아내에게 들이댔다. 남편의 말이 맞는 것일까? 틀린 것일까?

물론 눈물이란 그 자체로 보면 물이다. 98%가 물이니 물이라 해도 과언은 아니다. 그러나 과학자가 실험하여 객관적으로 얻은 데이터가 그 전부일까? 결코 그렇지는 않을 것이다. 우리의 눈물은 그냥 눈물이 아니다. 눈물에는 의미가 있고, 그 의미는 그 어떤 무엇으로도 대신할 수가 없는 사람의 마음이 담겨 있다. 그래서 눈물을 피눈물이라고도 하고, 혹은 슬픔이고 기쁨이라고도 한다. 눈물의 의미는 인생의 질곡을 가장 상징적으로 표현한다. 그러므로 눈물이란 무엇인가라는 물음은 곧 사람이란 무엇이고, 인생이란 무엇인가를 말해주는 주는 것이기도 하다. 사실의 세계에서 사람은 일상인으로 살지만, 의미의 세계[01]에서는 인격인으로 산다.

그렇다면 사랑이란 무엇인가도 되물을 수가 있다. 사랑이란 주는 것, 희생하는 것, 감싸는 것, 이해하는 것, 혹은 용서하는 것 등이라고 한다. 사실 그럴까? 사랑은 누구나 다 경험할 수 있고 체험할 수가 있다. 따라서 사람들은 사랑을 자신만만하게들 말한다. 그러나 사랑의 속내는 아무도 알지 못한다. 왜냐하면 참사랑이란 내가 경험한 어떤 하나의 사랑이 아니라, 전체이기 때문이고, 언제 어디서나 그대로 늘 있는 것(존재)이 아니라, 언제나 새로 생겨(생성)나는 것이기 때문이다. 그래서 때로는 우리가 사랑을 연정이라 하고, 때로는 증오라고 해도 틀리지는 않는다. 더구나 젊은이에게 사랑은 묘약이고 늙은이에게는 자비이다. 젊은이에게 사랑은 눈을 멀게 하고 늙은이에게는 겸양토록 한다. 그래서 참사랑은 너무 크고 위대하여 그저 '아니'라고만 말할 수밖에 없다. 사랑은 주는 것이다 혹은 용서하는 것이라고 하면, 역으로 주는 것만이 사랑이고, 용서하는 것만이 사랑이냐고 되묻게 되고, 그때 그 사랑은 이미 참사랑이 아니게

---

01 G.H. von Wright: 『설명과 이해』. 배철영 옮김. 서울: 서광사, 1995.

된다. 마치 이태리 조각가 미켈란젤로가 망치와 정을 가지고 대리석의 필요 없는 부분 부분들만을 떼어냈을 때 비로소 그 자리에 남은 상이 거룩한 '피에타(Pieta: 자비를 베푸소서; 1499: 성베드로대성당)'의 조각상으로 태어났음과 같다:

어느 날 미켈란젤로가 쓸모없이 내버리다시피 한 큰 대리석을 보고 주인에게 그 값을 물었다. 그는 지난 10여 년 동안 큰 공간만을 차지하고 있는 저 골치 덩어리를 그냥 가져가도 좋다고 했다. 그 후 1년 동안을 미켈란젤로는 경건하게 작업하여 성모 마리아가 십자가에서 내려진 예수 그리스도를 껴안고 있는 상으로 조각했다. 예수는 성모 마리아의 무릎 위에 누워 있었다. 대리석주인이 놀란 가슴으로 그에게 맹탕의 돌덩이가 어떻게 이런 예술품으로 태어날 수 있는가 하고 물었다. 그때 미켈란젤로는 "내가 이 대리석 앞을 지나가는데 예수님이 나를 부르시더니 '이 대리석에 지금 내가 누워 있으니 불필요한 부분 부분을 떼어내고 내 모습을 드러나게 하라'고 말씀하셨습니다. 그래서 그 대리석 안을 들여다보았더니 신기하게도 어머니 무릎 위에 누운 예수님의 형상을 볼 수 있었습니다. 그래서 나는 오직 예수님이 시키는 대로 불필요한 부분 부분을 쪼아냈을 뿐입니다"라고 답했다. 성모 마리아가 십자가에 달려 돌아가신 예수 그리스도를 끌어안고 비통해하는 슬픈 모습을 기묘하게 표현한 조각 상을 피에타(Pieta: 자비)라 하고, 이런 조각상들 중 미켈란젤로의 피에타가 가장 유명하다.

이런 내용의 유형은 이미 성경에 나타나 있다. 바울은 '사랑'의 한계를 '사랑은 … 이다'라고 하지 않고, 오직 '아니다'라고만 했다. 아닌 것을 제외한 나머지 모두가 사랑이 된다: "사랑은 오래 참고, 사랑은 온유하며, 투기하는 자가 되지 아니하며, 사랑은 자랑하지 아니하며, 교만하지 아니하고, 무례히 행치 아니하며, 자기의 유익을 구치 아니하고, 성내지 아니하며, 악한 것을 생각지 아니하고, 불의를 기뻐하지 아니하며, 진리와 함께 기뻐하고, 모든 것을 참으며, 모든 것을 믿으며, 모든 것을 바라며, 모든 것을 견디느니라 그런즉 믿음, 소망, 사랑, 이 세 가지는 항상 있을 것인데, 그중의 제1은 사랑이라."[02] 바울이 '사랑은 … 이다'라는 한정사를 쓰지 않고, 다만 '사랑은 … 아니다'라는 부정사를 쓴 것은 '아니다'를 넘어서 있는 모든 것이 다 '사랑'임을 역설적으로 우리들에게 전하려 했던 것이다. 만일 사랑을 '이다'라는 긍정의 논리로서만 썼다면, 그런 '이다'로 인해 사랑은 오히려 제한되었을 것이고, 제한받는 사랑은 이미 참사랑, 즉 하나님의 '사랑'이 아닐 것이기 때문에 '아니다'라는 무한정사를 쓰고, 그 밖의 모든 것이 다 사랑임을 강조했던 것이다.

3) 천지인은 무엇을 말하는가

우주 만물은 하나에서 나오고 하나는 하늘과 땅, 그리고 사람으

---

02 신약성경: 고린도 전서 13장 4절 이하.

로 이루어져 있지만, 그 근본에는 변함이 없고 다함도 없다. 먼저 하늘이 이루어지고, 다음에 땅이 이루어졌으며, 그다음 하늘과 땅을 바탕으로 하여 비로소 사람이 이루어졌다는 것이 『천부경』의 천지인에 대한 간략한 내용이다. 그러니까 하늘과 땅, 그리고 사람은 모두가 하나이나, 우리에게는 삼극의 개념으로서 나타난다. 천지인의 삼재 혹은 삼극 가운데 천에 해당하는 학문이 천문학으로서 법칙과 절대성의 자연과학이고, 지에 해당하는 학문이 지문학으로서 규범과 상대성의 사회과학이며, 그리고 인에 해당하는 학문이 인문학으로서 자유와 본래성의 인문과학이다. 이에 우리가 학문의 유형을 자연과학, 사회과학으로 분류함으로써 자연히 이와 한 연관성 속에서 인문학을 인문과학으로 부르게 되었다. 그러나 이런 이름에는 단순한 격식이나 형식만이 있고, 왜 인문학도 과학이어야 하고, 학이 돼야 하는가 하는 자기반성은 전혀 없다.

인문학이라고 하든 인문과학이라고 하든 혹은 인문학문[03]이라고 하든 그 어원이 서양에서는 라틴어 휴마니타스(humanitas)에서 나왔다면, 이는 사람의 '사람다움', 즉 인간성 실현을 말한다. 이 말이 인간성을 실현하는 데 있고, 인간성을 실현하는 학문이어야 한다면, 이는 자연과학이나 사회과학과는 달리 인문과학 대신에 인문학이라고 함이 바람직하다. 왜냐하면 자연과학과 사회과학은 다

03　조동일: 『인문학문의 사명』. 서울대학교출판부. 1997. 209-360쪽: '인문학문의 위상설정'.

함께 그 탐구의 대상을 자기 밖에서 찾아 일반적으로 귀납적 논리나 연역적 논리로 설명이 가능하기 때문에, 특히 인과율과 같은 객관적 법칙은 자연법칙이라고 하든 규범법칙이라고 하든 법칙인 이상 과학적 성격을 띠고 있기 때문이다. 그러나 인문학만은 그 연구의 대상을 자기 밖에서 구하지 않고 자기 안에서 찾아 인간의 목적 자체나 가치에다 설정함으로써 획일적인 자연과학적 성격을 배제하고 있다. 그렇기 때문에 인문과학이라기보다는 인문학이라 함이 옳다.

안동의 오천 군자마을에는 광산 김씨의 종택과 함께 산남정(山南亭)이라는 정자가 하나있다. 이 정자는 원방각(圓方角)의 삼재인 천지인에 따라 건축이 됐다. 바깥쪽으로는 양을 의미하는 9개의 둥근 기둥을 세워 큰 원형의 우주(天)를 상징케 하고, 안쪽으로는 음을 의미하는 6개의 4각기둥을 세워 4면의 대지(地)를 상징케 했으며, 그리고 하늘과 땅인 천지 가운데서 사람(人)은 각(角)으로서 살아간다. 이때의 뿔각의 의미는 깨달을 각(覺)이다. 깨닫지 못하고 살면 뿔에 다쳐 인생이 실패할 뿐이기 때문이다. 사람에게는 100년이라는 연수가 중요한 것이 아니라, 매 순간을 사람으로서 산다는 사실이 중요한 것이다. 따라서 사람마다 살아가는 방식은 달라도 깨달으면서 살아갈 때, 그 삶이 설령 어떠한 고통이나 질곡의 삶이라 해도 참사람의 삶이 될 수 있음을 말한다.

천(天)에 관한 학문으로서 자연과학과 지(地)에 관한 학문으로서

안동의 君子里 전경: 광산 김씨
의 종택 후조당, 탁청정, 계암
정 등.

山南亭의 전경: 원방각의 원리
에 따라 건축됨.

사회과학 역시 그 정당성에 따라서 차원을 달리한다. 자연과학은
자연계에서 일어나는 현상을 과학적 연구대상으로 하는 학문으로
서 구체적으로는 물리학, 화학, 생물학, 천문학, 지학 등의 여러 분
야들을 말하나, 일반적으로는 사물의 현상에 관한 보편적 원리와
법칙을 찾아내고 해명하는 것을 목적으로 하는 지식체계나 학문을
총칭한다. 따라서 자연과학은 확실한 외적 경험을 토대로 한 자연

현상에 관한 객관적 법칙과 조
직화된 지식의 체계라고 할 수
있다. 다시 말하면 자연과학
은 인간의 이성을 가지고 추론
이 가능한 객관적인 방법론으
로서 보편적 원리를 추구해 나
가는 과정과 그 과정에서 얻
은 지식체계를 말한다. 여기에
서 필수적인 것이 자연에는 반
드시 법칙이 있다는 사실이고,

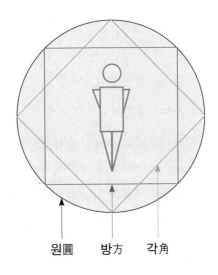

원圓   방方   각角

그 법칙은 절대성을 갖는다는 사실이다. 예컨대 레이(James A. Ray)에
따르면 자연에는 질량불변의 법칙, 진동의 법칙, 상대성의 법칙, 양
극성의 법칙, 리듬의 법칙, 인과의 법칙 등 7가지 자연법칙이 있다.

이와는 달리 지(地)에 관한 학문으로서 사회과학은 인간 삶의 사
회현상을 과학적이고 체계적으로 연구하는 합리적 경험과학을 총
칭하며 구체적으로는 정치학, 사회학, 경제학, 법학 등이 이에 속한
다. 이러한 사회과학 역시 과학적인 연구방법을 사용한다는 점에
서는 자연과학과 유사하지만, 사회과학은 인간에 대한 사회적 관
계에서 출발하기 때문에 인간사회의 여러 현상들, 즉 법, 관습, 윤
리, 도덕, 종교 등 사회에 관한 인간의 인식활동과 그 산물을 지식
의 체계로 삼는다. 여기에서도 필수적인 것이 사회의 당위성에는

반드시 인간의 규범이 있어야 한다는 사실이고, 그런 규범은 정당성을 갖는다는 사실이다. 일반적으로 사회과학을 사회 전반에 관한 순수과학이라고 하면, 과학의 의미가 문제되지만, 사회과학이 처음부터 방법론적으로 자연과학과 떨어질 수 없는 연관성에서 비롯됐다는 사실을 감안하면, 사회과학에서 과학의 의미는 응용과학이라는 차원에서 분명하게 된다. 물론 엄밀한 의미에서 과학이 수학이나 논리학을 가지고 연역법적으로 이론의 명제를 정식화하고 객관적으로 실험하여 경험적으로 검증하는 방법론을 기초로 삼는다는 의미라면, 사회과학은 물론이고 인문과학도 엄밀한 의미에서는 과학이 아니기 때문에 인문과학을 앞에서와 같이 인문학이라고 하는 것이 맞다.

인(人), 즉 사람에 관한 인문학은 인간의 문화현상 전반에 관한 학문으로서 인간정신의 객관적 산물을 연구하는 인간학문이다.[04] 그 때문에 인문학이란 문화학 내지 정신학과 엄격하게 구별되는 학문이 아니라, 이런 학문들과 일정부분을 상호 공유하는 학문이다. 그 이유는 문화학이라고 하든, 정신학이라고 하든 그 내용이 자연과학에서처럼 어떤 법칙이나 절대성을 주장하지도 않고, 사회과학에서처럼 어떤 규범이나 정당성을 주장하지도 않으면서 인문학과 함께 어떤 하나의 확고부동한 법칙이나 규범만을, 혹은 절대성이나 정당

---

04 R.S. Crane: *The Idea of the Humanities and other Essays Critical and Historical*. Chicago & London. The University of Chicago Press, 1967.

성만을 주장하지 않기 때문이다. 처음부터 정신학이라고 해도 그것은 인간의 순수정신만을 의미하지 않고, 오히려 인간생활에 직결되는 윤리도덕과도 연관돼 있다. 내용적으로 봐도 정신학은 인간의 의식에서 나왔을 뿐만 아니라, 인간의 가치설정을 목적으로 삼는 인본중심에서 나온 인간성 실현의 학문이다.

따라서 참 인간성을 실현코자 하는 인문학은 그 목적 자체를 깨달(覺)는 사람 자신들에게 둔다. 왜냐하면 자기 자신을 깨닫는 사람들은 현재에서 미래를 선취하는 개방성의 사람들이기 때문이다. 미래란 엄밀한 의미에서 그 미래를 각(覺)하는 사람들에게만 현실로 다가올, 그러나 아직은 어디에도 존재하지 않는 새로운 현실로서 존재하고 있다. 그래서 한 역술가가 하늘에는 오경명성(五庚明星)이 있고, 이 별이 비추는 나라마다 융성해서 영국은 81년 동안, 미국은 172년 동안, 그리고 일본은 5년 3개월 동안, 드디어 한국은 381년 동안이나, 그것도 이미 1986년 이후 비추기 시작해서 이제 융성의 길로 들어섰다[05]고 주장해도 한편으로는 통용되기도 한다.

그러나 이보다도 더욱 신뢰가 가는 것은 미국 Yale 대학교 사학과 케네디(Paul Kennedy) 교수가 2050년경 한국은 일본과 독일을 경제적으로 제칠 것이라고 한 것과 미국의 정치외교관 저널인 〈Foreign Policy〉도 2050년경에는 Guts, 즉 German, U.S.A., Turky,

---

05 손석우: 『육관도사의 풍수·명당 이야기』상. 서울: 답게. 1993. 199쪽 이하.

그리고 South Korea 등의 4개국이 세계경제를 이끌 것이라는 전망을 내놓았다. 더욱이 세계투자은행인 골드만 삭스(Goldman Sachs)의 도미닉 윌슨(Dominic Wilson) 경제수석 역시 "신흥국시대는 끝나지만 한국은 갈수록 좋아질 것"이라 하고, 또한 한국을 "고성장국가에서 중성장국가로 모범"(2013)을 보인 국가라고 평가했다.

특히 통일한국에 대한 전망으로서 2030년대에는 한국이 영국과 프랑스를 제치고 G7 대국으로서 1인당 GDP 3만 5700 달러가 되고, 2050년에는 8만 달러를 넘어 경제력이 세계 4위에 이를 것이고, 인구는 8000만 명이 될 것이며, 남한의 자본과 기술, 그리고 북한의 지하자원과 노동력으로 인해 동아시아 번영의 미래를 한국이 열어갈 것이라는 것과 또한 세계적 투자전문가인 짐 로저스(Rogers)마저 남북한의 통합이 시작되면 자신의 전 재산을 북한에 투자할 것[06]이라 한 것도 사실에 입각한 일종의 인문학적 상상력에 근거한다.

이 모든 것의 인문학적 근거는 자연과학적 절대인식과는 달리 어떤 역사적 사건이 객관적 사실로 되는가를 묻는 역사적 인문학에 있다. 이런 역사적 사실을 인간문화의 가치체계 내에서 해석하여 재평가함으로써 마침내 정신학은 문화학의 성격을 띠게 된다. 문화학이 독자적이고 개별적인 방법으로 인간의 초월적 가치를 추구한다면, 이는 자기 자신에 대한 깨어 있는 성찰, 즉 자기 자신을 창조

06 조선일보 2014.1.2. 1면: "통일이 미래다." (2) 한반도의 르네상스: 서울대·고려대 연구소 분석.

하는 인문학으로서 정신학과 일치한다. 정신학이 인간의 문화현상 전반에 관한 학문이라면, 문화학도 넓은 의미에서는 인문학에 해당한다. 여기서도 놓칠 수 없는 것이 인문학만은 궁극적으로 '자유함'을 목적으로 한다는 사실이고, 그런 자유함은 인간의 본래성을 갖는다는 사실이다. 눈을 뜸으로써 세상을 다 볼 수 있는 것이 아니라, 눈을 감음으로써 세상을 다 볼 수 있다는 것이 인문학적 능력이다. 시인 정지용은 "보고 싶은 마음은 호수만 하니 눈 감을 수밖에"라고 했다.

2. 삶의 철학과 인문학에도 논리가 있는가

1) 삶과 앎, 그리고 있음: 가치와 인식, 그리고 존재

산다는 것이 사람에게는 가장 중요한 일이라면, 사람이 산다는 것은 무엇을 말하는가? 사람이 살아가는 방식과 내용이 너무나 다양하고 복잡하여 그 내용을 다 밝혀내기에는 간단하지가 않다. 심지어 삶 속의 죽음까지를 연계시킨다면 삶에 대한 해명에는 한정이 없다. 따라서 우리는 삶을 철학적 논거에 따라 삶과 앎, 그리고 있음과 연관시켜 보려 한다.

삶에서는 인간의 문화를 가능케 하는 가치론이 성립하고, 앎에서는 우리의 판단을 가능케 하는 인식론이 이루어지며, 그리고 있음에서는 인간의 근거를 묻게 하는 존재론이 성립한다. 참으로 사람이 한평생을 살아가는 데는 삶의 사실이 가장 으뜸이나, 삶을 삶으로서 바로 살기 위해서 먼저 알아야 한다면, '삶'이란 무엇이고, '앎'이란 무엇인가를 물어야 한다. 이에 대한 대답 이전에 내가 있든 네가 있든 그 누군가가 먼저 있어야 한다. 그렇지 않고는 어떠한 삶도 앎도 사실상 불가능하다면, '있음'이 가장 근원이 된다. 따라서 철학에서는 삶과 앎의 근거를 묻는 '있음'으로서의 존재론을 으뜸으로 삼고, 그 다음으로는 진위를 가리는 '앎'으로서의 인식론을 앞세우며, 그리고 나서 문화나 인륜을 지목하는 '삶'으로서의 가치론[07]을 다룬다.

그러나 삶의 현실에서는 그런 인식론이나 존재론보다도 삶의 가치론이 더욱 우선한다. 그 이유는 삶으로서의 문화가 '앎과 있음' 그 모두를 다 보듬고 있기 때문이다. 그럼에도 불구하고 문화가 인간 삶의 정신적 활동만을 다룬다면, 문화란 어느 면에서는 현실적으로 무력하기도 하다. 따라서 삶을 직접 이끌기 위해서는 무엇보다 먼저 현실적 학문으로 돼야 한다. 그래서 대학에서도 인기 있는 학과는 의학이거나 법학, 혹은 경영학 등이지, 문사철이라고 하는 인문학이나 예술의 영역은 아니다. 전자는 우리의 삶을 직접적으로 이끌 수 있는 외향적 학문들이라면, 후자는 삶을 간접적으로만 이끄

---

07 장회익: 「인간적 학문-'삶 중심' 학문의 복원을 위하여」, 한국학술협의회 편: 『인문정신과 인문학. 지식의 지평 2』, 서울: 아카넷, 2007. 11-26쪽.

는 내향적 학문들이기 때문이다. 따라서 전자에서는 득물(得物)이 우선이나, 후자에서는 득심(得心)이 우선한다. 사실 득물한다는 것도 궁극적으로는 유한할 수밖에 없다면, 득심하지 못하는 득물이란 삭막할 수밖에 없다. 그래서 명품은 상품이 아니라 사람이고, 사람의 마음인 동시에 정신이기 때문에 먼저 득심하지 않고는 결코 명품의 반열에 오를 수가 없다.

모든 생명체와 마찬가지로 사람도 예외 없이 하루를 긴장하면서 살아간다. 살아가는 인간 삶의 양상은 사람마다 천차만별이나, 궁극적으로 올바른 삶을 통해서 자기 인생을 가치 있게 살자는 데는 일치한다. 가치 있는 삶을 살기 위해서는 자연을 그대로 따라 사는 것이 아니라, 자연의 순리에 따라 인성으로 갈고 닦으면서 살아가야 한다. 이런 인간생활을 통해 이루어지는 인간 삶의 전체가 문화 일반이고, 인간 삶의 전체 생활방식이 문화양식이다.[08] 그러므로 삶의 사실에 근거하지 않는 문화란 단순한 상징성에 그칠 수밖에 없다. 그러나 이는 인간의 인식능력을 상징의 능력으로서 되가질 때, 상징체계로서 문화가 성립한다. 문화 이전에 존재하는 것이 자연의 사실이지만, 사실 그 자체로서는 어떠한 의미도 갖지 못한다. 아무리 중차대한 사실이라 해도, 인간의 삶과 무관할 때 그 사실은 사실 자체로만 존재할 뿐, 인간과의 어떠한 문화적 의미연관성도 갖지

---

08 박이문: 『문명의 위기와 문화의 전환』, 서울: 민음사, 1996.

못한다.

따라서 사실 자체보다 더욱 중요한 것은 그 구조연관성으로서의 인간 삶에 대한 문화적 관계 혹은 문화적 가치라 할 수 있다. 삶은 인간의 가치를 문화로서 수용하여 가치론을 극대화한다. 문화적 가치론에서는 진이나 선보다 미(美)가 우선한다. 참 미는 눈에 보이는 대상으로 존재하지 않고 미 자체로 존재한다. 아무리 아름다운 20대의 절세미인이라고 해도 4-5십년의 세월을 이기지는 못한다. 세월 속에서 추는 날로 커져만 가기 때문이다. 그래서 철학은 미인을 보지 않고 미 자체를 보려한다.[09] 미 자체란 객관적 대상인 눈앞의 미녀와는 상관없이 우리의 마음속에서 저절로 우러나오는 순수무관심의 호감 혹은 쾌감이기 때문에 자연스러움에 거슬리지 않는다.

이런 미를 어떤 방식으로든 표현하는 것이 예술이고, 예술은 예술활동이나 예술작품 속에 존재한다. 그래서 미란 아무나 창조할 수 있는 것이 아니고, 오직 천재만이 미를 창조할 수 있다[10]는 것이 칸트의 지론이다. 따라서 인간의 임의성이나 고의성에 따른 예술은 무가치할 수밖에 없다면, 작가는 예술작품에 대한 분명한 목적의식을 가지고 작품을 창조해야 한다. 하지만 그 자신도 무의식의 의식

---

09 H.G. Gadamer: *Wahrheit und Methode. Grundzüge einer philosopohischen Hermeneutik.* Tübingen 1965. 115ff.: 'Die Zeitlichkeit des Åsthtischen'. 『진리와 방법판단력비판』. 이길우. 이선관. 임호일. 한동원 옮김. 서울: 문학동네. 2000. 219쪽 이하: '미적인 것의 시간성'.

10 I. Kant: 『판단력비판』. 김상현 옮김. 서울: 책세상. 2009. 59쪽 이하: "미의 이상. '무엇이 아름다운 것인가'하는 것을 개념을 통해 결정할 수 있는 취미의 객관적 규칙이란 있을 수 없다. 왜냐하면 이 원천에서 나오는 모든 판단은 감성적이기 때문이다."

에서 활동함으로써 작품의 형성과정에 대해서는 자기 스스로도 알지를 못한다. 그러므로 창작은 반복될 수 없어 일회적이고 근원적이며, 본래적일 수밖에 없는 유일성으로 된다. 이런 창조적 미에는 객관적 보편타당성이 존재하지 않음으로써 규범적일 수도 없고 또한 법칙성일 수도 없다.

이와 한 연관성 속에서 사람의 눈물 한 방울도 객관적 사실로서는 물이지만, 그 의미로서는 피눈물이 된다. 통상 승리가 정복자의 전유물이라 하지만, 진정한 승리는 패배자의 마음 가운데 있다는 사실도 그렇다. 로마에 정복당한 그리스가 그랬고, 십자가에 달린 예수가 그랬다. 객관적 사건도 중요하지만, 그보다 더욱 중요한 것은 그와 연관된 구조관계로서의 문화적 역사성이다. 왜냐하면 역사성에는 사건에서 정제된 사람의 아름다운 마음이 인간의 본래성으로서 언제 어디서나 또 다른 양상으로 새로 생성하고 생성되기 때문이다. 이런 아름다움과 아름다움에 연관된 문화에 대한 물음이 끝나지 않기 때문에 인문학으로서 철학은 인간의 인식과 인식능력을 인식론이라는 이름으로 다시 되묻게 된다.

사람이란 무엇이고, 삶이란 무엇이며 또한 문화가 무엇인가에 답하려 해도 먼저 알아야 한다는 당위성의 문제가 따른다. 소위 사실에 대한 앎의 지적 호기심이 인식론으로 등장한다는 말이다. 동서양의 고대인들은 자연현상에 대한 놀라움으로 우주에 대한 큰 관심을 가졌다. 이들은 신화적 상상력을 가지고서 자연을 초월해 있는 어떤 원인을 알고자 아니하고, 자연 그 자체 속에 있는 원인을 알고자 했다. 특히 그리스인들은 그것을 하나의 근본물질에서 찾기도 했고, 다양한 근원물질에서 찾기도 했으며, 마침내 수학적 원리에서도 찾았다. 시대가 바뀜에 따라 때로는 인간의 이성이, 때로는 인간의 경험이, 마침내 선험적 논리가 인간의 인식을 좌지우지하게 됐다. 칸트가 "모든 인식은 경험과 더불어 시작되나, 경험으로부터 나오는 것은 아니다"[11]라는 선험론 혹은 초월론을 정당화하고 나섰다. 그렇다고 인식론이 완결된 것은 아니다. 오히려 관념론에 휩싸였고 실증론과 실재론에 밀려 오리무중에 빠지게 됐다.

현대에 와서는 현상학적 방법론을 통해서 '어떻게 인식이 인식된 대상과 일치함을 확신할 수 있는가'를 물어 명증적 인식의 가능성을 확보하려 했지만, 이마저도 한계에 부딪혀 분석철학과 실존철학에 밀리고 말았다. 이들 철학들도 해석철학과 비판철학에 못 견디어 마침내 포스트모던시대의 해체주의를 맞이하게 됐다. 그럼에도 참에 대한 인식은 인간의 삶에서 떠날 수가 없었다. 여기서 중요한 것이 사실에 대한 인식만을 수용하고 사유하지 않는다면, 인식 자체마저 놓치고 만다는 사실이다. 사실을 알고 그 사실의 내용을 바

---

11 I. Kant: 『순수이성비판』, 최재희 역, 서울: 박영사, 2002, 55쪽: "시간상으로 본다면 우리에게는 경험보다도 앞서는 인식이 전혀 없고, 모든 인식은 경험과 함께 출발한다. 우리의 모든 인식이 경험과 함께 생기기는 하더라도 그렇다고 해서 모든 인식이 바로 경험에서 발현하지는 않는다. 왜냐하면 우리의 경험-인식이더라도, 우리가 인상(감각)을 통해서 받아들이는 것과 우리 자신의 인식능력이 자신에서 주는 것이 합한 것이겠기에 말이다."

탕으로 하여 사유를 해야 한다. 사유하되 바르게 사유하기 위해서는 철학적으로 회의를 해야 하고, 그런 회의가 참 진리를 위한 비판적 정신의 바탕이 돼야 한다. 따라서 비판정신을 갖는다는 것은 바르게 인식하기 위한 필수불가결한 조건이 된다. 왜냐하면 비판이란 결코 부정을 위한 부정이 아니라, 오히려 생산적 사유를 위한 긍정적 부정성이기 때문이다.

사람이 살기 위해서는 먼저 알아야 하나, 앎에 앞서는 것이 사람이 있어야 한다. 그렇다면 사람이 있다고 할 때나 세계가 있다고 할 때 우주만물이 생성하는 근원적 근거로서 있음이란 무엇이고, '있다'의 근거는 무엇인가? "있는 것만이 있고 있지 않은 것은 없다"[12]고 하면, 있는 것이란 공간을 채우고 있는 물질적 존재이고, 있지 않은 것은 빈 공간을 말한다. 물체는 있고 빈 공간은 없다. 그러므로 물체는 움직일 수도 나누어질 수도 없다. 오직 전체로서 하나의 연속적인 물체일 뿐이다. 따라서 존재만이 사유의 대상이 될 수 있고, 존재하지 않는 것은 없기 때문에 사유의 대상이 될 수가 없다. 존재 자체로서는 가장 보편적이면서도 가장 자명하여 더 이상 어떠한 논의도 필요하지 않은 개념이다. 따라서 존재란 가장 추상적이고 애매하여 무엇이라고 정의할 수가 없다. 오죽했으면 헤겔은 존재 자체를 무규정적이고 직접적인 것이라 하고, 순수한 존재는 순

---

12   J. Hirschberger: 『서양철학사 上』. 대구: 이문출판사, 1983. 70쪽 이하.

수한 무와 같다고까지 했겠는가!¹³ 하이데거는 직접적으로 존재를 가장 어두운 개념이라 하고, 무규정적 개념¹⁴이라고 했다. 한 가지 분명한 것은 존재 자체를 직접적으로 해명할 수는 없어도 존재 자체가 무엇이냐고 묻는 사람을 통해서 존재의 의미해석은 가능하다는 사실이다.

이를 하이데거는 인간현존재의 해석학으로 수용하여 새로운 존재론을 정립하고자 했다. 그에게 인간의 삶과 앎, 즉 가치론과 인식론을 보장하는 근거는 있음으로서의 존재이다. 그러나 존재 자체란 너무나 보편적이고 무규정적이며 또한 자명한 개념이기 때문에 우리가 다가갈 수가 없다. 여기에서 형이상학적 사유가 가능하게 되고, 인문학적 상상력이 때로는 정당성을 확보하기도 한다. 따라서 하이데거는 전통적 형이상학에서 벗어나 존재 자체가 아니라, 존재의 의미를 묻고 나섰다. 존재의미에 대한 물음을 묻는 사람은 이미 존재를 이해하는 사람으로서 존재한다. 이때 이해란 무엇인가? 이해란 존재에 대한 물음을 제기하는 사람 자신이 어떻게 존재하는가 하는 이해이다. 다시 말하면 묻는 사람 자신이 이미 존재를 이해하고 있으면서, 그와 동시에 존재에 대해서 묻는다는 말이다. 존재 자체의 해명이 불가능하기 때문에 존재를 묻는 사람의 존

---

13 G.W. F. Hegel: 『대논리학 (I). 존재론』. 임석진 옮김. 서울: 지학사, 1983. 75쪽: "무규정적인 직접적인 것으로서의 존재는 무로서 결코 이것은 무 이상도, 그리고 그 이하도 아닌 것이다."
14 M. Heidegger: 『존재와 시간』. 서울: 까치, 1999. 17쪽.

재를 분석하고 해석하는 철학이 존재론의 해석학으로서 정당성을 확보하게 됐다. 그러나 인간 자체가 생성하는 존재로서 무규정적이기 때문에 현존재의 해석학도 존재 자체를 전적으로 밝혀낼 수는 없었다.

우리가 인간 삶의 가치를 인문학적으로 짚어나갈 수가 있다는 것은 무엇보다 먼저 삶에 의한 일상생활을 통해서 인문학이 이루어질 수가 있는 것을 의미한다. 그 이유는 사람이 산다는 것이 자연에다 인간의 자기흔적으로서 문화를 남길 수 있다는 사실에 있다. 둘째 이런 문화생산은 사실에 대한 가치판단으로서 우리의 인식능력과 판단능력에서 가능하다. 이런 인식과 판단은 인식주관과 인식대상의 일치에서 이루어지나, 포괄적으로는 인식과 관심의 연관성에서 이루어진다. 그리고 셋째 인식 자체도 이미 존재하고 있음을 전제로 할 때 비로소 가능하다면, 인식이란 존재의 인식이고, 그런 인식은 또한 제2의 존재가 된다.

따라서 삶으로서의 가치론과 앎으로서의 인식론, 그리고 있음으로서의 존재론은 인간 삶의 일상생활에서 가능한 삼중성이나, 철학의 논리는 그 역순으로서 있음과 앎 그리고 삶으로 이어져 먼저 존재란 무엇이고 인식이란 무엇이며, 그리고 인간 삶의 가치가 무엇인가를 묻게 되었다. 왜냐하면 존재에 대한 물음이 철학에서는 가장 근원적인 물음이기 때문이다. 이에 존재에 대한 인식이 있어야 인식에 대한 반성이 가능하게 되고, 존재와 인식에 대한 판단능력이 확고하게 될 때 비로소 그런 능력을 근거로 하여 인간 삶을 이상적으로 실현할 수가 있다. 따라서 철학에서는 언급한 대로 우선순위가 존재론과 인식론 그리고 가치론의 순위로 정해진다. 물론 이 3영역을 하나로 묶는 사유원리도 있어야 한다.

2) 인문학과 사유의 논리

자연과학이나 사회과학이 탐구의 대상을 귀납적 논리나 연역적 논리로, 특히 인과율과 같은 객관적 법칙으로 설명하고 있다면, 그것은 모두 과학적 성격을 띠고 있다. 그러나 인문학은 연구의 대상을 인간의 목적 자체나 가치에다 설정하고 있기 때문에 하나의 완결된 이론이나 하나의 필연적 가치판단을 요구하지 않는다. 따라서 인문학에는 처음부터 획일적인 과학적 성격은 배제된다. 그렇다고 인문학에 아무런 논리도 규칙도 없다는 말은 아니다. 생각하는 데도 분명한 논리는 있어야 하고, 그에 따른 개념이 전제돼야 하며, 그 상징적 의미내용까지를 담아내야 한다. 그러나 그 결과는 언제나 열려 있어야 한다.

이 한자 '巫'는 무당 무 자이고, 하늘과 땅을 이어주는 사람들을 말한다면, 즉 하늘의 비밀을 사람들에게 전하고, 사람들의 뜻을 하늘에 전하는 이 한자가 어떤 논리적 구조를 가지고 있기에 우리가 그 내용을 알 수 있고, 그것이 무엇을 의미하는가를 우리로 하여금 상상할 수 있게 한다. 따라서 인문학은 사람과 사람이 관계하는 학문이고, 이런 인문학으로서의 철학이 또한 모든 사람에게 공유될 수 있는 학문이라고는 해도 체계적으로 철학적 사유를 하기란 쉽지가 않다. 따라서 철학적 사유원리에는 논리적 사유구조와 인식론적 사유관계, 그리고 형이상학적 사유능력이 필수적으로 함께해야 한다. 물론 여기에는 현실적이고 실천적인 의미의 윤리적 당위성도 따라야 한다. 그리고 논리적 사유구조는 의사전달을 목적으로 하는 사유와 언어의 일치를 위한 올바른 판단, 그리고 참된 인식을 하기 위한 사유원리로서 사물의 이치와 사물들의 구조연관성을 드러내야 한다. 이런 원리를 이해하기 위하여 개념과 논리, 즉 형식논리학과 정반합으로 이어지는 변증법[15]도 필요하다.

사물의 이름을 논리적 사유에서는 개념이라 한다. 개념에는 보편개념과 개체개념, 구체개념과 추상개념, 모순(생사)개념과 반대(대소)개념 등이 있다. 특히 종(種)개념과 유(類)개념 가운데 모든 유개념을 포섭하는 최고의 유개념이 가장 기본적이고 보편적인 개념이라는 의미에서 '범주(Kategorie)'라 하여 인식론의 기본 틀을 이룬다. 개념뿐만 아니라 문장도 논리적 구조를 갖는다. 'A는 A이다'와 같이 '사람은 사람이다'나 '서울은 한국의 수도이다'와 같은

---

15 G.W.F. Hegel: 『정신현상학』. 왜관: 분도출판사 1980. 58쪽 이하: "예컨대 꽃봉오리가 활짝 피어나면 그것은 반드시 소멸하기 마련이거니와 이때 그 꽃봉오리는 새로 피어난 꽃에 의해서 부정된다고 할 수 있다. 이렇듯 만개한 꽃은 오히려 그 자신이 거두어들인 열매로 인해서 식물의 거짓된 현존재임이 밝혀지면서 마침내 그 열매는 꽃봉오리를 대신해서 식물의 진리로서 등장한다." 더 나아가 J. Israel: 『변증법』. 황태연 옮김. 서울: 까치, 1983.

일치의 원리로서 동일률의 논리와 'A는 아닌 A가 아니다'와 같은 차이의 원리로서 모순률의 논리, 그리고 'A는 B이든가 아닌 B이든가 둘 중 하나이다'와 같은 선언(選言)의 원리로서 배중률의 논리가 있다.

이런 논리가 사실의 논리 혹은 존재의 논리로서 논리학의 형식적 근본원리라면, 이에 반하는 변증논리는 정과 반, 그리고 합으로 이루어지는 운동의 논리 혹은 생성의 논리이다. 꽃봉오리가 피어나면 꽃으로 인해 꽃봉오리는 사라져가고 꽃 역시 활짝 피면 그 열매로 인해 꽃은 사라져간다. 따라서 열매가 꽃봉오리와 꽃을 대신해서 식물의 진리로서 나타난다. 마치 남자가 정이고 여자는 반이라면, 남자와 여자의 합은 자식이 됨과 같다. 자체적으로 무규정성 속에 있는 이념을 개념으로서 존재라 하고, 그런 이념은 집이나 나무와 같은 구체적인 사물이 아니므로 현실적으로는 무이다. 그러나 그런 사유 속의 무는 단순한 무가 아니라 생성으로서 새로운 유, 즉 존재가 된다. 생성의 변증논리에는 전형적으로 (+)와 (−)라는 긴장의 갈등관계가 있고, (+)와 (+)라는 긍정적 갈등관계가 있으며 또한 (−)와 (−)라는 부정적 갈등관계가 있다. 어떤 형태의 논리이라도 그것이 논리인 한 논리란 현실을 외면할 수가 없다.

이렇게 체계적으로 철학적 사유를 하기 위해 필요한 또 하나의 방식이 바로 인식론적 사유이다. 인식이란 앎에서 비롯됐다. 그러나 안다는 사실은 우리가 어떤 논리적 학습이나 엄격한 교육을 통하여 알게 되는 것이 아니라 일상적인 삶에서 단지 경험적으로만 알게 되는 사실을 말한다. 그러나 철학적 사유를 통한 인식론적 사유란 논리적 과정이나 엄격한 사유과정을 통하여 학적으로 인식하는 철학적 내용 전체를 말한다. '사상(事象) 자체에로!(후설)'라는 철학적 구호가 그 전형이라고 할 수 있다. 전자는 막연한 '안다(kennen)'이고, 후자는 식별할 수 있고 깨달아 '인식한다(erkennen)'는 것이다. 더욱이 이런 인식론적 사유라고 해도 사유 그 자체에서 논증 가능한 체계로서 전개될 수 있는 것이 아니고, 포괄적인 존재의 연관성과 인간 삶의 연관성에서 이루어질 수 있으며, 오직 삶의 연관성에서만 논증될 수 있다. 이의 극단이 인식론적 사유를 존재관계로 규정하는 '인식의 형이상학(하르트만)'을, 나아가서는 '도구적 인간현존재(하이데거)'를 가능케 한다. 이들은 공히 상호 입장을 달리하나, 철학적 사유의 순수이론보다는 인간존재의 실천성을 더욱 근원적인 것으로 간주한다.

그리고 체계적으로 철학적 사유를 하기 위한 셋째의 경우는 형이상학적 사유이다. 형이상학이란 명칭은 아리스토텔레스의 제자 안드로니코스가 아리스토텔레스의 유고를 정리하면서 가시적인 '자연학 저서 뒤'에다 그 유고를 배열했다는 의미로 Meta-Physik이라고 한 데서 유래했다고 한다. Meta는 '뒤' 혹은 '이상'이라는 말이고, Physik는 자연학이라는 말이다. 이를 주역 계사에 나오는 형이상자(形而上者)는 위지도(謂之道)이고 형이하자(形而下者)는 위지기(謂之器)에서 형이상학이라는 개념이 쓰이게 됐다. 그러므로 형이상학적 사유란 세계의 본질이나 존재의 근본원리를 사유하거나 직관하는 사유로서 초경험적인 것을 대상으로 사유하는 것을 말한다. 세계의 본질이란 무엇이고, 신이란 무엇이며, 존재란 무엇이고, 무란 무엇이며, 또한 인간의 영혼은 무엇이고, 참으로 영혼은 불멸하는가 등을 형이상학적 사유의 대상으로 삼는다. 이는 인간 삶의 궁극적인 참의미를 찾는 데 목적을 둔다. 도가도(道可道)는 비상도(非常道)[16]에서와 같이 도를 말로 설명할 수 있는 도는 영원불변하는 도가 아니다라고 하면 이것은 무슨 의미일까?

형이상학적 사유는 고대로부터 이어져왔다. 그들은 우주 전체 혹은 자연 전체에는 큰 생명이 있고, 사람은 세계 가운데 있는 한 생명체일 뿐이라고 생각했다. 사람 이상의 절대적인 것을 상정하고 거기에서 인간 삶의 척도를 찾고자 한 것은 인간 이상의 절대적인 것이 존재한다고 믿음으로써 인간 자신의 안정된 삶을 꾸려갈 수 있기 때문이었다. 특히 우주 속의 큰 생명을 인정하고 우주를 창조한 절대적 신을 믿음으로써 인간 전체 삶의 확실한 근거와 방향을 설정할 수 있기 때문이다. 이의 절정은 칸트에게서 이루어졌다. 그는 순수수학이 어떻게 가능한가라는 물음에서 시간공간론을 확보했고, 순수자연과학이 어떻게 가능한가라는 물음에서는 범주론을

---

16 노자: 「도덕경」. 임수무 역해. 계명대학교출판부, 2001. 9쪽.

확보했다. 그리고 형이상학 일반이 어떻게 가능하고, 또한 학으로서는 어떻게 가능한가에서 자아와 세계, 그리고 순수이성의 이상으로서 신까지를 증명하려고 했다.

그러나 이 모든 것은 결코 사람의 경험으로 확인될 수 있는 사안은 아니었다. 특히 시대가 바뀜에 따라 자연과학적 사유의 득세가 전면으로 부각됨으로써 형이상학적 사유는 점차적으로 인간 자신의 입장으로 바뀌게 됐다. 따라서 형이상학적 사유가 무너지게 됨으로써 인간 삶의 가치척도마저 잃게 되고, 상대적 가치로서 과학적 지식을 사람들은 더욱 신뢰하게 됐다. 그렇다고 과학기술시대에서 형이상학적 사유가 무용지물이기만한 건가? 여전히 삶이란 무엇이고, 죽음이란 무엇이며, 또한 존재란 무엇이고, 도란 무엇인가 하는 형이상학적 물음은 현대인들에게도 지적 관심거리가 되지 않는가!

3) 인문학의 대상과 방법론

인문학의 대상영역은 자연을 수용하면서도, 동시에 자연에 역행하는 영역의 학문이어야 하고, 역사 안에서 역사를 만들어가면서도 역사 밖에서 역사를 다시 이해하는 학문이며 또한 존재하면서도 어디에도 존재하지 않는 영역의 학문 등이다. 적어도 고대에서는 구체적으로 문법, 시학, 수사학, 역사학, 그리고 도덕철학의 5개 분야로 나뉘었으나, 폭넓게는 언어, 문학, 사학, 예술, 철학, 윤리, 종교,

문화 등을 포함하고 있다.[17] 그러나 이를 범주화하여 통상 문학, 사학, 철학, 소위 문사철이라고 한다. 왜냐하면 이들 학문들은 예외 없이 경첩의 역할로서 시간의 소산이면서도 시간을 초월하여 스스로를 생성할 수 있기 때문이고, 틀의 형태를 가지면서 틀의 형태를 버릴 수 있기 때문이다. 특히 이런 학문들의 공통점은 형식이 아닌 내용 지향적이고 가치 지향적이라는 사실에 있다. 이 학문들이 그때마다 유연한 틀을 가지는 것은 시간적 제약에서도 벗어나 있고, 공간적 제약에서도 벗어나 있어 어떠한 체제나 제도에서도 자유롭기 때문이다. 그러나 궁극적으로는 미래로 열려진 인간본래의 개방성을 지향하고 있다는 사실이 중요하다.

먼저 인문학의 대상영역으로서 문학이란 넓은 의미에서는 그 '어원(littera)'이 말해주듯이 문자나 문서와의 한 연관성 속에서 인간 삶의 정서나 사상을 말이나, 글로써 표현하는 언어예술 전체를 말한다. 그러나 좁은 의미에서는 언어와 문자를 수단으로 하여 인간 삶의 양식과 방식을 문예작품으로, 즉 산문, 시, 소설, 희곡, 심지어는 에세이 등으로 사실의 내용을 서술하고 묘사함을 한다. 그렇다고 온갖 형식을 자기 마음대로 써내려가도 좋다는 말은 아니다. 글 쏨

---

17 진원숙: '휴머니즘의 부흥과 인문과학': In: 『인문학의 전통과 새로운 지평』. 대구: 계명대출판부, 2004. 95쪽: "휴머니스트들은 자신들이 교양 혹은 인문학으로 인식한 과목은 지적 능력을 향상시킬 뿐만 아니라 도덕적 정신적 능력도 향상시킨다고 믿었다. (…) 그들이 바람직한 인간, 즉 정치적 도덕적 지혜가 풍부하며 종교적으로 경건하고 조국에 충성하며 선의 옹호와 악의 비판에 능변적이며, 교향 있고 세련되고 예절바른 사람을 양성하는 데 가장 적절한 학문이었다."

에는 기본의 원리원칙이 있고, 전체 내용구성에도 원칙이 있다면, 이를 문학이론이라 말한다. 문학이론에서는 문학의 본질, 문학작품의 구조와 내용, 문학의 체계 등 나아가서는 문학작품의 창작방법까지도 다루어지는가 하면, 문학운동의 입장과 관점이 체계화되고 이론화되기도 한다.

문학이론뿐만 아니라 이에 대등한 문학사 역시 문학의 한 영역을 구성하는 중요한 부분이다. 문학사란 문학이 어떤 역사적 과정을 거쳐 발생했고, 그 현상이 어떠했으며, 그리고 그 결과가 어떠했고 어떠할 것이라는 흐름을 말해준다. 한마디로 문학의 전체흐름에 대한 역사적 서술이라 할 수 있다. 이와 함께 작가는 물론이고 작가들의 작품과 그들의 창작방식이 그 시대적 문학발전 과정 속에서 어떠한 의미를 가지는가도 다루어진다. 이런 문학사와 함께 문학비평 역시 문학일반의 한 중요한 부분이다. 문학비평의 대상은 문학작품 전체가 해당되나, 문학운동을 포함한 문학현상 전반이 다 해당된다. 이때의 비평이 역사적 배경과 논리적 근거, 그리고 미래지향적 계기 등의 안목을 가질 때 참 비평이 될 수 있다. 이 밖에도 비교문학, 종교문학, 민족문학 등이 있을 수 있다.

문학이론과 문학사, 그리고 문학비평 등이 문학 전체를 구성하는 중요한 부분들이기는 하지만, 이러한 것들은 문학의 내면적인 요소가 아니라 외면적 요소들이라 할 수밖에 없다. 왜냐하면 이런 요소들이란 대상적으로 분류 가능한 분야들이기 때문이다. 문학의 내면적 요소, 즉 문학의 힘이란 과거와 현재, 그리고 미래라는 시간적 제약에서 벗어나 있고, 동서양이라는 공간적 제약에서도 벗어나 있으며, 또한 어떠한 체제나 제도에도 구애받지 않도록 하는 데 있다. 그 이유는 문학의 힘이란 체제나 제도 이면에 존재하면서도 상상력과 구상력으로 다가오는 내일의 패러다임을 바꾸어 놓을 수 있는 역동성이기 때문이다. 이러한 힘은 인간 스스로를 자기내면에서 언제나 새로 생산케 하되 결코 다하여 메마르지 않는다. 따라서 문학은 개개인의 내적 소산이지만, 종족을 떠난 인류 전체의 보편적이고 본래적인 본향이 된다. 이미 앞에서 인용한 정지용 시인의 〈호수〉는 "얼굴 하나야 손바닥 둘로 폭 가리지만 보고 싶은 마음은 호수만 하니 눈감을 수밖에"[18]라고 표현하고 있다. 부분이 아니라 전체를, 외면이 아니라 내면을, 특히 있음(유)이 아니라 없음(무)을 통해서 있음 전체를 볼 수 있음을 말한다.

둘째로 인문학의 대상영역으로서 사학이란 객관적 사건을 연구하여 기술하는 학문이다. 객관적 사건의 종류에 따라 자연의 역사, 인류의 역사, 한국의 역사 등으로 나뉜다. 설령 자연의 역사를 연구한다고 해도 자연 그 자체 때문이 아니라, 자연과 그 변화가 인류발전에 어떤 의미를 주고 줄 수 있는가에 따라 역사서술의 내용이 달

---

18 윤형주의 '어제 내린 비'도 함께 감상해본다면, "어제는 비가 내렸네 키 작은 나뭇잎 새로 맑은 이슬 떨어지는데 비가 내렸네 우산 쓰면 내리는 비는 몸 하나야 가리겠지만 사랑의 빗물은 가릴 수 없네 사랑의 비가 내리네 두 눈을 꼭 감아도 사랑의 비가 내리네 귀를 막아도 쉬지 않고 비가 내리네 눈물 같은 사랑의 비가 피곤한 내 몸을 적셔 다오".

라진다. 궁극적으로 사학은 이성적 문화 활동성으로서의 자유로운 인간행위를 그 본래적인 대상으로 삼는다. 그런 인간행위의 결과가 개인적인 차원을 넘어 인류전체의 관점에서 의미가 중요하면 중요할수록 사건에 대한 역사적 관심은 더욱 커진다. 그러나 엄밀한 의미에서 한 역사적 사건이 어느 정도 큰 영향력을 행사할 것인지에 대해서는 어느 누구도 알 수가 없다. 왜냐하면 그 척도는 사가의 안목에 따라 다르기 때문이고, 사건 자체의 내용 역시 시간의 흐름에 따라 언제나 재평가되기 때문이다. 1945년 미국의 히로시마 원폭 투하나, 1950년 6·25 사변도 그 예가 될 수 있다. 우리에게는 6·25 사변이나 인민군에게는 남조선해방전쟁이고, 세계인들에게는 한국전쟁이다.

궁극적으로 사학의 연구대상이 인류사회의 발전과정을 연구하는 데 있다면, 사학이란 어떤 개별적인 사건에 관계하는 것이 아니라, 학으로서의 보편적이고 객관적인 실재에 관계해야 한다. 이런 실재 중의 하나가 사학사이다. 사학사란 사학 자체의 객관적인 발전을 연구하는 분야로서 사학 자체의 생성변화의 법칙과 구체적인 역사적 사실을 연구하는 학문분야이다. 이에 사학사는 국가별 지역별, 그리고 시대별에 따라 세계사학사와 국가별 사학사, 그리고 시대별 사학사로 나뉜다. 사료학은 역사적 사료와 응용방법을 연구하는 일종의 사학분야로서 사료의 수집과 고증, 그리고 편찬을 주목적으로 삼는다. 여기에는 비판과 해석이 절대적으로 뒤따라야 한다. 왜냐하면 비판과 해석이 역사연구가를 위한 수단으로서의 도구가 되기 때문이다. 이런 사료학 못지않게 연대학도 사학의 중요한 한 분야이다. 연대학은 역사의 연대를 측정하는 원리가 무엇이고, 그 방법은 어떠한가를 연구하여 역사적 사건과 역사적 문헌의 연대를 고찰하는 분야이다. 이 밖에 역사연구방법론도 있다.

사료학과 사학사, 그리고 연대학 등이 사학의 한 분야이기는 하나, 사학의 중추적 요소라고 하기에는 역부족이다. 그 이유는 이 분야들이 과거와 현재, 심지어 미래와도 상관없이 인간의 본래성 속에 있는 모든 것을 다 담고 있음을 나타내기에는 한계가 있기 때문이다. 참으로 역사란 시간에 달려 있지만 결코 시간 속에 묻혀버리지는 않는다. 오히려 시간적 사건의 근원에서 역사란 모든 껍질을 깨고 나와 본래적인 인간성으로 탈바꿈함으로써 인간의 역사가 단절되어 있는 것이 아니라 연속되어 있음을 알려준다. 이것은 역사를 사가의 기록으로 보거나 혹은 살아 움직이는 운동으로 보거나와 관계없이 역사를 현재의 살아 있는 인간의 내면성으로 봐야 함을 의미한다.

이때 역사의 실천성으로서 순간을 영원으로 승화시킬 수 있고, 역사를 역사성으로 승화시킬 수 있다. 이런 역사성의 인간의식에서 역사는 과거와 미래, 유한과 무한, 선과 악을 함께 여닫을 수 있는 경첩의 역할을 할 수 있다. 여기에서 사학이 인문학으로 되는 새로운 가능성이 열리게 된다. 다시 말하면 사학이란 역사적 사실의 설명을 통한 인과적 연구를 목표로 하여 시간적이고 역사적인 가치에다 초점을 맞추는 것이다. 그러나 인문학에 이르는 새로운 통로로서 사학(역사의 역사성)은 사실의 의미에 의한 역사적 현실의 목적론적 연구를 목표로 하여 본래적 인간의 역사의식에서 초시간적이고 초역사적인 인간의 자유에다 초점을 맞추게 한다. 이로써 사학의 문제는 사학의 한계를 넘어 철학의 문제[19]가 된다.

셋째로 인문학의 대상영역으로서 철학은 과학 및 신학과의 깊은 관계를 가지면서도 객관적 법칙만을 고집하는 과학과는 달리, 그리고 절대적 신을 전제로 하는 신학과도 달리 전체적이고 근본적인 지적 논리를 주장한다. 다시 말하면 철학은 과학이든 신학이든 모든 학문의 이론적 근거비판을 목표로 삼는다. 그렇다고 인간의 현실적인 삶을 배제하지는 않는다. 5+7=12라는 주장은 어느 누구도 부정할 수가 없다. 부정하면 당장 우리의 일상생활이 뒤범벅이 되고 말 것이기 때문이다. 그래서 수학적 사유에 철저했던 칸트도 인문학적 사유가 수학적 엄밀성으로만 성립할 수 없다는 것을 간파하여 "별들이 반짝이는 하늘과 내 마음속에 샘물처럼 흐르는 양심 때문에 철학한다"고 고백했다. 오죽했으면 로마의 오비디우스가 '눈물로 강철도 녹일 수 있다'고 했겠는가! 여기에서 바로 철학의 인문학적 구상력과 상상력이 발동하게 된다. 사실 철학은 그 연구대상

19 A. Stern: *Geschichtsphilosophie und Wertproblem*, München/Basel 1967. S.120~167. "Geschichtliche Erkenntnis und Werte".

을 자기 밖에서 구하는 모든 학문과는 달리 전형적으로 그 대상을 자기 안에서 구한다. 즉 철학은 자기 자신을 연구대상으로 삼는다는 말이다. 이로써 철학적으로 사유하기 위해서는 언급한 대로 필연적으로 먼저 논리적이어야 하고 인식론적이어야 하며 또한 형이상학적이어야 한다.

이처럼 철학이 개념으로서 혹은 체계로서 논리적 사유와 인식론적 사유, 그리고 형이상학적 사유를 전제로 한 것은 우리 자신으로 하여금 인간의식의 가장 근원적인 본래성을 성찰케 하기 위해서이다. 또한 근원적인 본래성에 대한 성찰을 통해서 자기 자신을 자유케 하기 위해서이다. 이런 철학은 시간과 공간을 초월하여 인간의 내적 인격으로서 인문학에는 물론 자연과학과 사회과학에다도 생기를 공급해 준다. 왜냐하면 인문학은 처음부터 인간의 내적 자아의 철학적 소산이기 때문이다. 따라서 인문학은 철학과 함께 그 기능보다는 인간정신과의 긴밀한 관계를 통해 반성적으로 이루어진다. 인문학의 전제가 인간의 인간다움과 인간다움의 실현으로서 자유함이다. 이의 궁극적 목적이 인간존재의 가치에 있기 때문에 철학적 사유에서는 인간의 본래성에서 나온 인간성 실현이 지고의 목표가 된다.

그렇다면 인문학은 어떤 연구방법론을 필요로 하는가? 인문학은 법칙을 바탕으로 하는 자연과학과는 달리, 또한 규범을 바탕으로 하는 사회과학과는 달리 사람의 가치를 근거로 하여 궁극적으로 자유를 구가한다.[20] 따라서 인문학은 하나의 필연적인 가치판단이나 하나의 절대적인 도덕원칙, 즉 어떤 하나의 확고부동한 이론을 주장하지 않는다. 인문학에는 어떤 아르키메데스의 기점이 필요하지 않다. 그 때문에 철학의 체계성이나 근원성보다는 철학의 연관성이나 과정이 더욱 중요하다.

존재 자체에 대한 문제제기보다는 존재하는 것의 해석이나 이해, 혹은 그 가치문제에 더욱 큰 관심을 가진다. 전자에서는 이론이 중요하고 논리가 중요하나, 후자에서는 현실이 중요하고 이해가 중요하다. 여기에 통용될 수 있는 논리는 수학적 명증성도 아니고 과학적 엄밀성도 아니다. 그렇다고 어떤 종합을 추구하는 변증론만도 아니다. 오히려 밝혀야 할 논증을 근거로 하는 일종의 해석학적 순환론이다.[21] 순환론이란 부분과 전체의 관계이론으로서 전체에서 증명될 수 있는 사태가 먼저 설정돼야 한다는 사실에서는 논리적 순환론이 필요하고, 인식하기 위해서 먼저 인식이 무엇인가를 알아야 한다는 사실에서 철학적 순환론이 필요하나, 궁극적으로는 철학적 경첩의 논리에서 이루어진다. 왜냐하면 인간의 삶은 존재가 아니라 생성이기 때문이다.

인문학에 대한 수행방식은 언급한 대로 자연과학과는 근본적으

---

20 K. Jaspers: *Philosophie II. Existenzerhellung*. Berlin. Heidelberg 1956. S.177ff.: "Erhellung existentieller Freiheit."
21 E. Hufnagel: 『해석학의 이해』. 강학순 옮김. 서울: 서광사, 1994. H. Ineichen: 『철학적 해석학』. 문성화 옮김. 서울: 문예출판사, 1998.

로 다르다. 그 이유는 자연 자체란 어떤 의미와는 무관하게 존립하는 하나의 객관적 실재이기 때문이다. 다만 그런 실재에 인간이 어떤 의미를 부여하여 특정한 가치가 구현되면, 그 가치로 인해 실재 자체나 자연 자체가 일정한 가치를 가지게 되고, 그것이 현실의 구체적인 내용으로 나타나게 된다. 참으로 가치 역시 그 자체로만 보면 현실적일 수가 없다. 그 어떤 확실한 것도 가치와 무관하다면 그것은 무와 같다. 그러므로 한 대상이 가치와 어떤 관계가 있는가 없는가에 따라 대상의 이해 폭이 달라지고, 이해의 폭은 해석여하에 따라 달라질 수 있다. 그렇다고 해도 이 모든 과정은 사람이 어떠한가에 달려 있게 된다.

3. 삶을 위한 문화와 문화비판은 왜 필요한가

1) 문화예술: 왜 문화인가

문화에 대한 인문학적 연구방법론의 주 관심은 무엇보다 먼저 문화적 가치이나, 적어도 가치와 관계되는 내용을 연구하는 데 있고, 둘째는 이해를 가능케 하는 해석학적 연구에 있으며, 그리고 셋째는 사람을 자유롭게 하는 인간학적 연구에 있다. 먼저 가치철학적 방법론은 가치의 본질이 무엇인가에 달려 있다. 가치란 사물의 특성이라기보다는 사물이 가지고 있는 가치존재에 대한 조건이라 할 수 있다.[22] 가치존재는 인간의 욕구와 감정방식에 따라 다양한 양상을 띤다. 어떤 사람에게는 최고의 가치가 다른 사람에게는 무가치할 수도 있다. 그러나 가치의 종류를 양분할 수 있다면 주관적 가치와 객관적 가치, 상대적 가치와 절대적 가치, 혹은 적극적 가치와 소극적 가치 등으로 나눌 수 있다.

가치란 대체로 주관의 기호에 따라 정의적으로 의미가 부여되나, 이에 상응하는 객관적 대상을 필요로 한다. 예를 들면 재화는 자신에게 필요하다는 주관적 가치감을 가지게 하면서 타인에게도 가치 있는 것으로서 객관적 가치감을 갖도록 한다. 특히 교환가치는 자기뿐만 아니라 다른 사람에게도 가치가 있다는 판단이 가능해야한다. 이때 가치는 서로 다른 사회구성인들의 승인을 얻게 되며, 그로써 가치의 상대성을 인정받게 된다. 그러나 사람은 많은 가치 중에서도 고차적인 가치를 추구하게 되고, 끝내는 숭고나 선과 같은 최고의 가치를 소망하게 된다. 여기에서 문화적 가치의 절대성 문제가 대두된다. 가치는 개별적인 것으로부터 보편적인 것에로 이행하는 가운데 상대적인 가치를 거쳐 지고의 절대적 가치에까지 이른다.

한 개인이 소유하고 있는 재산이나 건강, 심지어 그 자신의 행복은 상대적 가치로서 바람직한 가치이기는 하지만 진선미와 같은, 특히 성(聖)과 같은 절대적 가치는 시공을 초월한 영원한 가치이다.

---

22 박이문: 『문명의 위기와 문화의 전환』. 서울: 민음사, 1996. "문화와 문명".

이러한 모든 다양한 가치가 인간 삶을 통해 어떤 방식으로든 표현되고 형상화된 것이 문화라면, 문화적 가치야말로 인문학적 연구방법의 한 중요한 계기가 된다. 특히 정반대의 대립구도에 따른 문화적 가치판단이야말로 인문학적 인식관심을 극대화할 수 있다. 건강에 대한 질병이나 참에 대한 거짓 혹은 선에 대한 악이나 미에 대한 추 등은 인문학적 가치판단을 가능케 하는 전형이라 할 수 있다. 참으로 모든 가치는 절대적 가치를 기본으로 삼는다. 그러나 어떠한 절대적 가치도 인류역사를 통한 문화적 가치나 정신적 가치, 혹은 궁극적으로 사람됨의 가치를 넘어서 있지는 않다.

둘째로 문화적 이해를 바탕으로 하는 해석학적 연구방법론도 인문학적 상상력으로 하여금 대상적 설명의 한계를 극복가능토록 한다. 예를 들면 수학적 명제로서의 1+1=2로밖에 설명할 수 없다. 이것은 보편적 명제로서 언제 어디서나 순수 논리적으로 타당하겠지만, 현실의 인간 삶에서는 사실상 꼭 그렇지는 않다. 왜냐하면 주어진 사실 속에 주어지기 이전의 요소가 이미 내재하여 있으므로 현재의 표현된 사실은 사실 그 이상으로 되기 때문이다. 헤라클레이토스의 유명한 명제인 "델피의 신전을 지키는 주, 그는 직접적으로 말하지 아니하나 그렇다고 은폐하지 아니하며, 오히려 암시하고 묵시하노라"[23]가 의미하는 것은 이해를 전제로 하는 인문학의 문화적

---

23 A. Diemer: 『철학적 해석학』, 백승균 옮김. 서울: 경문사, 1982. 25쪽.

연구방법론을 위한 길잡이가 된다.

아무리 규칙에 따른 텍스트의 문법적 해석이 정확하다고 해도 텍스트 전체의 이해와 저자의 정신적 문화바탕을 이해하지 못한다면 참다운 이해라고 할 수 없다. 여기에서는 논리적 엄밀성이나 확실성이 중요한 것이 아니라, 전체이해를 위한 문화적 전이해가 더욱 중요하다. 전이해란 저자의 생활환경에서 저자의 삶 속으로 파고 들어가는 이해를 말한다. 이를 위해서는 심리적 이해도 중요하다면 심리적 이해를 통해 역사적 정신과정의 깊이가 밝혀질 때 일종의 인문학의 객관적 보편인식이 가능하게 된다. 객관적 보편인식이란 내적인 것에 대한 외적인 관계를 말한다. 이것은 적어도 때론 인문학에서조차 전체를 다 가질 수 있는 하나의 기점이란 있을 수 없음을 말한다. 역으로 보면 인간 자신이 마련한 정신문화의 객관적 사실은 내적으로 이해해야 함을 말한다.

더 나아가 사람이 존재하는 한, 사람은 자기가 살고 있는 세계를 이미 언제나 문화적으로 이해하고 있다는 사실이다. 이때 이해란 인간존재의 해석이라 할 수 있고, 인간존재의 이해라고 할 수 있다. 이것은 인간존재의 의미에 대한 물음을 제기하는 사람도 인간이고 물음의 대상자도 인간이라는 사실이다. 이러한 이중적 인간존재에 대한 자연과학적 설명은 처음부터 불가능하나 인문학적 해명은 언제나 가능할 뿐만 아니라, 그것이 오히려 인문학의 특성이고 강점이 된다. 이런 맥락에서 인간존재의 해석자 자신이 언제나 역사적 문화적 경험의 과정 속에 있고, 그 자신의 판단 역시 역사적으로 문화적으로 제약되어 있으므로 절대적인 하나의 타당성만이 존재한다는 것은 있을 수가 없다.

그러므로 인간존재에 대한 전체이해란 창조적 주체성에서 이루어지는 것이 아니고, 역사적이고 문화적인 전통을 통해서, 다시 말하면 역사적 힘에 의해서 이루어진다. 역사적 힘을 가지고 있는 이해는 문학도 예술도 언제나 새로움을 가능토록 한다. 따라서 이해를 목적으로 하는 학문은 어떤 하나의 확고부동한 기점을 가질 수가 없다. 김지하 시인도 「생명사상」에서 "우리들이 언제 어디서나 내세울 수 있는 확고부동한 출발점은 원칙적으로 존재하지 않는다"[24]고 했다.

그리고 셋째로 사람을 자유롭게 개방하는 인간학적 연구방법론은 인간을 인간 그 이상으로 해석 가능토록 함으로써 인문학적 강점을 드러내 준다. 이때 인간이란 철학적 범주로서의 이성적 존재라고만 하기보다는 정신적 존재이고, 순수한 정신적 존재라기보다는 살아 있는 인격적 존재라 할 수 있다. 그러나 생명을 바탕으로 하고 있는 정신적 존재라고 하는 것이 더욱 바람직하다. 왜냐하면 인간정신의 본질은 언제나 자기 스스로를 반성하는 자기의식이고 자신의 생명을 바탕으로 하는 순수한 활동이며, 또한 인간을 자기

---

24 김지하: 『생명사상: 생명과 가치』, 서울: 솔, 1996. 42쪽.

환경에서 해방시키는 세계개방성이기 때문이다. 반성하는 자기의식과 인격의 순수활동, 그리고 세계개방성의 공통분모는 어떤 대상적인 존재자도 아니고, 즉물적인 존재도 아니다. 오직 부단히 스스로의 생명을 실현해 가는 생성의 존재이다.

생성의 존재는 서로의 대립원리에서 발생하는 것이기 때문에 역행을 가능케 하고 부정성을 가능케 한다. 그렇다고 그런 부정성을 통해 인간정신이 제약되거나 위축되는 것이 아니라, 오히려 그로 인해 인간정신의 본질이 비로소 그 역동성을 발휘하게 된다. 이러한 역전의 가능성에 근원적인 인문학의 힘이 내재한다면, 인문학적 연구를 위한 인간학적 요소의 계기는 필수적이 되지 않을 수 없다. 생의 금욕자로서 붓다가 그랬고, 죄의 대속자로서 예수가 그랬으며, 그리고 무지의 지를 갈파한 소크라테스가 그랬다. 하물며 오늘을 사는 우리 자신들이라고 해서 그렇게 될 수 없다는 것은 어불성설이다. 사람됨의 가치를 으뜸으로 삼는 인문학은 사람의 생각을 바꿔놓는 학문일 뿐만 아니라, 마침내 사람의 삶 자체를 바꿔놓는 학문이다.

이런 인문학의 힘은 누구에게 비축되어 있는 힘이 아니고, 자기 스스로를 실현할 때 비로소 새로 생산되는 힘이고, 자기 자신을 소유하지 않음으로써 자신을 스스로 창조케 하는 힘이다. 이런 힘은 과거를 미래로 바꾸는 힘이고, 죄인을 성인으로 거듭나게 하는 힘이다. 이것은 자기가 자기를 버릴 때 비로소 새로운 자기를 되가질 수 있음을 말한다. 참으로 살아 있는 사람의 인격 활동이나 생동하는 정신활동이란 하나의 완성된 사실로서, 혹은 하나의 객관적 결과로서 논증될 수 있는 것이 아니다. 그렇다고 정신 역시 제한되는 힘이 아니라 오히려 무한의 힘을 가진다. 바로 여기에 인문학의 존립근거가 있다. 현실적으로 인문학이 과학기술로 인해 무력하다고 하나, 바로 그 무력함 때문에 오히려 더 큰 인간의 이성능력과 실천능력을 가능토록 하고 현재를 미래로 개방토록 한다. 그렇다면 인간의 생물학적 한계야말로 역으로 새로운 문화창조의 원동력이 아니고 무엇이겠는가! 인문학의 방법론이 역설에서 그 생명을 되찾고 생동성에서 그 근원성을 되찾을 때 인문학의 새로운 지평은 열리게 된다.

문화란 "인간이 자연 상태에서 벗어나서 일정한 목적 또는 생활 이상을 실현하려는 활동의 과정 및 그 과정에서 이룩해낸 물질적 정신적 소산의 총칭, 특히 학문, 예술, 종교, 도덕 등 인간의 내적 정신활동의 소산"[25]이라는 것이 사전적 의미이다. 여기에서도 분명한 것은 문화라는 개념이 인간에 직결되어 있는 개념이기는 하나, 자연에 대립되는 개념으로서 인간의 삶, 즉 그것이 물질적이든 정신적이든 인간의 삶에서 비롯된다는 사실이다. 문화에 관계되는 이런 내용을 양분할 수 있다면, 그 하나는 인간 자신의 내적 능력으로서의 문화

---

25 이희승 편저: 국어대사전. 서울: 민중서관. 1995. 1337쪽.

이고, 다른 하나는 인간 자신의 외적 소산물로서 문화라고 할 수 있다. 전자는 인간 자신이 스스로 생산하고 그 생산의 가치를 실현시켜나가는 인간의 정신적 삶을 말하고, 후자는 인간이 자연에 역행하여 생산해낸 모든 대상적인 것, 즉 물질적 정신적 소산 전체를 말한다. 요약하면 문화란 인간이 역사적 사회적 과정을 통해서 마련한 대상적 존재 전체를 말하고, 인간이 자신들의 삶의 방식을 통해서 윤리적 정신적으로 마련한 내적 형성물 전체를 말한다. 단적으로 인간 삶의 가치를 형성하는 총체적 산물이 문화라고 할 수 있다.

2) 문화비판과 인간의 의식

문화란 어김없이 가치문제와 연관되어 문화철학[26]의 문제로 등장하고 결국 문화비판의 문제[27]에까지 이르게 된다. 따라서 문화개념이 철학적 내용을 수용함으로써 문화철학이 성립한다. 문화철학에서는 문화가 어떠한 원리와 어떠한 방법론을 취하는가를 문제 삼는다. 왜냐하면 문화철학은 문화의 발전법칙과 문화의 담지자, 그리고 문화의 의미와 본질을 밝히려 하기 때문이다. 동시에 문화철학은 문화발전의 참된 의미가 무엇이고, 문화가치의 형성은 어떠한가를 인류역사의 전체연관성에서 찾으려는 문화철학 그 이상까지

---

26 한국철학회 편: 『생명사상: 생명과 가치』. 서울: 철학과 현실사, 1995.
27 이진우: 『한국인문학의 서양콤플렉스』. 서울: 민음사, 1999. 115쪽 이하. 「포스트모던사회와 인문학의 과제. 이데올로기 비판에서 문화비판으로」.

를 목적으로 한다.

물론 문화철학은 문화를 통하여 인간의 존재양식을 밝히려는 그 자체의 독자성을 유지하면서 동시에 인접학문과의 연관성, 즉 역사철학이나 인간철학, 더욱이 사회과학과의 연관성을 철학적으로 규명하면서 그러한 학문분야들과의 관계를 통하여 인간의 포괄적인 삶의 방식을 탐구한다. 이 가운데서도 어쩔 수 없이 철학적 자기주장의 기반이 있어야 한다면, 그 기반은 일반적인 인간의 삶보다는 더욱 현실적으로 궁극적인 생명이 된다. 왜냐하면 문화를 생산하고 재생산케 하는 원동력이 살아있는 생물학적 현실의 생명이기 때문이다.

만일 우리가 생명을 가진 인간을 전적으로 문화의 담지자로서만 주장한다면, 그것은 문화적 인간학이 되고, 인간을 사회의 담지자로서만 생각한다면, 문화적 사회학이 된다. 그러나 그러한 문화현상에 대한, 그것이 대중음악이든 고전음악이든, 그런 문화현상에 대한 비판적 입장을 취하거나 지속적인 문화발전에 대한 가치를 문제 삼는다면 문화비판의 문제가 된다. 문화비판은 문화적 위기의식에서 비롯한다. 위기의식은 생명의 연속적인 과정이 중단될 것이라는 예측에서 나온다. 한 개인에 있어서 성숙함이나 한 사회에 있어서 발전이나 진보는 현존상태에 대한 위기의식이 선행하지 않고서는 결코 얻어질 수 없는 필연적인 사실이다. 기존가치나 기존질서에 대한 위기의식은 위기를 극복하기 위해 새로운 인식의 눈높이를 가져야 하고, 비판의식을 발동하여 새로운 가치설정을 해야 기존가 치를 타파할 수 있게 된다.

이런 비판의식을 호르크하이머는 자신의 「비판이론」에서 '인간 성을 전제로 하는 이론의 총체성'이라 하여 위기이론으로 이해했고, 위기이론을 인간생존에 대한 위기로 봤으며, 인간 자체에 대한 사 회적 위기로 봤다.[28] 그러나 하버마스는 「비판과 위기」에서 여유 있 게 '주관적 능력'이라 했고, 「해석학의 보편성요구」에서는 "주관성 을 떠난 철두철미한 이해야말로 단순한 이해가 아니라 비판"[29]이라 고 했다. 이런 비판으로서의 이론이 위기로서의 이론임이 분명하게 나타난 것은 이미 헤겔이 역사철학에서 객관적 세계사를 위기로 이 해했고, 마르크스가 정치경제학의 비판에서 자본주의경제체제의 위기를 지목했다는 사실에 기인한다. 이러한 위기를 사회적 걸림돌 이라 판단하여 사회철학에서는 그 대책을 사회제도 내지 사회구조 에서 마련하고 궁극적으로는 그 해결책을 비판의식에서 찾았다.

과학기술의 발전이 인간으로 하여금 자연의 속박에서 벗어날 수 있는 해방의 길을 터줬지만, 결과적으로는 인간이 자연을 지배함으 로써 그만큼 인간 자신이 자연으로부터 소외되고 말았다. 참으로 과학기술의 발전이 인간에게 무엇을 해결해 주었고, 그로 인해 무

---

28 백승균: 『변증법적 비판이론』. 서울: 경문사, 1991. 150쪽 이하.

29 J. Habermas: Der Universalitatsanspruch der Hermeneutik. In: *Hermeneutik und Ideologiekritik*. Frankfurt(M) 1971. S.155.

엇을 부차적으로 우리에게 남겼으며, 도대체 무엇으로부터 인간을 해방시켰느냐고 되물었을 때, 발전이 곧 또 다른 몰락을 낳는다는 사실을 우리는 알 수 있었다. 그러나 철학에서는 보다 근원적인 의미로 인간이 존재하는 한, 인간존재 자체가 위기적 존재라 하여 위기의식을 오히려 적극 수용한다. 이를 철학적 인간이해에서는 위기의식이라는 것이 인간의 삶에 근원적으로 내재하기 때문이라 하고, 그 위기의식이야말로 인간의 삶을 더욱 생동하도록 하는 결정적인 계기가 된다고 했다.

이런 위기의식의 극복과정을 통해서 사람은 자신의 본래적인 자아존재로 되돌아갈 수 있으며, 참된 인간적이고 도덕적인, 그리고 윤리적인 존재가 될 수 있다. 분명히 윤리적 인간존재로서 당면하는 위기란 삶과의 관계에서 존재하는 것이므로 위기와 삶은 사실상 현상적으로만 보면 납득될 수 없으나, 본질적으로 보면 진정 떨어져 있는 둘이 아니라 하나라고 할 수밖에 없다. 즉 동전의 양면인 것이다. 이것은 소박하게 사람이 살아간다는 그 자체가 매 순간의 위기를 극복하여 나간다는 사실을 말한다. 어느 누구도 자신의 위기를 그때마다 극복하지 못하면 자신의 독자성을 유지할 수가 없다. 위기를 통해서 사람은 성숙하게 되고, 사회가 달라지게 되며, 그리고 문화의 패러다임이 바뀌게 된다. 루소가 자연으로 돌아가자고 역설한 것이나, 니체가 인간으로 돌아가고 대지에 충실하라고 외친 것, 그리고 오늘날에 와서 따뜻한 자본주의 4.0시대(자유방임, 수정, 신자유자본주의)라는 구호란 위기의식으로서 문화비판의 정형들이라 할 수 있다.

그러므로 문화비판이란 언제나 새로운 시작을 의미한다.[30] 새로운 시작에는 시작의 기점으로서 근원성 문제가 제기된다. 근원성의 획득은 문화에 대한 비판적 대결에서 가능하다. 왜냐하면 우리는 시간을 소급하거나 역사를 소급해 올라가 문화의 근원성을 본연그대로 또다시 획득할 수가 없기 때문이다. 바로 여기에서 문화비판의 정당성이 확보된다. 참으로 우리에게 중요한 것은 너무나 다양한 문화개념의 중심을 어디에다 둘 것인가라는 문제와 비판의 의미를 어떻게 정리할 것인가 하는 것이다. 철학에서 비판은 행위나판단, 혹은 작품에 대한 정당한 가치평가를 말하는 일반적 사회통념과는 달리 사물을 분석하고 검토하여 그 의미와 가치를 찾아내어전체의 의미연관성을 따져서 그 존재하는 이유의 논리적 근거를 주장하는 것을 말한다.

그러나 비판이론의 문화비판에서는 비판과 정치를 무모하게 직결시키지는 않는다고 해도, 정치와의 한 연관성 속에서 비판의 개념을 사회적 힘의 균형관계로서 이해한다. 왜냐하면 사회적 힘이란 모든 형태의 정치적 실체를 결정하는 역동적인 작용이기 때문이다. 따라서 비판은 어떠한 형태의 민주주의라는 정치상황에서도 기

---

30 한국철학사상연구회: 『문화와 철학』, 서울: 동녘, 1999. "문화를 보는 철학".

본적이고 필연적이다. 이런 의미에서 비판은 민주정치의 문화적 전제조건이 된다. 단적으로 표현해서 비판이란 인문학의 바탕으로서 '인간정신의 핵심적인 동인'이라고 할 수 있다. 참으로 문화비판이 인간정신의 핵심적인 동인으로서 인문학의 바탕이 된다는 것은 문화적 현실에 대한 사회가 가지는 구성적 의미를 인식비판으로서 밝히자는 것을 말한다.

따라서 인식비판은 전통적인 존재론의 의미에서 설정되는 것이 아니고, 사회비판에서 설정되는 것이기 때문에 사회적 총체성으로서 인식비판과 사회비판의 관계[31]가 무엇보다 중요하게 된다. 이런 관계에서 비판이란 '내재적 비판'을 의미하고, 구성적 의식 자체에 대한 비판을 의미한다. 이것은 철학적 개념에 대한 융통성 있는 문화적 반성으로서 가능하다. 융통성 있는 반성이란 문학이나 역사 또는 철학 등을 통틀어 문화적 가치로 표현할 수 있는 내재적 힘을 말한다. 그러므로 반성에서는 이론이 실천에 우선한다고 해도 이론을 실천에 대립되는 이론이 아니고, 이론과 실천의 통일에 대한 특수한 문화형식으로서 수용한다. 이로써 이론은 단순한 사회적·문화적 대상을 넘어서서 그 자체의 역사적 발생조건과 실천적 영향력을 다함께 확인하고 생동케 하는 이론이 된다. 여기에서 새로운 문

---

31 백승균: 『변증법적 비판이론』, 서울: 경문사, 1991. 214쪽: "아도르노에게는 인식비판이 사회비판이고, 사회비판이 인식비판이기 때문에 사회의 본질을 파악하는 개념은 총체성으로서의 사회이다. 특히 인식비판과 사회비판이 상호 역행할 수 있는 것은 여기에서 비판이라는 것이 '내재적 비판'을 의미하고, 구성적 의식 자체에 대한 비판'을 의미하고 있기 때문이다."

화가 재생산된다. 문화를 재생산하는 원동력이 인간의 삶이고, 인간의 삶을 가능케 하는 근거가 생명이다.

처음부터 인문학은 인간의 내면적 자아의 소산이었기 때문에 그 기능보다는 정신을 우위에 두어왔다. 이런 인문정신이 제도와는 관계없이 지탱해 온 것은 정신이 시공의 소산이면서도 시공을 초월하여 활동해왔기 때문이다. 그렇다면 인문학은 인간의 존재이유를 다룬다고 할 수 있다. 인간의 존재이유를 다루는 인문학이란 '자기 스스로를 창조하는 인간세계의 학문'을 말한다. 여기에서 중요한 것은 인간존재의 가치나 이해이나, 이에 못지않게 중요한 것이 인간이 생존하고 있는 제도나 사회가 어떠한가 하는 것이다. 왜냐하면 인문학이란 그 사회가 갖는 유기적 형태 안에서 그 활동의 여지를 가지는가 하면 그 범위 내에 존재하기 때문이다.

따라서 인간의 존재문제가 사회나 사회와 연관되어 다루어진다는 것은 우연한 일이 아니다. 참으로 사람은 기존의 사회에서 태어나 그 사회성에 따라 성장하고 활동하여 자신의 인격적 존엄성과 가치를 타인과 함께 실현해간다. 그런 실현의 장소가 일정한 형태의 사회이고, 자기실현의 구체적인 형태는 사회적 제도적 구조인 정치, 경제, 사회, 문화 등에 달려 있다. 그렇다면 사회란 모든 영역의 관계와의 연관성이고, 구체적으로는 일정한 목적을 실현하기 위한 인간의 집합체이며, 특히 관습과 계약에 의하여 인간관계가 규정되는 인간집단의 공동체이다. 이런 공동체의 인간은 아무리 자기

개체성이나 독자성을 주장해도, 일정한 사회형태 내지 사회구조 속에서만 가능하기 때문에 사회성을 떠나 있는 인간이란 사실상 존재할 수가 없다. 오히려 타인을 의식하며 행동함으로써 자기가 비로소 자기로서 형성되는 것이고, 나아가 사회와 관계를 맺음으로써 자기 스스로가 자기화되는 것이다.

3) 새로운 시작과 근원성 문제

사람의 참 가치를 지향하는 인문학은 인간 삶의 본래성에 대한 철저한 자기반성을 통해 언제나 자기 자신을 되돌아볼 수 있게 한다. 특히 철학적 자기반성은 사회적 비판의식을 통해 인간본래의 근원성문제로 되돌아가게 한다. 사회적 비판의식은 직접적인 인간생존의 위기감에서 오나, 인문학의 위기는 어느 날 갑자기 한꺼번에 오지도 않고, 한 사회의 몰락처럼 소란스럽지도 않다. 너무나 조용하고 내밀하여 미래의식을 가진 사람만이 볼 수 있고 들을 수 있다.

그런 사람들마저도 부분은 알되 전체는 알지 못한다. 강을 보고 흐름을 아는 사람이나, 성난 파도를 보고 고요함을 상정할 수 있는 사람만이 근원을 사유할 수 있다. 근원을 사유할 수 있는 철학도 때로 만병통치의 약이 될 수 없는 것은 그것이 우리에게 너무나 추상적이고 논리적인 사유존재일 때 그렇다. 그렇다고 그런 사유를 일방적으로 폐기처분하기에는 그것이 갖고 있는 사회적-역사적 내용과 근원적 인간 삶의 논리성으로 일관된 보편성의 주장이 너무나 지대하다. 심지어 인간의 자유와 해방까지도 그런 사유존재론에 근거하고 있다면 더욱 그럴 수밖에 없다. 하기야 철학도 자기 방향성을 가늠하지 못한다면, 자기위상은 상실하게 되고, 마침내 사람들이 위기의식을 가지게 된다.

사실상 위기란 파국에 이르게 하는 길이기는 하나, 위기를 각(覺)할 때 다시 소생할 수 있는 새 길이 열리기도 한다. 위기가 철학 자체에 필연적으로 내재하는 것이 아니라면, 철학이 위기를 위기로 직시할 때 비로소 위기 가운데서 새로운 삶의 길이 열리게 된다. 새 삶의 길은 위기를 또한 새로운 시작으로서 가능토록 한다. 새로운 시작으로서 위기가 그때마다 긴장의 장을 헤쳐 나갈 때, 본래적 인간의 참모습이 드러나게 된다.[32] 자유나 정의 혹은 평등과 같은 철학적 개념이 사회적 실천성을 띨 때, 비로소 그 내용적 의미가 현실적으로 실효를 발휘하게 된다.

이를 위한 전제는 철학의 자기반성이고 자기성찰이다. 철학의 자기성찰은 자연이나 사물이 인간에게 사멸된 물질로서 존재하는 것이 아니라 인간과 자연의 관계, 특히 자연을 인간과 동일한 주체로서 간주하여 자연과의 상호소통을 가능케 하는 자연의 인문생태적

---

32 O.F. Bollnow: 『교육의 인간학』. 오인탁, 정혜영 공역. 서울: 문음사, 1988, 113쪽 이하와 117쪽 이하. 실존개념에 따르면 인간은 존재하는 한, 순간마다 위기 속에 있게 된다. 위기를 맞을 때 인간 자신은 성장한다. 인간은 위기를 통해서만 자신의 본래적인 자아존재를 깨닫게 된다. 위기를 돌파하지 않고는 어느 누구도 내적인 자립성을 확보할 수 없다. 위기는 새로운 시작을 가능토록 한다.

삶의 관계, 이는 한편으로는 인간의 인문생태화를, 그리고 다른 한 편으로는 사회의 인문생태화를 전제로 하나, 이에 그치지 않고 사 회를 매개로 하여 자연과 연계된 물질적이고 정신적인 인간의 삶 을 가능케 한다.[33] 나아가 인간과 물질의 관계, 또한 인간과 인간의 관계, 오늘날 디지털정보사회에 있어서 인간과 영상의 관계도 이런 송환관계에서 이루어진다는 상호관계성을 밝힌다.

이런 송환관계에서 일자와 타자의 한계가 서로 뒤섞여 나타남으 로써 철학의 자기반성은 인간 자신의 위기가 인간존재에서가 아니 라, 인간생존에서 비롯됨으로써 인간의 삶 전체를 새롭게 만들어 나가게 한다. 새롭게 만든다는 것은 과거와 현재를 완전히 배제해 버린다는 말이 아니다. 그렇다고 그대로 수용한다는 말도 아니다. 오히려 과거와 현재에 대한 비판의식을 통해 그동안 스스로가 잊고 살던 자기 삶의 근원성에로 되돌아가게 하는 것을 말한다. 근원성 이란 원래 철두철미한 존재론의 기틀로서 철학이 시종일관 희구하 여온 목표이었다. 그러나 아직까지도 그 근원성의 해결책이 마련되 지 못했다면, 그것은 근원성에 대한 무모한 존재론적 도전의 한계 때문이고, 그런 한계는 바로 인간의 삶 전체를 처음부터 배제한 데 있었다.

지금까지는 전통적 존재론에 있어서나 새로운 존재론에 있어서

---

33 이윤갑: 「현대의 문명사적 위기와 인문생태적 전환」. In: 이윤갑 외. 『인문생태의 눈으로 지역혁신 을 꿈꾼다』. 대구: 계명대학교출판부, 2009. 28-33쪽.

까지도 인간의 삶 대신에 존재 자체가 우선이었고, 경험 대신에 선험이 절대적으로 우선이었다. 물론 인간 자체나 경험 자체가 가지는 한계도 분명히 있다. 어떠한 경우에도 인간은 처음으로 되돌아갈 수 없다는 사실과 되돌아가려 해도 인간 자신은 이미 처음을 떠나 오직 중도에만 있는 과정의 존재라는 사실, 그리고 경험 역시 감성적 지각에서 벗어나 있지 못한다면, 인간은 결코 단초일 수가 없다는 사실이 되돌아가려는 인간의 의식을 차단하고 만다.

참으로 우리가 철학적 존재론에서 우리 자신을 먼저 발견했다기보다 우리 자신의 삶 속에서 우리 자신을 이미 찾으면서 살아왔다면, 완벽한 존재론적 인식보다는 삶의 관계론적 이해가 우리에게는 더욱 현실적일 수밖에 없다. 이로써 이론보다 실천이 더 근원적이라는 주장이 우리에게는 설득력을 갖는다. 아무리 완벽한 이론이라고 하더라도 실천성이 없는 이론은 참 이론이라고 할 수 없다. 전통적 미학이나 역사학에 있어서도 이론이나 법칙 자체가 미를 창작한 것이 아니고, 역사를 만들어나간 것이 아니다. 오히려 아름다움의 내용과 역사적 사건의 진행과정이 우리의 삶 속에서 현실적으로 반추됨으로써 인간본래의 참모습 그대로가 그때마다 사심 없이 자신을 드러내 보인 것이다.

참으로 미학이 미를 생산하지 못하고 역사학이 역사를 만들지 못하듯이 시학이 시를 짓게 할 수는 없다. 오히려 인간의 본래적 삶이 시학과는 관계없이 사람의 시를 짓게 한다. 시를 짓게 하는 것은 완벽한 시작(詩作)의 논리성보다는 인간 삶 자체가 시이고, 생동적이기 때문이며, 또한 삶 자체의 생동성이 사람의 고통과 절규를 더욱 절박하게 불러 모으기 때문이다. 여기서 중요한 것은 살아 있는 생명 자체가 철학적 자기반성에서 근원의 본래 모습을 있는 그대로 현현가능토록 한다는 사실이다. 본래 모습 그대로 현현하는 원심력이 아무리 크다고 해도 구심력으로 인한 중심축은 전혀 흔들리지 않기 때문에 그 축이 인간 삶 전체의 인문학적 기틀이 된다.

인문학이 인간 삶의 의미와 가치를 궁극적 목표로 삼고 있다는 점에서는 예나 지금이나 다를 바 없다. 그러나 오늘날 사람 자신이 본래의 자기 모습에서 너무나 멀리 떨어져 나와 있다는 사실이 우리 자신을 또한 당혹케 한다. 이를 회복하기 위해서라도 근본적으로 인간의 삶 전체뿐만이 아니라, 인간의 생명까지도 본래적인 인문학적 사유를 통해 생명 자체에 대한 존엄성을 사회적 실천성으로 복권시켜야 한다. 이를 위한 인문학의 복권운동은 무엇보다 먼저 인간의 근원성으로 돌아가야 하는 운동이고, 본래성으로 되돌아가야 하는 운동이다. 그렇다고 태고 때의 원시인으로 우리 자신들이 되돌아가야 한다는 말은 아니다. 그렇게는 할 수도 없다.

다만 우리 자신의 현재 삶을 통해 이 현실을 본래의 근원으로 되돌아갈 수 있도록 할 수밖에 없다. 이것은 독자적인 나의 존재에서가 아니라, 나와 너의 관계에서만이 이루어질 수 있다. 왜냐하면 우리가 우리 자신만으로는 처음으로 되돌아가기는커녕 처음을 기억할 수도 없고, 나 자신의 유년기를 내 스스로는 기억해낼 수도 없기 때문이다. 자신이 겪어온 과거라고 해서 자신의 과거 전체를 알고 있는 사람은 아무도 없다. 우리는 맨 처음(영아)의 과거를 잊고 현재로서만 산다. 그래서 사람들은 때로 무모하고 사회성마저도 비정하게 만든다.

특히 인간 삶의 가치를 구현해내는 인문학이라고 해서, 더구나 그것이 완벽한 철학적 논리를 구사한다고 해서 현실을 현실 그대로 보장할 수 있는 것은 아니다. 심지어 철학적 인식론이라고 해서 만고의 진리를 다 보장할 수 있는 것도 아니다. 물론 형이상학마저도 불변의 존재론을 언제나 보장할 수 있는 것은 아니다. 오히려 이런 모든 철학적 사유가 인간 삶의 전체연관성에서 살아 있는 현실로 생동할 때 비로소 그 자체의 역동적 힘이 발동될 수 있었다는 경험적 사실을 말한다. 인간 삶의 생존으로부터 삶 자체를 더욱 깊이 이해하기 위해 우리가 우리 자신의 근원성으로 되돌아가 거기서부터 다시 새로 시작할 수 있다면, 어떠한 사유존재론에서도 불가능했던 새로운 현실적 인간의 삶을 우리는 되가질 수가 있게 된다.

지금까지는 사변적 실체를 앞세워 삶의 요소나 경험적 흔적을 철저히 배제하고, 형이상학적 틀만을 절대화함으로써 살아 있는 인간 삶이 현실과 유리될 수밖에 없었다. 이런 위기를 직시한 인간의 삶이 본래적 근원성을 지목해야 하지만, 무제약적 존재론 때문에 인간의 삶 전체를 새로운 가능성으로 수용하지 못했고, 그때마다 삶과의 관계에서 근원성을 새로 설정하지도 못했다. 따라서 삶의 요소는 말할 것도 없고, 삶 속에 이미 내재하는 경험의 요소도 그대로 살려내지 않을 수 없다. 왜냐하면 인간 삶의 요소나 경험의 요소란 언제나 현실적이고 실천적일 수가 있기 때문이다. 이것은 존재론적 보편타당성을 통해 인간의 근원성을 찾는다는 것이 얼마나 허망한 것인가를 보여줌으로써 오히려 인간의 삶 전체를 통해 그때마다 우리자신의 근원성으로 되돌아가야 함을 강변하는 것이고, 인간 삶과의 새로운 관계를 맺어가자는 것을 말한다. 이때 우리는 시간과는 관계없이 언제나 새 사람이 되고, 우리의 삶도 이에 따라 언제나 새로 생성되어 우리 자신을 되가질 수 있게 된다.

　이미 이를 니체는 '동일자의 영겁회귀'[34]라고 했고, 키에르케고르는 직접적으로 '되가지자'고 했다. 성경 역시 "너희가 어린아이와 같이 되지 아니하면 결단코 천국에 들어가지 못하리라"[35]했고, 노자가 도를 영아(어린아이)라 한 것도 천상의 존재론적 개념을 인간의 삶을 통한 가능적 경험개념으로 바꿔 이상을 현실로, 현실을 본래의 뿌리로 되돌아갈 수 있도록 하기 위해서였다. 이것은 무엇보다 사람이 영아와의 사심 없는 관계를 통해서만 본래의 자기 자신에게로 되돌아갈 수 있고, 거기에서 언제나 다시 새로 시작할 수 있음을 말

34　K. Löwith: *Nietzsches Philosophie der ewigen Wiederkehr des Gleichen*. Stuttgart 1956. S.161-178: "Die ewige Wiederkehr des Gleichen und die Wiederholung des Selben."
35　신약성경: 마태복음. 18장 3-4절.

한다. 어른들과는 달리 아이들은 자기 자신을 그냥 그대로 드러내는 그 자체가 순결하고 청순한 존재이다. 왜냐하면 아이의 아이다움에는 아무런 사심이 없는 본래성이 있기 때문이다. 따라서 우리도 처음 사람의 사람다움으로 되기 위해서는 아이들을 직시하여 그들과 함께 사심 없이 소통할 때 그들과 하나가 될 수 있다.

이것은 바로 우리들 자신이 언젠가 전체의 삶 속에서 그 어린 시절의 참된 자기모습을 그대로 경험했기 때문에 근원에로 되돌아갈 수 있다는 가능성을 말하고, 아무리 나이가 들어 늙어도 처음을 되가질 수 있음을 말해준다. 사람의 본래 모습이란 고향에서의 자기 모습이고 유년시절의 자기 모습이다. 부귀와 영화에는 본래의 자기 모습이 없으나, 고향에는 본래의 자기 모습이 그대로 있다. 참으로 사람은 아무리 늙어도 동심을 잃지 않고 그대로를 간직하고 있기 때문에 자신의 동심과 쉼 없이 관계하면서 살아갈 때 본연 그대로의 초심을 사람은 되가지게 된다. 이런 초심의 영역을 인간 삶 전체의 근원성으로서 삼고자 하는 것은 역사적 근원의 생동성을 인간 삶의 내적 능력으로서 되가지고자 하기 때문이다. 그 이유는 그것이 갖는 현실적이고 경험적인 실천성 때문이다. 이런 실천성이 내재적으로 인문학적 실천성으로 될 수 있는 것은 경험적이고 역사적일 뿐만 아니라, 지식기반의 정보사회에 대한 철학적 자기반성으로서 비판적 이해를 가능케 하기 때문이다.

이것은 단순한 감성적 요소나 역사적 소외내용을 그대로 두자는 것이 아니라, 인간의 생동성으로 바꿔 인간 삶의 본래성을 되찾자는 것이다. 특히 이러한 것의 실천가능성은 인간 삶의 관계론으로서 인문학적 직관을 통하여 사람의 사람다움을 각성토록 하자는 데 있다. 이런 직관이란 어떠한 순수한 철학개념도 아니고, 근원개념도 아니어야 한다. 오직 인간의 삶과 연관되어 있는 미적 개념이고, 감성개념이며, 그리고 인간을 본래 그대로 되살리게 하는 인간해방의 개념이어야 한다. 따라서 우리는 직관의 근원적 원초에로 되돌아가게 되고, 그런 원초적 체험을 새로 할 수 있게 된다. 체험은 객관직 경험일 뿐만 아니라 주체적 자기를 가능토록 한다. 아무리 어른이라 해도 사심 없는 어린아이의 삶을 주체적 자기의 삶으로 살 때 그는 새로운 자신의 젊음으로 되살게 되고, 드디어 자기 스스로가 젊어지게 된다. 어른들에게는 빈말들이 통하나 아이들에게는 통하지 않는다. 따라서 어른이 아이와 소통한다는 것과 그들과 함께 산다는 것은 처음의 근원성에로 되돌아갈 수 있다는 가능성을 말해 준다.

따라서 문학이 오늘의 이 현실을 어떤 새로운 방식으로 표현하고, 시가 우리를 어떻게 한밤에서 깨어나게 하며, 그리고 예술이 우리를 단숨에 일상의 속박 속에서 어떻게 벗어날 수 있게 하는가 하는 것도 우리가 미적이고 감성적인 직관을 통한 인간 삶의 본래성과 근원성을 되가짐으로써만이 가능하다. 바로 여기에서 우리는 경첩으로서 인문학을 먼저 희극 대신에 비극으로서의 문학과 사건 대신에 고통으로서의 역사, 그리고 불변의 존재 대신에 무에 대한 응시로서의 철학, 그리고 삶만이 아닌 생명 자체에, 아니 생명 자체를 가능케 한 죽음으로서의 문화에 대한 새로운 의미와 가치를 부여하지 않을 수 없다. 이 모든 것은 부정성에 근거하나, 부정성이란 엄밀한 의미에서 참 긍정성을 찾아가는 새로운 과정의 능력이다. 새로운 생성에는 언제나 고통이 따르나, 그 고통은 이미 그 자체로서 근원적인 기쁨이고 본래적인 환희이다. 이것이 참된 인문학의 경첩으로서 처음이고 끝이라 할 수 있다.

4. 인간과 인문학의 관계성

인문학은 사람됨의 가치와 자유함의 가치를 지목하는 학문으로서 사람의 생각을 바꾸는 학문이고, 사람의 생활방식을 바꾸는 학문이며, 마침내는 사람의 삶 자체를 바꾸어 새 사람으로 거듭나게 하는 학문이다.

제 2 장

—

사람을 자연 이상으로 보는 철학

— 탈중심성의 생물학적 사유 —

1. 우리는 어떤 눈높이를 가지는가

1) 상식적 판단

상식적 판단이란 돈이 많은 사람은 행복하고 돈이 없는 사람은 불행하며, 남자는 용감하고 여자는 겁이 많으며, 눈물이 많은 사람은 정이 많고 눈물이 없는 사람은 매정하다는 등의 판단이다. FIFA 순위 1위는 세계에서 축구를 가장 잘하고, 2위는 그다음이며, 정구는 힘이 많이 드는 운동이고, 골프는 돈이 많이 드는 운동 등이라고 단정해버리는 것도 상식적 판단이다. 왜냐하면 여기에는 사실 자체에 대한 과학적 물음이나 합리적 사고가 없기 때문이다. 왜 아침산책은 좋고 나쁘지 않는가를 묻지 않는다. 그냥 그대로 그렇다고만 믿고 따른다. 그래서 사자는 맹수이기는 하나 우아한 동물이어서 좋기만 하고, 하이에나는 흉측해서 나쁘기만 하다는 선입견까지를 낳는다. 선입견이 선입견 그대로 통용되어도 그러한 선입견에 대한 의심을 하지 않는다. 왜냐하면 선입견이 오히려 모든 사람에게 그대로 때로는 참으로서 통용되기 때문이다.

아프리카축구는 유연하고 남미축구는 섬세하며, 유럽축구는 조직적이라고 함도 엄격한 의미에서는 상식적 판단에 해당한다. 이처럼 모든 사람들이 '해는 동쪽에서 떠서 서쪽으로 진다'는 사실을 매일 경험했기 때문에 그것이 진리라고 판단하는 것 역시 상식적 판단이 된다. 따라서 일상적 상식만이 통용되고, 그 이면의 진리는 은폐되어 있어 천동설을 뒤엎을 수가 없었다. 일반적으로 많은 사람들은 일상생활에만 몰두하여 자기 자신은 물론이고 일상생활에 대한 과학적 합리성을 놓치고 만다. 이러한 판단이 상식적 판단이고, 여기에는 객관적이고 합리적인 근거가 없다.

2) 과학적 판단

과학적 판단은 일상생활 속에서 감성적으로만 경험하는 판단이 아니라, 일상생활에 대한 합리적이고 체계적이며, 이성적 사리에 따라 예단까지 할 수 있는 판단이다. 2010년 월드컵경기에서 한국이 완벽한 게임으로 그리스를 눌렀다는 것은 단순한 파워만이 아니라 기술이 합쳐져서 이루어진 승리였다. 이때 기술이란 과학을 의미하고 조직화를 의미한다. 소위 세트플레이다. 이것은 고도의 과학적 기술을 필요로 한다. 우리의 일상적 삶도 그냥 살아지는 것이 아니라, 삶에 필연적으로 따르는 틀이 있고 계획이 있는 것이라면, 하물며 스포츠경기에 있어서 객관적이고 과학적인 조직력 없이 이길 수 있다는 것은 불가능한 일이 아니겠는가!

우리가 간단한 등산을 한다고 해도 먼저 산행지를 선택해야 하고, 산을 선정해야 하며, 등산로까지를 확인하면서 등산계획을 세워야 한다. 등산계획을 세워야 하는 데도 첫째로는 그 산에 대한 자료를 수집 검토해야 한다. 그리고 그 날의 기상예보를 알아보아야 하며, 또한 리더를 정하고 각자의 임무를 분담해야 하는가 하면 식사, 휴식, 잠자리 등의 계획도 짜서 사전에 준비를 마쳐야 하고, 필요한 비용을 산출하여 예산을 세우며, 나아가서는 예비회의를 통하여 사전계획을 재확인하면서 진행해야 한다. 이에 못지않게 중요한 것이 또한 등산 목적에 타당한 장비를 마련하는 일이다. 등산복과 등산화는 기본이고 등산용품 일체를 준비하는 일과 배낭을 꾸리는 일, 나아가 여름과 겨울의 산행준비 그리고 돌발 사고를 위한 산행수칙을 숙지하는 일도 중요하다.

이처럼 우리는 학교교육을 통하여 합리적 생활태도나 이성적 가치판단 혹은 동일성의 논리에 따른 과학적 지식을 가지고 일상생활에서의 실용성을 극대화한다. 이 뿐만 아니라 객관적 법칙을 가지고 일상생활에서 아직 경험하지 못한 사실의 행방을 유추하여 예측할 수 있고 예단할 수 있다. 수학적 논리의 지식이 과학적 합리성을 낳고, 과학적 합리성이 실천적인 기술을 가능토록 함으로써 오늘날의 IT기술을 통하여 정보사회까지를 마련했다. 그러나 여기에는 왜 그러하냐는 근거에 대해 되묻는 자기성찰이나 자기반성이라는 것이 없다.

3) 철학적 판단

철학적 판단도 인간존재의 본래성을 다 짚어낼 수 없다면, 더욱 구체적으로는 어떤 행사를 위해 철저한 계획을 수립하여 수행했다고 해도, 행사 자체의 목적이나 의미내용을 짚고 있지 않다면 완벽한 행사라고는 할 수 없다. 왜냐하면 행사의 목적이나 의미내용이 그 행사를 주관하는 자신과 혼연일체가 되지 않으면 행사의 본질이 훼손되고 말기 때문이다. 그런 본질을 훼손하지 않기 위해 과학적 판단 이상의 판단, 즉 철학적 판단이 필요하다. 철학적 판단은 과학적 보편타당성을 넘어 사태 자체와 혼연일체가 되도록 한다. 사태와 혼연일체가 되는 판단은 살벌한 타향살이에서가 아니라 훈훈한 고향에서의 본래적인 결단이다. 고향이란 자신이 태어난 곳이고 자라난 곳이다. 그러므로 고향은 가장 편안하고 안락한 고장이기도 하고 바로 자기이고 자신의 본래성이기도 하다.

본래성으로서의 고향에서는 자기 자신을 감출 필요도 없고 과장할 필요도 없다. 왜냐하면 고향에서는 언제나 본연 그대로만이 통용되기 때문이다. 그래서 고향은 모든 사람들이 그리워하는 곳이고, 나그네들이 되돌아가고자 하는 곳이며, 모든 사람들이 자신들의 가식을 버리고 초연한 자기 자신을 되가지고자 하는 곳이기도 하고, 본래적 인간이 자유하는 곳이기도 하다. 그렇다면 고향이란 사람이 궁극적으로 되돌아가야 하는 본래의 본향으로서 자연 그대로의 철학함이기도 하다. 그러므로 근원적으로 생각하고 행동하는 사람만이 자신의 본래 고향인 철학함에로 귀향할 수가 있다. 왜냐하면 철학함은 처음부터 고향을 그리는 마음이었기 때문이다.[01] 고향을 그리는 마음으로서 철학한다는 것은 참으로 자신이 누구인지를 되물을 수 있게 하고, 사람들이 함께 살고 있는 사회를 되돌아볼 수 있게 하며, 그리고 세계 안에서 우리 모두가 무엇을 바라볼 수 있어야 하는지를 생각토록 한다.[02]

요약하면 상식적 판단이 개인적이고 주관적이어서 상대적이고 가변적이기 때문에 객관성과 지속성을 유지할 수가 없는 판단이라면, 과학적 판단은 객관적 법칙에 근거하는 원리원칙에 따라 사태의 진행을 예견할 수 있고 예측할 수 있는 판단이다. 이로써 과학은 구체적인 지식획득의 가능성을 보장하면서 합리적 효과를 극대화하고, 따라서 철학적 주장의 의미나 해석을 실험과 검증으로 확신케 하기도 한다. 그럼에도 불구하고 과학적 판단의 한계는 그 자체의 법칙성 때문에 근원적인 탐구에 대해서는 속수무책이라는 데 있다. 이에 철학적 사유는 과학의 원리나 법칙을 하나로 통일시켜 원리의 원리까지를 추리해 냄으로써 과학의 한계를 극복하고 자체의 본래성에 이르게 한다. 이로써 철학적 판단은 일상적 삶의 판단과 과학적 판단을 내포하면서도 그를 초월하는 합리성의 근거와 보편

---

01 서광일: "철학은 고향을 그리는 마음이다." In: 계명대학교 목요철학세미나 218회. 1993: "철학은 고향을 그리는 마음. 돌아갈 고향은 어디인가? 우리에게 그런 아픔은 있는가? 하이데거의 고향, 고향을 그리는 아픈 마음."
02 전광식: 『고향, 그 철학적 반성』. 서울: 문학과 지성사, 1999. 35쪽: "고향과 자기 동질성".

타당성의 근거를 마련하여 근원성까지를 밝혀내려고 한다.

2. 신화에서는 사람을 어떻게 보는가

1) 마오리족과 손가락 3개

뉴질랜드 원주민인 마오리(Maori)
족의 수호신 티키(Tiki)는 사람의 형
상을 손가락 3개로만 표현하고 있
다.03 첫 번째의 검지는 사람이 세
상에 태어났다는 생(生)을 의미하
고, 두 번째의 중지는 세상에 태어
난 사람은 평생을 온갖 역경 가운
데서도 살아간다는 삶을 의미하며,
그리고 세 번째의 무명지는 한평생
의 삶을 다 살고 언젠가는 이승을
떠난다는 죽음(死)을 의미한다. 그

티키
http://cafe.daum.net/dialogueunity/9bdu/232?docid
=1GXA8|9bdu|232|20090923052820&srchid=IIMXeH
kZ100#Adownload,blog?fhandle=MDRUajRAZnMyLm
Jsb2cuZGF1bS5uZXQ6L0INQUdFLzE4LzE4MzluanB
nLnRodW1i&filename=1832.jpg&srchid=IIMXeHkZ100
(2014.5.27.)

렇다면 사람에게는 생과 삶, 그리고 사 이외 무엇을 더 표현할 필요
가 있겠는가! 이는 다시 말하면 본래의 인간에 대한 가장 적나라한

03 http://en.wikipedia.org/wiki/Tiki.

원초적 표현이라 할 수 있다. 분명 생과 사는 인간 삶의 양극으로서 생은 탄생이어서 기쁨이고, 사는 이별이어서 슬픔이다. 그래서 삶에는 기쁨과 슬픔이 다함께 공존한다. 사실 삶이 사람의 몸통으로서 중심축을 이루고, 그 양극에서 생과 사가 쉴 없이 출렁이고 있을 뿐이다.

수호신 티키는 자신의 품에다 생과 사를 동시에 다함께 품고 있다. 이런 생과 사의 진폭에서 자유로울 삶이 없다면, 인간의 삶에는 생과 사의 연속성만이 있을 뿐이다. 생사의 이어짐 속에서 삶의 희로애락이 교차한다. 생사가 교차하기 때문에 절대적인 기쁨도, 절대적은 슬픔도 존재하지 않는다. 슬픔도 가고 기쁨도 간다. 그러나 기쁨과 슬픔 속에 남아 이어지는 매듭은 언제나 삶으로서 존재한다. 삶은 자신의 생사를 스스로 재생산한다. 삶치고 고단하지 않는 삶도 없고, 삶치고 고단하기만 한 삶도 없다. 삶 자체야말로 생과 사를 둘로 가지나 생과 사는 그 자체로서는 하나이다. 내 그림자는 언제나 나를 따라다니는 다른 나의 상이나, 한낮 12시 정오의 해는 나에게도 결코 나의 그림자를 허락하지 않는다. 그래서 나와 내 그림자는 둘이 아니고 하나로서 남는다. 이처럼 생과 사가 본래의 자기 삶으로 되돌아 올 때, 그것은 이미 둘이 아닌 하나로서 존재한다. 이렇게 존재하는 생이 존엄하다면 사도 존엄하지 않을 수 없고, 삶 역시 존엄하지 않을 수 없다. 그것이 곧 인간존재 전체의 존엄성이 되고, 소위 인권으로서 사회화도 된다.

2) 남미 잉카인들의 신화

신화란 존재론적 해석으로는 간단하지가 아니하나, 단순한 현상적 설명으로서는 고대로부터 내려오는 신이나 신을 중심으로 한 전래적인 인간의 염원이나 세계의 발생 혹은 인간의 탄생을 상징적으로 말한다.[04] 사람은 어디서 와서 어디로 가는가? 사람의 삶은 왜 이렇게 고되고 힘이 드는가? 남미 잉카 문명권에서 인간의 신화는 아주 직접적이고 적나라하다. 신들은 인간을 세 번씩이나 애를 써서 어렵게 만들었다: 처음에는 진흙으로 인간을 만들었다. 그러나 그 진흙인간은 텁텁하고 둔하며 게으르기까지 했다. 그래서 신들은 다시 두 번째로 자신들이 원하는 인간을 만들기 위해 나무를 가지고 아주 늘씬하고 매끈한 나무인간을 만들었다. 그러나 만들어 놓고 보니 너무나 거칠고 딱딱하여 심술궂게까지 보였다.

그래서 그들은 다시 모여 모두 없애버리기로 의논한 후 나무인간들을 마구 부서버리기 시작했다. 그런 와중에 민첩한 몇몇의 나무인간들은 급히 숲으로 도망하여 현재의 원숭이가 되었다. 지친 신들은 하는 수 없이 세 번째로 정성을 들여 섬세하게 반죽으로 인간을 만들었다. 아주 부드럽고 유연했을 뿐만 아니라 영리하기까지 했다. 그러나 영리해도 너무나 영리하여 교활하고 민첩할 뿐만 아니라 간사하기까지 했다. 그러나 신들은 이제 인간을 더 이상 새로

---

04 E. Cassirer: 『국가의 신화』. 최명관 옮김. 서울: 서광사, 1988.

만들기에는 너무 피곤하고 귀찮아서 그냥 제멋대로 살도록 내둬버렸다. 그러면서도 간사한 반죽인간들이 앞으로 무슨 일을 저지를지 몰라 걱정이 되어 그들의 두뇌활동을 무한정하게 풀어주지 않고 불투명하게 했다[05]는 것이다.

3) 그리스-로마인들의 신화

어느 날 근심의 여신인 쿠라(cura: cure, care)가 조용히 흘러내리는 시냇물 가에서 아무런 생각 없이 맥 놓고 앉아 자신의 손가락 끝으로 진흙덩이를 모아 하나의 형상을 만들었다. 그러나 그 형상은 그냥 흙 그대로 있을 뿐 움직일 기미는 전혀 보이지 않았고 아예 처음부터 숨은 쉬지도 않았다. 스스로 숨도 쉬면서 살아 움직일 수 있으면 얼마나 좋을까 하고 생각하던 차에 주피터(jupiter)가 쿠라에게 다가와서 무엇을 하느냐고 물었다. 쿠라가 그에게 이놈의 코에다 생명을 불어넣어 주기를 간청하자 그는 기꺼이 청을 들어 그에게 생명을 불어넣어 살아 움직이게 했다. 그를 살려놓고 주피터는 내가 그에게 생명을 주어 살아 있는 생명체로 만들었으니 그것이 자신의 것이라고 우겼다. 쿠라도 자기 손으로 공들여 만든 형상이라면서 거칠게 항의했다. 두 신들의 다툼을 옆에서 보고 있던 텔루스(tellus:

---

05 M. Landmann: 『철학적 인간학』. 진교훈 역. 서울: 경문사, 1977, 17쪽 이하. 란트만은 이런 잉카문
    명의 신화를 다루면서 '철학 이전의 인간학'이라는 주제를 걸고 의인관과 종족중심주의를 다루고
    난 다음 인간학의 역사를 고찰을 하고서 종교적 인간학과 생물학적 인간학, 그리고 자신의 입장을
    표명한 문화적 인간학을 다루고 있다.

땅의 여신)가 달려와서 하는 말이 "아니 바로 그는 내 품속(대지: 흙)에서 태어났으니 자네들의 것이 아니라 내 것"이라고 주장했다.

싸움판이 벌어지자 주피터는 자기 쪽으로 다가오는 판정관인 사투르누스(saturnus: 시간의 신)에게로 가 판결을 내려주도록 간청했다. 그가 판결하여 가로되 "모두 공평하게 제 몫을 찾도록 해주겠소. 주피터 당신은 그가 죽어 생명을 다하면 그의 영혼을 가져가면 될 것이고, 텔루스 당신은 그가 죽으면 그의 해골(시체)을 다시 찾아 가져가면 당신의 몫을 다가지는 것이 될 것이요. 그러나 그의 어미인 쿠라는 그의 생명이 다하는 그날까지 그를 맡아 돌볼 것이나, 그놈이 무덤에 들어가는 그날까지 매일매일 당신처럼 늘 근심걱정 속에서 지내야 할 것"이라고 판결했다. 이로써 운명의 법정싸움은 모두에게 공평하게 끝이 났다.

'흙(humus)'으로 만들어진 이 형상물은 이로부터 '인간(homo)'으로 불리게 됐다.[06] 그 이후 사람이 사람으로 살아가는 한 살아생전에는 근심걱정 속에 살아야 하며, 죽어서는 다시 대지의 흙으로 되돌아가야 하고, 세상에 사는 동안에는 영혼으로 남아 살아야 한다는 것이었다.

---

06 조가경: 『실존철학』. 서울: 박영사, 1961. 201쪽: "실존론적 분석과 『쿠라의 신화』".

4) 우리의 단군신화

우리의 신화는 건국신화로서 단군신화, 고구려의 주몽신화, 신라의 박혁거세신화, 가락국의 김수로왕신화, 고려의 왕건신화 등이 있으나, 이 중 단군신화[07]가 으뜸이다. 천제 환인(桓因)의 서자인 환웅(桓雄)이 천하를 다스리려 천부인 3개(단검·거울·옥)와 무리 3천을 데리고 태백산정 신단수(神檀樹) 아래 내려와 나라를 열고 다스렸다. 이때 곰과 호랑이가 한 굴속에 살면서 환웅에게 사람이 되게 해주기를 빌었다. 환웅이 그들에게 쑥 한줌과 마늘 20알을 주면서 이것을 먹고 백일동안 햇빛을 보지 않으면 사람이 되리라고 했다.

곰은 37일을 기하여 여자가 됐으나 호랑이는 기하지 못했다. 여자가 된 곰은 혼인할 짝을 찾기 위해 신단수 아래서 잉태하기를 빌어 환웅이 화해서 아들을 낳으니 그 이름이 단군왕검(檀君王儉)이었다. 그는 평양성에 도읍하고, 국호를 조선(朝鮮)이라 하여 1500년 동안 홍익인간의 이념을 가지고 경천애인하면서 하늘과 땅 그리고 인간(天地人)을 다스리다가 아사달산(阿斯達山)에 들어가 산신이 되었다. 그는 '삶다운 삶'과 '사람다운 사람'을 다 갖추었다.

여기에서 한국인의 생사관이 나타난다: 사람다운 사람과 삶다운 삶을 1908년 동안이나 산 단군은 죽어서도 하늘로 올라가 천신(天神)이 되지 않고, 산으로 들어가 산신(山神)이 되어 지금도 살아 있다

---

07 조지훈: 「철학적 인간학」. 서울: 탐구당 1964. 53쪽 이하: "한국 신화의 유형. 건국신화의 비교연구, 그 계통 및 해석. 단군신화."

고 함으로써 영원히 죽지 않고, 아니 죽어서도 후손을 돌보면서 살아가는 한국인의 성육신하는 모습을 보여준다. 성육신하는 방식은 '산의 사람(人+山=仙)'으로서 '신선'이 되어 죽지 않고, 산에서 영원히 살아간다. 이처럼 우리가 천손(天孫)이기는 하지만, 웅녀로 태어난 인간이기 때문에 유한하여 고통하면서 결국에는 죽음을 맞이하게 된다. 그러나 죽음이란 그냥 헛된 허무가 아니고 또 다른 하나의 삶의 형태이므로 죽음 역시 삶처럼 존귀하고 존엄하게 된다.

동서양이라는 지역이나 인종과는 관계없이 모든 신화의 공통점은 인간이란 유한한 존재로서 불완전하다는 사실이다. 이러한 불완전성을 통해서 완전성의 존재를 상정함으로써 인간적 유한성의 극대화로서 초월자를 내재화할 수 있게 된다.

3. 생물의학에서는 사람을 어떻게 보는가

1) 월경과 생물학적으로 보기

여성의 매력이 멘스(月經)에 있다고 하면 누구나 의아해 할 것이다. 멘스라는 것이 그 당사자들에게는 얼마나 귀찮고 고통스러운 것인데 무슨 쓸데없는 망발이냐고 화를 벌컥 낼지도 모른다. 멘스가 있는 날이면 자기도 몰래 스스로가 저기압에다 얼굴마저 찡그러지게 되어도 이상하지가 않다. 오죽했으면 월경통 혹은 생리통이라고 했겠는가! 심지어 그런 고통과 불쾌감 혹은 정서불안이 일상의 삶으로까지 스며들어 월경은 '재수 없는 것'으로서, 극단적으로는 '부정 타는 것'으로 간주되기도 했다. 진정 월경은 부정 타는 것일까? 하기야 성서에서까지 '월경하는 여자'를 '부정한 여자'[08]로 간주하고 있는 것으로 보면 그 역사는 상당히 오래 됐다고 할 수 있다.

그렇다면 월경의 진실은 무엇인가? 월경이란 성 성숙기에 있는 여자의 자궁에서 주기적으로 출혈하는 아주 자연적인 생리적 현상이다. 보통 12세–17세로부터 시작하여 50세 전후까지 진행되고, 임신 중이나 수유기를 빼놓고는 평균 28일의 간격을 두고 3–7일간 지속되므로 경도(經度), 경수(經水), 월후(月候), 계수(癸水)라 지칭되고 영어로는 'mens'라고 불린다. 일상적으로는 한 달에 한 번 정도라 하여 '달거리'라고도 하고, '월사(月事)'라고도 한다. 전문적으로는 임신 전의 마지막 월경 일을 기준으로 하여 산정하는 태아 또는 유아의 나이를 '월경연령'이라고 한다.

이렇게 지극히 자연적이고 생리적인 현상인 월경을 '재수없는 사건(?)'으로 둔갑시킨 것은 아주 편협하지만 신랑들에게 달려 있었는지도 모른다. 참으로 첫날밤의 신부가 월경을 하면서 잠자리에 들었다면, 신랑은 자신의 성욕 때문에 혀를 차면서 '재수 없다'느니, 혹은 '부정 탄다'느니 온갖 불평을 늘어놨을 것이다. 사실 월경이야

---

08 구약성경: 에스겔 22장 10절과 36장 17절: B.C.593–B.C.570년경. 피가 생명인데 그 피를 흘린다는 의미임.

말로 때로는 그 자체로 끔찍하기도 하고 두렵기도 하다. 특히 초경일 때는 더욱 그랬다고들 한다. 그러나 '월경'이 무엇인가를 차분히 생각해보면 월경이면의 세계는 성욕만을 의미하는 것도 아니고 여자만의 어떤 끔찍한 일도 아니다. 그 자체가 생명의 발단이고 사람됨의 시작이다. 아니, 월경이 새로운 생명과 생명의 잉태가능성을 말해주고 있다면, 어찌 멘스가 매력이 아니겠는가! 매력이라고만 하기에는 너무나 과장된 것이라고 하면, 사람의 것이기 때문에 오히려 '생명 그 자체'라는 것이 맞다.

월경이란 적어도 참 생명의 잉태가능성이고 태어날 생명 그 자체인 것이다. 이런 아픔의 생명은 나와 너 사이에서 잉태하나, 생명 자체는 나의 것도 아니고 너의 것도 아닌 하늘의 몫이다. 그러니 어찌 생명을 두고 사람이 좌지우지할 수 있겠는가! 인명재천이란 말은 결코 우연이 아니다. 그렇다면 우리가 계절마다 때때로 겪는 몸살이나 감기마저 그저 '재수 없어 걸린 것'이 아니라, 몸의 '갈망'이고, 하늘이 우리에게 내리는 한 '징표(Signum)'가 아니고 무엇이겠는가! 그래서 사람은 '아픔'을 통해 자신의 건강을 되돌아보고, '하늘'을 우러러보아야 하는 것이다.

2) 정자들의 4차례 비극과 난자

그렇다면 현실적으로 생명이 어떻게 탄생하는가 하는 생물학적 물음으로부터 시작해보자. 우주의 생성이 약 200억~500억 년이고,

지구의 역사도 약 45억 년이라 하며, 그리고 인간의 생명은 이 지구의 후반 4분의 1에 해당하는 기간에 생성되었다[09]고 한다.

현재 이 지구상에 살고 있는 약 60억 명의 인간은 동일한 유전정보의 생명프로그램에서 태어났고, 지난 400여 만년 동안 800억여 명도 동일한 생명프로그램이었다는 과학적인 설명이다. 1953년 영국의 F. Crick와 J. Watson이 '유전자 이중나선구조(DNA Double-Helix structure of Heredity)'를 발견함으로써 인간생명의 기원을 밝히게 되었다. 이어 2001년 '인간게놈프로젝트(Human Genome Project)'가 완성됨으로써 생명공학의 새 차원이 열리었다. 이 결과로 과학·철학·종교계에는 또 다른 논쟁이 불붙기 시작했다. 이러한 상황 가운데 현재 우리에게는 생명공학적 업적 자체가 중요하기보다는 인간생명의 탄생이 어떻게 이루어지고, 왜 그러한 인간생명이 존엄하며, 심지어 죽음까지도 존엄하다면 왜 그러할까 하는 물음이 중요하게 된다. 먼저 생명의 탄생이 어떠하기 때문에 생명이 존엄한가를 밝히기 위해 생명의 탄생부터 생물학적으로 짚어야 한다. 이어 탄생한 생명이 그 생명 자체를 실현하는 과정 전체로서 삶과 죽음의 의미 해석를 살펴보아야 한다. 그러니까 생명과 삶, 그리고 죽음의 문제를 짚되, 이 모두는 각각의 독립된 영역이 아니라, 그 전부가 한 연관성 속에 있는 하나라는 사실이다.

---

09 K. Jaspers: 『역사의 기원과 목표』. 서울: 이화여자대학교출판부. 1986. 64쪽. "선사시재에 대한 태도".

인간의 생명탄생은 남성의 정자(sperm)로부터 시작된다. 남성은 일회 사정할 때마다 평균 2-5cc의 정액을 배출하고, 그 정액 1cc에는 약 7000만 마리의 정자가 살아 움직인다고 한다. 그러나 1940년대 남성의 정액 1cc 당 정자수가 1억1300만 마리였는데 반하여 1990년대에는 6600만 마리로 줄었고, 심지어 2010년 덴마크의 "18-25세 젊은 남성 5명 중 1명은 아기를 갖기에 정자수가 턱없이 부족하다"는 연구결과가 있다. 그렇다고 해도 통상적으로만 생각하면 한 번 사정하는 정액 속에는 2-3억 마리의 정자가 살아서 움직이고 있는 셈이다.

이 수억 마리의 정자 가운데서 단 한 마리의 정자만이 여성의 난자와 수정하고, 나머지 모든 정자들은 중도에서 다 사멸한다. 소위 비극의 시작이다. 비극이 고전적 문헌학의 의미에서도(아리스토텔레스의 『시학』)[10] 연민과 공포를 통해 카타르시스를 느끼게 하는 것, 즉 애련한 쾌감을 맛보는 것이라고 한다면, 특히 특별한 사람이 아니라 보통 정상적인 모든 사람이 느끼는 것이라면 남성의 정자들은 비극적 운명을 짊어지고서도 죽음의 고통과 공포에 진지하고 엄숙하게 맞서게 된다. 그래도 끝내 한 정자만은 난자와 더불어 카타르시스를 풀게 된다.

이 카타르시스가 곧 비극의 독특한 쾌라고는 해도 죽음을 담보

---

10 Aristoteles: 『시학』. 손명현 역주. 서울: 박영사. 1960. 53쪽 이하: "비극의 정의와 그 질적 부분의 분석"과 "비극의 여러 부분의 배열과 그 길이."

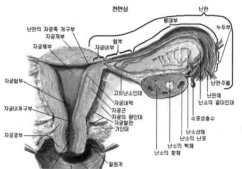

자궁
http://blog.naver.com/gem605?Redirect=Log
&logNo=60068881203 (2014.5.27.)

　한 비극은 2-3억 마리의 정자 중에서 오직 1마리만이 죽음의 골짜기에서 살아난다는 사실에 기인한다. 비록 한 놈이지만 다행히 난자가 기다리고 있는 수정장소에 이르러 새로운 보금자리를 마련하게 된다는 사실에 대해서는 그저 놀라울 뿐이다. 이 놀라움은 파란만장한 질곡의 끝이라 정자에게는 꿈같은 신비로움이니 존엄하기까지 하다. 생명잉태의 존엄성이 바로 여기에서 비롯된다. 그렇다면 죽음마저 생명의 존엄성에서 벗어나 있지 않다. 따라서 죽음 역시 존엄하다. 그런데 인간의 생명탄생프로그램으로서 정자의 베일은 여전히 신비하기만 하고, 그 신비의 모습은 정자들의 첫 비극에서 나타난다.

　먼저 첫 번째의 비극은 여성의 질 속에 사정된 2-3억 마리의 정자들이 여성의 질(vagina)에서 쏟아지는 산성분비물로 인해 전체 정자들의 50%가, 그러니까 1억-1억 5천만 마리가 그 자리에서 즉사하고 만다는 사실에 있다. 참으로 이 지구상의 모든 생명체들이 다

그러한 위험 속에서 새 생명들을 이어가고 있다면 모든 생명체의 생명에 대한 존엄성은 당연지사가 된다. 수많은 바다거북의 새끼들이 부화하여 산으로 오르지 않고 정신없이 바다를 향하여 달려가나 많은 조류들이나 다른 짐승들이 그때를 놓치지 않고 그 갓 부화한 새끼들을 쪼아 먹어버리고 만다. 그래서 수백 마리 거북의 새끼들이 한꺼번에 부화하지만 끝까지 살아남는 수는 한두 마리에 불과하게 된다는 사실도 한편에서는 생명의 비극, 즉 존엄성 문제에 해당된다. 심지어 강의 왕자로 알려진 악어마저도 새끼일 때는 위와 같은 시련을 겪고 있다는 사실도 마찬가지이다. 이는 인간에 있어서도 50% 정도의 정자가 질 내에서 살상되지만, 나머지 50%의 정자들은 죽지 않고 살아남는다. 정자수는 50% 정도로 감소됐지만 여전히 1억 내지 1억 5천만 마리 전후의 정자들은 계속해서 질속으로 전진하여 돌진한다.

그러나 두 번째의 비극으로서 정자들은 새로운 죽음의 고비를 맞는다. 여성의 질속으로 돌진하여 들어온 정자들은 숨 돌릴 여유조차 없이 뜻밖에 질 내 백혈구들의 무차별적인 공격을 받는다. 여성의 질 속에 깊숙이 자리잡고 있던 백혈구들이 갑자기 나타난 한 떼거리의 정자들을 '이물질(foreign body)'로서 간주하여 맹공을 퍼붓는다. 이 결과로 정자의 수는 다시 그 50% 정도가 또 사멸하고, 나머지 6-7천만 마리만 살아남는다. 마치 우리의 피부가 상처를 입으면 곧 이어 백혈구가 나와 그 상처를 치유하려 함과 같다. 소위 남성의 정자들이 여성의 질 내에서는 이물질로서 면역학적 적이 되는 것이다. 이렇게 보면 한 마리의 정자가 두 번째 죽음의 고비에까지 살아남을 수 있는 통계학적 확률은 약 2만분의 1밖에 되지 않는다.

그렇다고 여기서 끝나는 것이 아니다. 정자들에게는 또 다른, 그러니까 세 번째의 비극으로서 죽음의 고비가 앞을 가로막는다. 여기까지 오면서 정자들은 나름대로 성장하여 자신의 꼬리에다 '편모(鞭毛 flagellar: 정자에서 볼 수 있는 긴 채찍 모양의 세포소기관)'를 달고 각기 전진 운동하여 앞으로 나아간다. 나아가는 운동의 방향은 질 내의 자궁경부입구이다. 그러나 자궁경부입구에는 많은 양의 점액들이 나와 방어망을 치고 있어 정자들이 이를 뚫고 나가는 데 다시 고전하지 않을 수 없다. 아무리 많은 점액의 양이 쏟아져서 나와 정자들의 앞을 가로막는다고 해도 정자들은 곧장 둥근 머리 부분(첨단체: acrosome)에 있는 단백질분해효소(proteinase)를 내뿜어 자궁경부입구를 가로막고 있는 점액을 분해하면서 자궁 속으로 돌진하여 들어간다. 그렇다고 자궁 속으로 입성한 정자들이 여유만만하게 앉아 쉴 겨를은 없다. 왜냐하면 정자들이 당해야 하는 또한 다른 죽음의 고비를 넘어야 하기 때문이다.

이것이 살아남은 정자들에게 새로 닥치는 네 번째의 비극이다. 자궁경부의 비좁은 문을 뚫고 겨우 자궁 속으로 입성한 정자들이지만, 이들에게는 예견치 못한 새로운 죽음의 길이 펼쳐진다. 동서남

북을 가릴 수 없는 자궁 내의 어두운 골방이다. 사방이 다 막힌 것처럼 보이나 사람이 죽으라는 법은 없듯이 오직 유일하게 난관으로 향하는 한 통로만이 열려 있어 정자들은 정신없이 서둘러 그 난관을 향하여 바삐 헤엄쳐나간다. 그러나 자궁과 이 난관이 닿는 난관의 협부가 자궁경부와 같이 다시 좁아진 직경 2-3mm 밖에 되지 않는 곳이어서 여기서 정자들은 또 다른 죽음의 장벽을 넘어야 한다. 이 자궁과 난관의 연결 부위만 무사히 통과하면 난관이 점점 더 넓어져 난소가 눈앞에 보이므로 지금까지 고진감래의 기쁜 맛을 보게 될 수 있다. 이 난소로 가는 탄탄대로를 거쳐 가면 직경이 5-8mm나 되는 난관팽대부가 있어 마침내 거기서 수정이 가능하게 된다. 그럼에도 이 난관입구를 통과하기란 쉬운 일이 아니다.

여기서 그 의기양양하던 정자들이 다시 한 번 학살을 당하고 마는 죽음의 장벽을 맞는다. 그러나 여기에서 절묘한 기지를 발휘하여 많은 양의 정자들이 인해전술과 같은 대량합동작전으로 이 죽음의 고비를 다시 넘긴다. 이 고비를 넘긴 정자들은 '자궁의 난관협부(Uterine tube isthmus)'를 무사히 통과하고서도 난관팽대부에서 난자와 수정하기 위해 8-14cm가 되는 난관을 통하여 난소의 방향으로 달려가야 한다. 이때 정자들이 난소를 향해 달려갈 수 있도록 난관이 섬모운동도 하고 난관의 근육층이 연동운동에도 나선다. 수정하고 난 다음에도 정자가 자궁 안에 착상할 수 있도록 자궁 쪽으로 달려오는 정자의 이동방향을 섬모와 난관근육이 도움을 준다. 이 모든

것은 경이롭도록 하나의 조화를 이룬다.[11]

3) 비극의 의미와 생명의 존엄성: 생존권, 인권, 인간존엄

전체의 내용을 재구성하면 남성의 성기가 여성의 질 내에서 사정한 후 30여 분 후에는 정자와 난자가 수정이 된다. 수정이 되는 난관팽대부에서 살아 운동하는 정자의 수는 전체 150만분의 1로서 실제 100 내지 200마리만이 수정부위에 다다르게 된다. 그리고 그렇게 많던 수의 정자들이 모두 4번의 죽을 고비를 겪고 나서 다시 1-2백 마리 중 오직 한 마리의 정자만이 살아남아 난자를 만나 새 생명으로 태어난다. 이것은 참으로 놀랍고 경이로운 일이다. 그렇다고 이것이 다 끝은 아니다. 큰 우주와 같은 복잡다단한 여성의 질은 냉혹하여 정자에게 무한정의 시간을 허용하지 않는다. 자신의 질 내에서의 정자의 수명을 24시간으로 제한한다. 24시간이 지나면 정자는 저절로 '세포사(cell death)'로서 다시 죽음의 운명을 맞는다. 어떻게 보면 정자가 이 세포사처럼 이미 처음부터 게놈(Genome: 유전체)이라는 유전자에 예정되어 있었다면 인간에게도 태어나기 전부터 운명은 있었다고 할 수 있을까? 그렇다면 참으로 인간에게 운명은 있는 것인가?

숙제는 여기에 그치지 않는다. 수차례 죽음의 고비를 넘긴 정자

---

11   김건열: 『존엄사. 회복가능성이 없는 환자에 대한 연명치료 중단』, 서울: 최신의학사, 39쪽 이하: "1억 개 이상 인간정자의, 한 개 난자와의 수정을 위한, 죽음의 여정".

가 어떻게 여성의 질 내에서 운동하는 속도와 진입방향을 조절할 수 있는가 하는 것도 신비하다. 60마이크론 크기의 길이를 가진 정자가 여성의 질 내에서 운동하여 전진하는 속도가 초당 0.1mm이므로 자궁으로부터 난관팽대부까지를 만약 18cm 정도라고 할 때 정자는 자신의 신장 3000배의 예정된 거리를 자력으로 전진해야 한다. 예를 들면 신장 170cm 정도의 남성수영선수가 광활한 바다에서 험한 파도를 초당 3m의 속도로 5km의 예정된 거리를 쉼 없이 수영하여 목적지에 도착해야 하는 거리이다. 누구나 그렇게 파도가 심한 바다 한가운데서 그 정도의 거리를, 그 정도의 속도로 수영할 수 있는 것은 아니다. 전문수영선수도 따라잡을 수 없는 거리와 속도이다.

참으로 최소한 2억분의 1이라고 하는 생존확률을 가지고 살아남은 정자만이 죽음의 긴박한 고비에서 자신의 난자를 만나 수정할 수 있을 뿐이다. 이런 극적 장면에 임해서는 어느 누구도 숙연해지지 않을 수가 없다. 왜냐하면 난자에 대한 연민과 엄숙한 죽음에 대한 공포를 통해 처음으로 애련한 내적 쾌감을 맛보는 순간이기 때문이다. 이런 비극의 고유한 쾌감을 '카타르시스(Katharsis)'라고 한 아리스토텔레스가 더욱 새롭다. 참으로 진지하고 기나긴 연민의 과정 자체는 너무나 장하고 장하다. 장할 수밖에 없다. 장하기 때문에 존엄하지 않을 수 없고 숭고하지 않을 수 없다. 그래서 생명이 존엄하다는 말은 결코 우연이 아니다. 어찌 이 생명의 존엄성뿐이겠는가!

생명의 존엄성은 생명잉태의 생물학적 사실에 근거하지만 생명이 인간으로 탄생함으로써 인간의 존엄성도 발생한다. 인간은 유일한 자기만의 생명을 가지고도 단독적으로 존재하지 않고, 다른 사람과 함께 사회적 연대성을 가지면서 인격의 주체로서 사회생활을 하게 된다. 생명확장의 삶과 사람됨의 인격, 그리고 실존함의 자유가 생명의 존엄성에서와 같이 인간의 존엄성을 극대화한다. 따라서 인간의 존엄성은 생명과 인격, 그리고 자유에서 구체적으로 실현된다. 모든 생명체는 그 종이나 유에 관계없이 생명을 가진다. 식물은 식물의 생명을 가지고, 동물은 동물의 생명을 가지며, 그리고 사람은 사람의 생명을 가진다. 식물은 태양을 따르는 일종의 개방형의 생명을 가지고, 동물은 자기 자신에게로만 향하는 폐쇄형의 생명을 가진다. 그러나 사람만은 스스로를 순화하고 정화하면서 근원적인 본래성을 지향함으로써 자신만의 존엄성을 갖는다. 인간의 존엄성이 유일한 생명의 존엄성에서 비롯됐으므로 인권 역시 생명의 존엄성에서 유래한다.

그럼에도 인권을 사람이 태어나면서부터 가지는 당연한 권리라고 하거나 혹은 사람이 사람답게 살아가기 위한 정당한 권리라고만 하면, 요약해서 인권을 모든 사람이 동등하게 누려야 하는 기본권이라고만 하면[12] 그것은 객관적 사실에 해당하는 판단일 뿐이다. 이

---

12 박경서: 『인권이란 무엇인가』: 미래지식, 2012: "인권이란 무엇이고, 인권은 가정과 학교에서 자란다, 우리사회 안의 인권문제들, 작은 나라들의 흥미로운 인권상황, 그리고 부록으로 유엔은 인권을 위해 존재한다" 등으로 구성된 내용이다. 생명을 근거로 하고 있는 인권은 객관적 사실판단에서 이루어지는 것이 아니라 철학적 가치판단에서 이루어져야 한다.

는 아무리 좋게 해석해도 사회학적 정의라고 할 수밖에 없다. 그러나 모든 사람이 기본적으로 가지는 인권이란 결코 객관적 사실판단에 근거하는 것이 아니라 철학적 가치판단에 근거하는 것이다. 왜냐하면 사람이라면 누구나를 막론하고 그 자신의 고유한 생명으로 인해 존중돼야 하기 때문이다.

이로써 엄밀한 의미에서 인권은 소위 말하는 인간의 '인본성 (Humanism)'에 직결되는 개념이 아니라, 오직 인간의 절대적 생명에서만 비롯되는 개념이다. 사람의 생명은 그 유일성과 독자성 때문에 무엇으로도 대신할 수 없고 바꿀 수도 없다. 신 이외 인간의 생명은 절대적이다. 따라서 생명의 절대성은 인간의 기본권을 보장해야 한다. 그러나 그 의무로 책임성도 동반해야 한다. 자신의 생명이 중요하다면 다른 사람의 생명도 중요하다. 이는 생명의 권리가 인간의 기본적 인권임을 말한다. 인권은 현실적인 생존권과 밀접한 관계를 가짐으로써 생존권 주장은 현실적으로나 철학적으로도 정당성을 갖는다.

4) 죽음의 존엄성: 인문학적 물음

생명의 존엄성이 인간의 존엄성으로 이어지고 결국 인권과 생존권으로까지 확대된다면, 이보다 더욱 절실한 것은 인간의 죽음, 즉 생명의 죽음이 아닐 수 없다. 그렇다면 생명의 죽음 역시 존엄하지 않을 수 없다. 왜 존엄사인가? 생명의 잉태과정에서와 마찬가지로 인간의 삶 역시 한평생 우여곡절의 인생 열두 고비가 아니던가! 생물학적으로만 봐도 세포분화 발달과정에서의 삶과 죽음은 동전의 양면과도 같아 이 양자는 항상 공존한다. 세포가 사망함으로써 남은 세포들이 정상적으로 세포발전으로 이어져 분화하면서 재생산된다. 생명탄생프로그램에 따라 한 생명체가 태어나서 분화하는 가운데 세포사라는 과정을 거쳐 또한 죽음을 필수적으로 맞이한다.

그래서 죽음의 존엄성이라고 해도 전혀 무리가 아니다. 모든 생명체는 살아 있는 생명을 가지고 있으므로 신진대사를 통하여 성장하고 번식하며 생명의 현상을 이어가다가 결국에는 죽음을 맞이한다. 한 인간으로서의 생명체는 그 한 세대에서 끝난다. 여기에 한 개별자로서의 인간은 자기 한 세대로서의 한계를 가지게 되므로 여기서 우리는 생명공학 자체의 학문적 성과나 업적보다는 생명현상에서 나타나는 일련의 과정, 다시 말하면 죽음에 이르는 생명현상에 대해 더 큰 관심을 가지게 된다. 사실 사람은 예외 없이 질병으로 인해 괴로워하면서 죽음에 이른다. 그러므로 사람을 유한존재라고도 하고 죽음의 존재라고도 한다.

사람은 어떠한 경우에도 자신의 죽음을 피해갈 수 없으므로 사람은 죽음에 이르는 존재가 맞다. 특히 죽음에 이르는 사람은 타인과의 관계보다는 본래의 자기 자신과의 관계에서 자기 자신으로 되돌아와야 한다. 참으로 자기 자신 속에서 산 자와 죽은 자가 매 순간 시소게임을 하면서 하나가 되어 본래의 자기존재로 되돌아올 때,

이 양자는 인간 삶에서 본래적으로 하나가 된다. 이는 생과 사를 양분하지 않고, 하나의 전체로 봄을 말한다. 이때 삶 속에서 생과 사를 직시함으로써 우리는 본래의 진정한 사람다움을 마침내 그 삶의 마지막 기로에서 새로 찾아보게 된다.[13] 이러한 양자의 경계 사이에서 인간의 인간 그 이상을 발견할 수 있다. 인간의 삶에서는 물론이고, 생과 사에서도 삶 그 이상으로 새 것을 되가질 수 있다는 말이다. 이때 새 것이란 본래의 자기 자신으로서 존재 그 자체라 해도 좋다.

죽음이라는 것이 어느 날 나에게 갑자기 들이닥치는 것이라면, 그저 두렵기도 하고 무섭기도 하다. 아무리 죽음이 삶과 함께한다고 해도, 아니 나의 삶 속에 이미 죽음이 내재하고 있어 나에게는 생소한 타자가 아니라, 가장 친숙한 나 자신이라고 해도 죽음은 여전히 나의 낯선 손님으로서 떨떠름하다. 더 큰 문제는 이런 죽음을 피해갈 수 있는 사람은 아무도 없다는 사실이다. 이는 죽음의 주체가 타인이 아니라, 바로 나 자신임을 말한다. 참으로 우리는 타인의 죽음을 경험함으로써 나 자신도 언젠가는 죽게 된다는 사실을 알게 된다. 모든 생명체가 출생하고 사멸하는 것이 철칙이라면, 나 자신도 생물학적 한계로서 죽음을 맞이하게 된다는 사실은 분명하다.

이는 자연으로 되돌아가는 생명의 종말로서 유기체로부터 무기체로 전화하는 과정에서 일어나는 모든 생명체의 종말적 현상을 말

---

13 백승균: 『호스피스 철학』. 2008. 189쪽 이하: "죽음에 대한 환자의 자기의식"과 265쪽 이하: "인간 존재의 죽음과 실존철학적 해석" 특히 '죽음에 대한 릴케의 해석'.

한다. 그러나 죽음 자체란 그 자신에게마저도 무자각적으로 진행된다. 왜냐하면 죽음은 대상이 아니므로 밖으로부터 엄습하여 오는 것이 아니기 때문이다. 자기존재 그 자체가 이미 사이고 생이다. 생과 사라는 엇박자가 자기존재의 새로운 가능성을 실현하고, 본래적인 자기를 자각케 하여 자신의 본연으로 되돌아가게 한다. 그러한 본연에서는 생과 사가 결코 둘이 아니고 하나이다.

4. 생물인간철학에서는 사람을 어떻게 보는가

1) 인간존재와 생물학적 인간

사람이란 무엇인가 하는 물음은 철학사상에서도 플라톤 이후 데카르트나 칸트 등을 거쳐 헤겔에 이르기까지 제기되어왔으나, 적어도 그 전형은 칸트에게로 돌아간다. 왜냐하면 그가 '나는 무엇을 알 수 있는가, 나는 무엇을 해야 하는가, 나는 무엇을 바랄 수 있는가' 하는 물음의 전체를 "인간이란 무엇인가?"하는 물음으로 귀착시켰기 때문이다.[14] 지금까지 역사적으로 인간에 대한 철학적 물음이 주로 이념적 정신원리에 따라 형이상학적으로 제기되어왔다면(플라톤 이후 헤겔까지), 현대 이후 포이어바흐는 인간을 감성적 존재로 보고

---

14 I. Kant: 『실용적 관점에서 본 인간학』, 이남원 옮김. 울산: 울산대학교출판부, 2008.

"인간이란 그가 무엇을 먹는가에 달려 있다(Der Mensch ist, was er isst.)"고 하기에 이르렀다. 그러나 그도 여전히 신학적 유물론의 테두리를 벗어나지 못한 채 인간을 감성의 원리에 따라 정의함으로써 또 다른 하나의 형이상학적 대상으로 삼게 됐다. 이어 쇼펜하우어는 인간을 고뇌의 몸통으로도 봤고, 키에르케고르는 죽음에 이르는 존재로도 봤으며, 또한 니체는 생명의 충동으로까지 봤다.

어떻든 헤겔 이전은 물론이고 헤겔 이후 포이어바흐에서 니체에 이르기까지 공히 인간을 신학적이고 형이상학적으로 해석해 왔다면, 1859년 다윈은 『종의 기원』[15]을 써서 인간개념을 비사변적이고 반형이상학적인, 즉 자연과학적 진화론의 해석으로 바꿔놓았다. 그렇다고 인간해명이 완성된 것은 아니었다. 왜냐하면 자연과학적 진화론의 한계가 바로 생물학 자체에 있었기 때문이다. 즉 생물학으로서는 생물학 자체에 대한 자기 반성적이고 철학적인 사유가 불가능하기 때문이다. 생물학이 스스로 생물학 자체가 무엇이냐고 되물을 수가 없다는 말이다. 따라서 인간본질에 대한 가장 현실적인 물음은 생물학적인 동시에 철학적인 물음이어야만 했다. 이런 방향에서 인간본질에 대한 철학적 물음을 생물학적으로, 그리고 철학적으로 묻기 시작한 사람들이 철학적 인간학자들이다.

이들은 인간의 생물학적 신체나 육체 혹은 생명만을 가지고 인간

---

15 Ch.R. Darwin: 『종의 기원』, 박만규 역. 서울: 삼성출판부, 1977.

을 해석하지 않고, 오히려 인간을 인간되게 하는 원리로서 생명의 정신 혹은 자기를 떠나 자기를 응시하는 원리로서 탈중심성의 존재로서 해석한다. 이것은 인간이 한편으로 생물학적 대상이나 의학적 대상으로만 해석될 수 없음을 말하고, 다른 한편으로는 형이상학적 대상이나 사변적 대상으로만 해석될 수 없음을 말한다. 참으로 인간은 생물학적으로만, 혹은 형이상학적으로만 해석될 수 없는 그 이상의 철학적이고 생물학적 존재이다. 따라서 이들은 인간을 생물학적으로 해석하면서도 생물학적 차원을 넘어서 철학적으로 해석해 내기를 바랐다. 인간이 생물학적으로 동물과 무엇이 어떻게 다른가가 대비될 때 참 인간이 무엇인지가 가장 잘 밝혀지게 된다.

2) 새 원리로서의 인간정신: 부정성의 존재

철학의 궁극적 관심은 인간에 있고, 인간에 관한 학문이 철학의 근본학이 돼야 한다고 하여 생물학적 상을 새로운 차원에서 철학적으로 되묻고 나선 사람은 셸러(M. Scheler)이다. 그에 의하면 지금까지 서양에서는 기독교적 전통으로 인해 인간을 신적 존재라 했고, 그 다음은 그리스적 전통으로 인해 이성적 존재라 했으나, 현대에서는 자연과학의 발달로 인해 인간을 생물학적 존재라고 했다.

인간을 신적 존재라고 하든 이성적 존재라고 하든, 이 모두가 인간을 정신으로만 본 것이라면 오늘날에 와서도 여전히 인간에게는 오직 정신성뿐이라는 주장은 설득력이 없다. 따라서 그는 우주론적 관점에서 모든 생명체, 그러니까 식물, 동물, 인간 모두를 포함하는 생물심리학적 세계전체의 구도를 제안했다. 여기서 생물심리적인 것이란 모든 생명체에 해당하는 것이나, 이의 특징은 외적으로 보면 살아서 생동하고 성장하여 분화하나 결국 죽음을 맞이하는 데 있으며, 내적으로 보면 자기 자신에 대하여 존재하면서도 자신이 내면 곧 존재라는 데 있다.

살아 있는 생명체에는 대체로 4가지 단계로 이루어진다.[16] 첫째 단계가 식물에서 볼 수 있는 감각충동이다. 식물의 생명에는 살아 있는 힘의 의지가 아니라, 성장하고 번식하는 데 대한 충동만이 있다. 식물은 외부에 대한 응답도 없고, 자신에 대한 반성도 없다. 다만 밖을 향한 충동뿐이다. 둘째 단계는 동물에서 볼 수 있는 본능이다. 본능은 개체와는 무관하게 종에만 따른다. 본능은 생득적이고 유전적이어서 고정돼 있다. 특히 동물은 환경구조에 밀착되어 전체의 생을 보낸다. 물론 인간에게도 본능은 있으나, 구성적인 것이 아닌 데 반해, 동물은 본능을 통해 목적을 달성하는 구성능력도 가지고, 그것을 다시 조절할 수 있는 능력도 가진다.

그러나 동물에게서는 충동과 본능이 구별되지 않아 하나로서만 나타난다. 인간에게도 충동과 본능은 있으나, 이 둘은 서로가 분화되어 충동은 무의미한 것으로 남고, 본능은 행동으로 나타난다. 인

16 M. Scheler: 『인간의 지위』, 최재희 역. 서울: 박영사, 1976: 감각충동(식물), 본능(동물), 연상적 기억(고등동물), 그리고 실제지능(침팬지와 같은 고등동물).

간과 동물의 구별도 이 본능의 역할에 따르게 된다. 인간에게 본능이란 기층에는 깔려 있으나, 인격으로서 나타나기까지에는 그 한계가 있다. 다시 말하면 인간은 자기 자신의 본능을 신뢰하지 않는다는 말이고, 억압의 대상으로 삼는다는 말이다. 따라서 충동과 본능이 동물에게는 일차적인 것이나, 인간에게는 부차적인 것이기 때문에 인간에 의해 발견되고 해석돼야 하는 것이다.

셋째 단계는 동물의 생존이 달려 있는 연상적 기억이다. 동물은 일정한 환경 속에서 놀이를 통해 어떤 새로운 것을 경험하고 답습하여 자기를 익혀나가면서 생활반경을 넓혀나간다. 행동이 되풀이되어 반복됨으로써 정착할 수 있고 연습과 학습을 통한 행동이 습관으로 되어 자기 스스로를 자립할 수 있게 된다. 따라서 동물은 기계적으로 연상적 기억에 따라서만 행동한다. 그러나 사람은 그런 기억을 통해 어떤 전통과 문화와 같은 것을 가지게 되면, 그것은 생물학적 유전 그 이상이 된다. 전통이나 문화가 동물에게는 비본질적인 것이나 사람에게는 본질적인 것이 된다. 사람은 기억을 가지고 전통과 문화를 지키나, 그와 함께 또한 그러한 전통과 문화를 극복해 나간다.

이에 더 적극적으로 인간과 동물의 관계는 넷째 단계인 실천적 지능에서 나타난다. 동물은 오직 충동과 본능에 따라서만 행동하지만, 사람은 충동과 본능을 관리하기 위해서도 행동한다. 실천적 지능은 동물에게나 인간에게 모두 있다. 그렇다면 인간과 동물의 차이는 무엇인가? 침팬지와 아인슈타인 사이에는 어느 정도의 차이가 있는가? 지금까지의 충동과 본능, 기억과 지능 등은 모두 생물학적 생명의 원리에 해당한다. 여기에는 생명보존의 법칙이 따른다.

그러나 사람만은 동물과는 달리 그들의 세계에 속하는 생명보존의 법칙을 부정할 수 있을 뿐만 아니라, 오히려 선을 행하고, 사랑을 베풀며, 때로는 후회와 절망 등도 함께 하는 정신적인 활동을 한다. 따라서 인간은 인격으로서 정신적 활동을 수행하는 자이다. 이런 정신활동의 새 원리를 생물학적으로 '생명'이라고 할 수는 있으나, 엄밀하게는 모든 생명체의 생명 일반에 대립되는 원리이고, 더욱 적극적으로는 인간의 생명에도 대립되는 원리이다. 그렇다면 이 원리는 전통적 의미의 정신개념과 함께 그 이상의 내용을 담고 있는 새로운 생물학적 정신으로서 인간의 승화된 인격이라고 할 수 있다.

이런 생물학적 정신의 본질에는 현실적으로 그 중심에 사람의 인격이 있다. 인격으로서 인간정신은 첫째로 어떠한 충동이나 환경에도 구속되지 않고, 환경에서 자유하면서 이념까지도 직관하고 사유할 수 있다. 이로써 새 원리로서 정신은 생물학적으로 인간 자신을 세계로부터 개방토록 한다. 세계개방성이란 세계의 모든 구속으로부터 초월함을 의미한다. 개방성에서는 모든 존재자가 정신을 통해서 순수하게 그대로 드러나게 된다. 개방성에서의 인격은 정신의 중심으로서 대상적 존재도 아니고 사물적 존재도 아니다. 오직 스스로를 수행하는 돈오점수의 극치이다. 이런 인격은 활동 내에서만 존재하고 활동을 통해서만 존재한다.

둘째로 인간은 자기반성을 통해 스스로를 성찰하는 자발적 의식, 즉 자기의식을 갖는다. 동물도 의식을 가지기는 하나, 반성적 자기의식을 갖지는 못한다. 동물은 자신을 갖지도 지배하지도 못하기 때문에 사실상 자기라는 의식이 없다. 다만 동물은 생물학적 기능에 따라서만 행동하기 때문에 충동도 충동으로서 체험하지는 못한다. 이에 반해 인간은 반성적 자기의식으로 자신의 환경을 세계라는 존재의 차원으로 확대할 수 있고, 자기 자신을 대상화할 수 있으며, 이로 인해 자신만의 결단에 따라 자살할 수도 있다. 그리고 셋째로는 인간만이 사실의 범주와 실체의 범주를 동시에 가질 수 있다. 그러나 동물은 범주들을 가지지 못한다. 왜냐하면 동물에는 하나의 중추가 없기 때문이다. 인간은 처음부터 시공간개념을 가지는 데 반해, 동물은 시공간개념을 가지는 것이 아니라, 자신이 직면하는 구체적 현실에 몰입해서 살뿐이다. 이로 인한 인간정신의 특징은 순수하게 활동하면서 자신의 존재를 오직 자신의 활동을 자유롭게 수행하는 가운데서만 언제나 새로 되가진다는 사실이다.

이 전체를 포괄하는 인간은 동물에게서 볼 수 없는 '아니라고 말할 수 있는 능력자(Neinsagenkönner)',[17] 즉 아니라고 '부정'할 수 있는

---

17 M. Scheler: 상게서. 84쪽: 부정이란 무엇을 의미하는가? 이때 부정이란 순수형상(形相)이 존재하는 곳에서는 사라지고 마는 '세속의 불안'을 제거하는 것을 말한다. 동물은 현실을 언제나 긍정하는 존재이나, 인간은 '아니(否)'라고 말할 수 있는 자이고, 생의 금욕자이며, 또한 모든 현실에 반대하는 영원한 항거자이다.

능력자이다. 소위 인간만이 부정을 할 수 있다는 말이다. 부정이란 순수형상에서는 존재하지 않는, 즉 '세속의 불안'을 제거하는 것을 말한다. 붓다가 체념을 그런 부정성으로서 수용했고, 예수가 십자가를 그런 부정성으로서 수용했으며, 그리고 아도르노가 변증법을 그런 부정성으로서 수용한 것은 열려 있는 세계에 대한 저항적 체험 때문이다.

동물은 진정 현실존재가 아닌데도 불구하고 현실존재를 긍정하고 수용하여 따른다. 그러나 인간은 아니라고 부정할 수 있는 자이고, 생의 금욕자이며 또한 현실에 역행하는 영원한 항거자이기도 하다. 따라서 인간은 이념과 현실, 정신과 욕망, 이론과 실천이라는 양자의 긴장 속에 살면서도 이 양자가 하나 되는 가운데서 참된 삶과 참된 인간의 사명을 감당해야 하는 존재임을 스스로 안다. 이것이 가능한 것은 인간이 자신의 충동을 자신의 정신적 활동에로까지 순화할 수 있기 때문이다.

3) 결핍존재로서의 인간: 불확정성의 존재

겔렌(A. Gehlen)도 이런 생물철학적 논지를 철학적으로 전개한다. 그는 인간 삶의 원리를 자기보존으로 보고 인간행동을 이해하기 위해서는 언제나 세계 내에서 행동하는 현실의 인간이해로부터 출발해야 한다고 주장한다. 이런 인간의 행동을 해석해내는 것이 철학적 인간학의 과제이다. 현실적으로 인간의 모든 행동이란 생명보존이라는 생물학적 인식방식에 근거하지만, 행동의 근거를 인식하기 위해서는 형이상학적 사유, 즉 생물학적 형이상학으로부터 출발하지 않을 수 없다.

생물학적이고 형이상학적인 물음이란 아직도 인간이 무엇인가가 밝혀지지 않았다는 사실과 인간존재가 아직도 여전히 미완성의 존재이고 X의 존재라는 사실에 근거한다. 미완성의 존재란 행동하지 않을 수 없는 존재임을 말한다. 여기에서 중요한 것은 인간을 다만 정신적 존재로 규정하지 않고, 자연적 존재로 해석하고 있다는 사실이다. 이것도 인간을 동물과 구별하는 데서 비롯돼야 한다. 동물은 특정한 영역에 적응하도록 체형화되고 종별화되어 있으나, 인간은 생물학적으로 의지할 곳이 없는 존재로서 하나의 환경만을 가지고 있지 않다. 오히려 인간은 생태학적으로 결함을 가지고 있는 모자라는 존재로서 동물에 비하면 환경에 비적합성을 띠고 있는 존재이다.

인간이 환경에 비적합한 존재라는 것은 역으로 인간만이 자신의 독자적인 세계를 만들어나갈 수 있음을 말한다. 그렇다면 결함이 곧 장점이라는 말이고, 자주적으로 활동할 수 있다는 말이 된다. 결국 생물학적으로 스스로를 해방할 수 있다는 말이다. 이런 해방의 법칙이 그에게는 본래적인 인간학의 원칙이 된다. 여기에서는 인간의 형태학적 위상은 어떠하고, 지각과 운동, 그리고 언어는 어떤 역할을 하며, 또한 욕정과 질서와 같은 충동과 제도는 어떠한가라는 물음들이 제기가 된다. 인간의 형태학적 위상에서는 인간이 주관적으로 자기의 육체에 어떻게 관계하는가를 밝히는 것이 중요하지 않고, 인간의 신체 자체가 동물과는 달리 어떻게 구성돼 있는가를 밝히는 것이 중요하다. 즉 인간의 신체가 종별화되어 있지 않다는 것으로서 직립보행을 한다는 사실이다.

지각과 운동, 그리고 언어에서는 인간의 심리적 가능성을 밝히기도 하지만, 생명보존과 생명억제라는 원칙에서 이루어진다. 인간의 지각은 환경에 매여 있는 동물의 지각과는 근본적으로 다르다. 인간의 지각은 인간 삶의 전체에 해당됨으로써 사물의 변용가능성을 예의주시하는 가운데서 인간행동에 연관되어 있음을 안다. 특히 여기서는 언어의 뿌리가 밝혀지고, 언어와 사유의 관계가 밝혀짐으로써 언어와 사유가 생물학적 관점에서 재해석되어 순수한 의미가 밝혀진다. 이것이 언어분석은 아니라 해도 언어의 근본양태를 보여주는 것은 분명하다. 그리고 욕정과 질서와 같은 충동과 제도에서는 충동에 대한 행동이 밝혀진다. 인간의 충동은 동물의 충동과는 달리 원칙적으로 자유로운 단계로 이루어진다. 인간의 욕구생활도 행동과 대립되지 않는 독자적인 구조를 가지기 때문에 충동의 밑바탕에 있는 욕구를 만족시키는 형식에서 벗어나는 행동을 하게 된다. 이로써 인간은 동물과는 달리 근본적으로 '세계개방적'이라고 할 수 있다.

이런 연관성에서 그는 데카르트의 이성적 정통성을 수용하는 인간정신을 형이상학적 원리로서 수용하지 않고, 아주 소박하게 유기체적 결함으로서 수용하여, 즉 생물학적 불완전성으로서 해석하여 인간을 '결핍존재'[18]라 하고, 결핍의 내용을 비전문화(非專門化)의 전문화라고 한 것이다. 사람이야말로 새나 물고기 등의 다른 동물에 비하여 하늘을 높이 날 수 있는 날개도 없고 물속 깊이 잠수할 수 있는 부레도 없다. 따라서 생물학적으로만 보면 모자라기 이를 데 없는 유기체적 존재이나, 이런 전문화되지 못한 생물학적 결핍이 오히려 사람으로 하여금 새나 물고기 등 다른 생명체의 전문화 능력 그 이상의 것을 생산할 수 있게 하는 능력의 전문가가 될 수 있도록 한다는 말이다.

4) 인간의 생존방식과 탈중심성의 존재

플레스너(H. Plessner) 역시 이런 방향에서 셸러의 새 원리로서 정신개념과 겔렌의 행동개념을 연결하는 중간영역을 정당화한다. 그에게 인간학자는 자연과학과 정신과학의 대립에 몰두할 것이 아니라, 유기체의 단계설정을 전체적으로나 개별적으로 이해될 수 있는 통일적 기점에서 찾아야 한다. 그 때문에 그는 전통적 인간이성이나 절대적 정신을 고집하지 않는다. 오히려 그는 생명을 가진 모든 유기체를 포괄할 수 있는 보편개념을 설정하여 식물, 동물, 그리고

---

18   A. Gehlen: *Der Mensch. Seine Natur und seine Stellung in der Welt.* Frankfurt(M) 1971. S.20.

인간존재로 분류한다.

모든 생명체는 예외 없이 각각의 위상을 갖는다. 식물은 영역의 위상을 가지고, 동물은 환경의 위상을 가지며, 인간은 세계의 위상을 가진다. 보다 엄밀하게 식물은 개방적 유기체의 조직을 가지고 있고, 동물은 폐쇄적 유기체의 조직을 가지고 있다. 이는 동물의 자립성을 의미한다. 동물은 위상적으로 '지금과 여기'를 형성하고 외부세계에 대해 능동적이나 동시에 수동적이다. 따라서 동물은 자기중심으로부터 살기위해 자기중심에서 나와서 다시 자기중심으로 되돌아가 살아도 '중심으로서는' 살지 못한다. 환경 속에서 자신의 것과 대상적인 것을 발견은 할 수 있어도 자신을 반성적으로 체험하지는 못한다.

유기체적 전체 연관성에서 볼 때 동물은 반드시 생물학적으로 생존하기 위해 자신들의 확고한 하나의 위상을 가지는 데 반해, 사람은 자기생존을 위한 어떠한 하나의 절대적 위상을 갖지 않는다. 그 위상마저 사람에게는 늘 존재하는 것이 아니고, 오직 수행하는 가운데서만 존재한다. 그러므로 살아 있는 생명을 전제로 할 때만 위상적 중심이 가능하다면, 생명체가 어떤 형태를 이룩토록 중재되고 매개됨으로써 비로소 위상적 중심이 이루어질 수 있다.

요약하면 동물이 자신들의 환경에 집착하여 자기중심의 위상성만을 가지고 살아간다면, 사람은 어느 한 환경에도 집착하지 않고 오히려 중심으로서의 자기를 안다는 사실을 지각하고 있다. 하지만 사람이 중심으로서의 자기를 알기 위해서는 '중심으로서의 존재'[19]를 넘어서 있지 않으면 안 되고, 중심에서 벗어나 있지 않으면 안된다. 이때 사람은 비로소 자기 자신을 외부영역에 대한 관계로부터 대상화할 수 있다. 다시 말하면 자기 자신과 대상 그리고 양자의 거리를 취할 수 있다는 말이다. 이것이 사람이야말로 동물과는 달리 탈중심적 존재임을 말한다.

그렇다면 '탈중심성(Exzentrizität)'이란 무엇인가? 단적으로 표현해서 "자기 관점 내에서 자기 밖에 서 있음"[20]을 말하나, 좀 어렵게 표현하면 "인간이 자기 자신에게 뒤쫓을 수 없는 등거리성 유지"[21]라고 할 수 있다. 사람은 본질적으로 지금과 여기에서 주위환경의 대상으로부터, 또한 자기존재의 반응으로부터 수용됨으로써 자신에 대한 지각이 없이도 자기 자신을 체험 할 수가 있다. 더구나 사람이 자신과 자신을 체험하는 간격을 설정하여 자신을 자기 자신으로부터 떼어놓을 수 있을 때 사람은 영과 육에 결속돼 있으면서도 그 간격의 이편과 저편에 존재하는 동시에 어디에도 존재하지 않게 된다. 바로 이런 위상성의 영역이 인간의 영역이고 그 형태가 탈중심

---

19 H. Plessner: *Die Stufen des Organischen und der Mensch. Einleitung in die phlosophische Anthropologie.* 2.Aufl. Berlin 1965. S. 291: "Der Mensch als das lebendige Ding, das in die Mitteseiner Existenz gestellt ist, weiss diese Mitte, erlebt sie und ist darum über sie hinaus."

20 H. Plessner: 「Macht und menschliche Natur. Ein Versuch zur Anthropologie der geschichtlichen Weltansicht」. In: ders.: Zwischen Philosophie und Gesellschaft. Bern 1953. S.308.

21 H. Plessner: Lachen und Weinen. Eine Untersuchung nach den grenzen menschlichen Verhaltens. Bern 1961. S.9.

적 위상성의 형태이다.

동물이 그들의 삶을 일방적으로 자기중심으로만 끌고 간다면, 사람은 자신의 삶을 자기중심화에서 탈피하지 않으면서도 자기중심화를 초월하여 이끌어 감으로써 '탈중심적'이 된다. 일종의 변증법적 연관성이다. 이런 탈중심성은 존재론적 의미나 영육이라는 의미의 형이상학적 개념이 아니라, 그런 개념에 대한 반명제의 개념이다. 이것은 인간 자체의 근본태도라고 할 수 있고, 인간태도에 대한 범주라고 할 수 있다. 이것은 단적으로 한 관계를 말하고, 그런 관계는 인간 안에 있는 어떤 것에 대한 인간의 관계이다. 그러면서도 그런 관계 속에서 인간은 자신의 모습을 완전히 드러내 보이지 않는다. 그러니까 탈중심성이란 환경에 대립하는 인간의 전면적인 틀의 형태로서 사람에게만 해당하는 개념이다. 이런 탈중심성이 인간에게서는 어떻게 수행되는가?

플레스너는 탈중심성의 수행을 3가지로 나눈다.[22] 먼저 자연적 인위성의 법칙으로서 자연과 문화의 관계를, 둘째는 중재적 직접성의 법칙으로서 자연과 역사의 관계를, 그리고 끝으로 유토피아적 입지(立地)의 법칙으로서 자연과 정신의 관계를 제시하여 문화와 역사, 그리고 정신을 자신의 철학적 인간학원칙으로서 삼았다. 먼저 '자연적 인위성(die natürliche Künstlichkeit)'이란 어휘 구성으로만 봐도

---

22 백승균: 『플레스너의 철학적 인간학』. 대구: 계명대학교출판부, 2005. 157-189쪽: "자연적 인위성의 법칙, 중재적 직접성의 법칙, 그리고 유토피아적 입지의 법칙".

자연성과 인위성의 복합어로 서로가 상반되는 내용의 개념이고, 명사로서 주격의 역할을 해야 하는 개념이다. 사람은 어떤 의미에서도 유기체적 자연임에 틀림이 없으나, 자연물로서만 존재하는 것은 아니다.

사람은 살아가야 하고 행동해야 하며, 또한 목적을 달성해야 하는, 즉 자연에 역행하는 도구성으로서의 인위성 내지 자신을 탈하는 문화생산자로서 활동하지 않을 수 없는 존재이다. 사람이란 자연 그 이상이라는 말이고, 동시에 자연으로서의 육체일 뿐만 아니라, 신체도 가지는 탈중심성의 존재로서 도구를 마련하는 문화의 창조자이다. 그러나 동물은 결코 문화의 생산자가 될 수 없다. 왜냐하면 동물은 사람과는 달리 사물을 '발견'할 수는 있어도 '발명'할 수는 없기·때문이다. 이에 반해 사람은 스스로가 자연으로서 존재하면서도 자신을 넘어 중심으로서 자신을 창조할 수 있기 때문에 자신의 인위성으로서 자신과 세계를 균형 잡도록 하는 수단을 가진다. 그렇다고 그것이 문화의 열등사실을 극단으로 상쇄해준다는 말은 아니다. 다만 존재론적 필연성만을 목적으로 한다는 사실을 말할 뿐이다.

둘째 철학적 인간학의 '중재적 직접성(die vermittelte Unmittelbarkeit)'에서는 내재하는 것과 표현되는 것의 관계를 밝힌다. 사람이 자기 스스로를 표현해야 한다는 것은 사람이 본성적으로 사회적 삶을 살아갈 수 있도록 돼 있음을 말한다. 삶의 주체는 모든 것과 직접적인 관계와 간접적인 관계를 맺고 있을 뿐만 아니라, 나아가 직접-간접적인 관계를 맺고 있으므로 이를 통해 중재적 직접성의 내용이 드러나게 된다. 직접적인 관계란 관계요소들이 중간요소들 없이 서로 직접 결합되는 관계를 말하고, 간접적인 관계는 관계요소들이 중간요소들에 의해 결합되는 관계를 말하며, 그리고 직접-간접적인 관계는 중재하는 중간요소가 결합의 직접성을 생산하기 위하여 혹은 보장하기 위하여 필연적일 수밖에 없는 결합을 말한다.

따라서 중재적 직접성이란 아무런 의미가 없거나 그 자체로 유야무야해 버리고 마는 모순을 말하는 것이 아니라, 제로 포인트가 되지 않으면서도 그 자체적으로 해결되는 모순이고, 논리적 분석으로는 설명이 불가능하나, 의미심장한 그 이상의 설명이 필요한 모순을 말한다. 이런 모순의 근거는 살아 있는 생명 자체의 과정에 있다. 동물에 있어서는 그 자신과 환경의 관계가 자극과 반응으로 인해 몰중심적으로 나타남으로써 환경과의 관계는 직접적 관계로 되고 혹은 자극과 반응이 동물 자신으로 인해 자기중심적으로 생기기 때문에 환경과의 관계는 간접적 관계로 된다.

그러나 인간에 있어서는 그러한 양자의 관계란 단순한 관계가 아니라 생명체 자체로 중재된 관계로서 존재한다. 이런 관계는 그 자체로 은폐되어 있기 때문에 사람에게서만 실현될 수 있다. 구체적으로 사람은 자기가 살아가는 그 중심에 존재하고, 그 존재에서 중재의 기점을 마련하여 새로운 기점을 다시 마련한다. 이것은 사람이 동물과는 달리 하나의 위상만을 소유하는 존재가 아니라, 두 대립의 명제를 왔다 갔다하는 '진동의 존재'[23]임을 말해준다. 다시 말하면 인간은 단순히 자신과 환경의 관계를 중재하는 존재가 아니라, 인간 자신과 환경 간의 중재를 형성하는 그 이상의 존재라는 말이다.

역사는 인간에 의하여 만들어지지만 인간 이상이 역사이다. 엄밀하게 말하면 사람은 자신이 행한 바를 아는 것이 아니라, 사람이 행한 바를 역사를 통해서 비로소 경험하게 된다는 말이고, 이에 역사의식이 가능하다. 역사의식이란 자신의 역사를 세계사에까지도 확대 가능토록 함으로써 단순한 과거지사의 사건의식이 아니라 미래의식이다. 현재 우리가 여기에서 살아도 우리는 과거를 가지고 미래를 설계하면서 살아가고 있다면, 이는 중재적 직접성을 위한 전형적인 범례라고 할 수 있다.

이보다 더욱 큰 모순으로 보이는 것은 있으면서도 없다거나 없으면서도 있다 등의 말이다. 부재한다는 것은 있지 않다, 즉 없다는 말이고, 초월한다는 것은 넘어서 있다, 즉 있다는 말이다. 동물에게는 있는 것은 있고, 없는 것은 없다는 사실이 그대로 통하지만, 인간에게는 그렇게 통하지는 않는다. 플레스너는 이런 경우를 어디에도 없다는 의미에서 '유토피아적 입지(der utopische Standort)'라 하고,

---

23   백승균: 상게서, 173쪽. "중재적 직접성의 성격".

이것은 동물이 아닌 인간에게만 해당되는 '탈중심성'이다. 이런 인간의 탈중심성이 부재성과 초월성이라는 내용으로서 자연과 신의 관계에서 밝혀진다. 다시 한 번 부재성이란 어휘상 존재하지 않음을 말한다.

공간적인 의미에서건 시간적인 의미에서건 무라는 사실이다. 그러나 무란 무엇인가 하고 물으면, 즉 What is Nothing?이라고 물으면, Nothing is …라고 답할 것이고, 이때 is는 3인칭, 단수, 현재임으로서 이의 원형은 be이고, be의 동명사 형은 'Being', 즉 '존재'이므로 엄밀하게는 유, 즉 있음, 존재가 아닌가! 인간은 세계 속에 있는 존재이기 때문에 세계를 떠나 있는 존재일 수 있다. 공간적으로 사람은 어디에나 존재하고 있기 때문에 또한 어디에도 존재하지 않는다. 시간적으로도 사람은 언제나 여기에 있어 미래에도 있게 된다. 이를 탈중심성에서 보면 인간은 인간이 존재하는 곳에 존재하는 동시에, 인간이 존재하는 곳에는 어디에도 존재하지 않는다. 이런 인간의 탈중심성에 따르지 않고는 어떠한 인간의 부재성도 체험적으로 알 수가 없다. 이것은 모순이고, 이런 탈중심성의 모순은 바로 인간 자체의 모순이기도 하다.

인간 자신의 현실이 어디인가를 알 수 있는 장소가 인간 자신에게는 존재하지 않는다고 하면, 이는 초월성의 문제로 넘어가게 된다. 초월성 문제는 종교가 무엇인가 하는 물음으로 이어지고, 기독교에서는 하나님이라는 신으로 이어진다. 신격화된 종교성이란 특정 신앙고백과는 달리 '최종의 결정상태(ein Definitivum, das Letzte)'[24]라 할 수 있다. 다시 말하면 자연과 정신이 인간에게 해결해 줄 수 없는 어떤 궁극적인 영역을 말한다. 이런 탈중심적 사유는 인간으로 하여금 신적 존재로 향하도록 하고, 세계의 근원으로 향하도록 하여 결국 세계 전체에로 향하도록 한다.

그러나 세계 전체란 어떤 이성적 사유나 철학적 논리로서도 인식할 수 있는 대상이 아니다. 이것은 인간의 사유를 떠나 있는 신앙을 통하지 않고는 불가능하다. 오직 순수한 신앙을 통해서만 선한 순환의 무한성이 가능하고, 지금과 여기와는 전적으로 다른 절대성이 가능하다. 따라서 신앙하는 사람만이 자신의 본향으로 되돌아갈 수 있다. 사람들 중에는 일신상의 평안을 찾기 위해 집을 그리워하는 사람들도 있고, 심적 평안을 찾기 위해 고향을 그리워하는 사람들도 있으나, 철학적 이성이나 논리적 사유를 고집하는 사람들은 정신을 찾는다.

정신은 인간과 사물을 자신으로부터 떠나게 하여 자신을 넘어서 가고 초월하여 감으로써 이의 앞뒤를 돌아보지 않는 '끝없는 무한성의 진실성'[25]이라 할 수 있어 미래에까지도 이어진다. 결국 정신은 세계 속의 순환을 거부하고 내일의 타향살이 길만을 열어준다.

---

24 백승균: 상게서, 182쪽. "자연과 정신이 인간에게 줄 수 없는 그 어떤 궁극적인 것. 그것을 종교성은 인간에게 주고자한다."
25 H. Plessner: *Die Stufen des Organischen und der Mensch. Einleitung in die phlosophische Anthropologie*, 2.Aufl. Berlin 1965. S. 346: "die Gerade endloser Unendlichkeit."

그러므로 사람에게는 정신세계가 아무리 투명하다고 하더라도 결국에는 타향살이의 길일 뿐이다. 타향살이가 아닌 본향살이의 길로서 영성의 신앙세계도 있다면, 혹자는 영성의 신앙세계에다 자기 자신을 맡겨버리고 말 것이나, 탈중심성의 인간존재로서는 이를 용납할 수가 없다. 아무리 정신과 신앙, 타향과 본향, 아니 유한과 무한, 존재와 무가 설령 오갈 수 없는 양극이라 해도 본래의 있음, 그것은 자연을 떠나있는 것이 아니라 자연과 함께, 자연과 더불어 있는 인간생존의 탈중심성에서 가능하다면, 인간과 자연을 담아내는 문화와 전통, 그리고 사실을 엮어내는 역사, 그리고 무와 초월을 밝혀내는 정신, 심지어 영성을 품어 안는 신앙, 이 모두는 하나에서 하나를 넘나드는 인간생명의 무한한 생동성 때문이다.

5. 인간생물철학의 한계

지금까지 이들 모두는 사람을 생물학적으로 동물과 비교하면서 새로운 철학적 원리로서 아니라고 부정할 수 있는 능력이나 비전문화의 전문화, 즉 결핍존재 또는 자신을 초월하여 자기가 되고자 한 탈중심성으로 규정했으나 사람의 생각을 바꾸는 인문학적 구상력으로까지에는 이르지 못했다. 그 이유는 이들의 주장이 아무리 생물의학에 바탕을 둔 철학적 사유였다고 하더라도 여전히 너무나 인간생물학의 철학적 사변에 머물러 있었기 때문이다.

그러나 이들이 인간존재의 모순을 이해하기 위해 인문학적 사유 논리로서 인간 삶의 정신과학적 이론을 수용하는 데는 성공했다. 특히 인간의 철학 없이는 인간 삶의 경험이론이 불가능하고, 자연 철학 없이는 인간의 철학이 불가능하다는 해석학적 논리를 내세움 으로써 인간과 자연을 공히 수용하는 철학으로서는 성공했다. 더 욱이 정신과학이 오직 철학적 인간학으로서만이 가능하다고 함으 로써 자연을 정신화하고 정신을 자연화하여 일종의 유기체적 선험 이론으로서 '인간의 철학'[26]을 이룩하는 데 성공할 수 있었다. 심지 어 인문학적 생태학의 기반을 마련할 수 있었다. 그렇다고 해도 완 벽하게 꽉 짜인 인간철학의 논리적 체계로 인해 자유분방한 인문 학적 구상력과 상상력이 자리할 곳은 그렇게 여유롭지는 못했다. 그렇다면 사람의 가치를 생각하는 인문학은 사람을 근거로는 하되 사람을 떠나 사람다움을 지향해야하는 학문임을 잊어서는 안 될 것이다.

---

26 H. Plessner: *Die Stufen des Organischen und der Mensch. Einleitung in die phlosophische Anthropologie*, 2.Aufl. Berlin 1965. S.26: "Ohne Philosophie des Menschen keine Theorie der menschlichen Lebenserfahrung in den Geisteswissenschaften. Ohne Philosophie der Natur keine Philosophie des Menschen."

제 **3** 장

—

디지털정보사회와 인간성 실현
− 인문학의 새로운 지평 −

1. 왜 디지털정보사회에서도 인문학적 사유인가

1) 인간의 삶과 사유

디지털정보사회에서도 사람은 생각하면서 살아야 한다. 생각하지 않고는 자신의 행동을 결정할 수가 없기 때문이다. 일상적인 삶에서도 우리는 스스로 생각하고 판단하여 자신의 행동을 결정하지 않으면 바르게 살아갈 수가 없다. 우리는 그때마다 이성적으로 혹은 합리적으로 판단해야 하고 합리적으로 판단하기 위해서는 바르게 생각해야 한다. 바르게 생각하고 판단하기 위해서는 사람과 사회, 그리고 세계의 근원을 조망하고 있어야 한다. 나는 누구이고 너는 누구이며, 그리고 우리는 누구인가를 물음으로써 나와 너의 사회적 관계와 우리 모두의 세계적 연관성을 되돌아보게 된다. 여기에서 어려움은 내가 누구이고, 우리가 누구이며, 또한 사회가 어떠하고, 세계가 무엇인가에 대한 하나의 확고한 답을 찾을 수가 없다는 사실이다.

따라서 이러한 물음에 대한 답은 과학적 보편타당성의 판단 그 이상을 요구한다. 이를 실현하기 위해서 우리는 먼저 우리 자신의 고정관념을 버려야 한다. 이미 시민사회가 과학기술의 산업사회로 넘어오면서, 특히 후기자본주의사회를 거치면서 가정은 이미 해체됐고 춘부장이나 자당이라는 말도 사라져갔다. 이에 덩달아 포스트모던시대[01]가 큰 역사를 작은 이야깃거리로 바꾸어 놓았고, 드디어 디지털정보사회가 우리의 현실적 삶을 가상의 세상으로 바꿔놓았다. 대단한 위력의 매스컴이 우리 모두의 감성은 살리고, 본래의 나는 어디에서도 용납하지 않는다.

그러므로 나는 있어도 나의 생각이 없으니 나도 없고 우리도 없게 된다. 문제는 감성에서 비롯되는 디지털정보의 컬러만이 화려하게 등장하여 신지식이나 감성적 충동을 전체 정보인 양 우리 모두를 뒤흔들어 놓는다는 데 있다. 따라서 우리에게는 생각할 여유가 없다. 정보의 양이 너무 많아 우리의 지식이 날로 축적되는 데도 불구하고, 오히려 우리 스스로가 생각할 수 있는 능력은 나날이 줄어들고만 있다. 왜냐하면 그 많은 지식들의 정보란 나의 것이 아닌 다른 사람들의 판단들이고 생각들이기 때문이다. 다른 사람들의 생각들을 아무리 많이 알아도 그 앎이 나 자신을 알게 하거나, 나 스스로를 생각게 하는 것은 아니다.

이처럼 너무나 많은 지식정보가 우리 스스로 생각을 하지 못하게

---

01 권택영: 『포스트모더니즘이란 무엇인가』, 서울: 민음사, 1991. 김동욱: 『포스트모더니즘의 이론. 문학/예술/문화』, 서울: 민음사, 1992.: Form에서 Antiform, Purpose에서 Play, Mastery에서 Exhaustion, Logos에서 Silence, creation에서 Decreation, Totalizaton에서 Deconstruction, Symptom에서 Desire, Metaphysics에서 Irony, Transcendence에서 Immanence 등으로 패러다임의 바뀜.

하는 것보다 더욱 위험한 것은 사회 전체나 세계 전체를 디지털정보사회의 새로운 극단적 실증주의의 경향성으로 치닫게 하고 있기 때문이다. 이것은 지식정보의 사회가 '안다'는 것만을 앞세우고 '생각한다'는 사실을 소홀히 여기는 데서 온다. 물론 실증주의만큼 경험적 확실성을 우리에게 보장해 준 주의주장이 또 어디 있었는가! 따라서 우리가 여기서 실증주의적 경험 자체를 일방적으로 폄하하자는 것이 결코 아니다. 다만 경험적 확실성을 배제하고 사유할 수는 없다고 해도, 안다는 정보 그것이 곧 만사해결책은 아니라는 말이다. 분명 먼저 사실을 알고 그 사실을 근거로 해서 생각해야 하는 것은 맞다. 그럼에도 오늘날 너무나 많은 디지털지식사회의 정보만을 가지고서 안다고 판단하여 행동한다는 것은 생각함 자체를 놓치는 일이고, 나를 포기하는 일이며, 또한 우리 모두를 새로운 실증주의적 경향성으로 몰고 가는 일이 된다.

따라서 우리는 먼저 생각을 하되 옳게 생각을 해야 한다. 옳게 생각하기 위해서는 감성에만 따르지 않고 이성적 확실성을 확보해야 한다. 이성적 확실성은 우리의 감성적 회의를 통해서 이루어질 수가 있다. 감성적 회의란 우리의 일상적 경험까지를 의심하는 데서 비롯한다. 지금 책을 읽고 있는 내가 꿈속에서 책을 읽고 있는 것은 아닌지, 날개를 가진 천사가 있어 하늘을 날아오르는지, 혹은 1+1=2를 계산할 때만 어떤 영물이 나로 하여금 그에 맞도록 하는 것은 아닌지 등, 즉 일상적 경험은 물론이고 철학적 개념이나 수학적 명제까지도 의심하고 나서야 이성적 확실성을 확보할 수 있다고 데카르트는 말한다.

아무리 귀신같은 영물이라 해도 내가 존재하지 않으면 나를 속일 수는 없을 것이고, 설령 나의 몸은 존재하지 않을지라도 나의 생각은 존재하지 않을 수가 없다. 이런 판단으로 데카르트는 경험적 대상이나 수학적 진리, 나아가 자기존재까지를 회의하고 나섰다. 내가 이 세상 모든 것을 다 의심한다고 해도 그렇게 의심하고 있는 나는 반드시 있어야 한다. 즉 내가 존재한다는 사실만은 의심할 수 없다 하여 그는 "나는 생각한다. 그러므로 나는 존재한다(cogito ergo sum)"[02]라는 명제를 내걸고서 '명석하고 판명한 모든 것은 참이다'라고 말할 수 있었다. '명석(clara)'이란 애매성에 대한 대립개념으로서 대상이 우리의 의식에 직접 나타나는 경우를 말하고, '판명(distincta)'은 혼동에 대한 대립개념으로서 한 대상이 다른 대상과 구별되어 의식되는 경우를 말한다.

2) 사유와 비판의식

이런 절대적 회의를 통해 얻어지는 이성적 확실성이 비판정신의 근원이고 바르게 생각하기 위한 필수적인 전제조건이 된다. 그럼에도 비판정신이 감성적 회의에서 비롯됐다고 해서 부정성만을 갖는

---

02 R. Descartes: 『방법서설』. 김진욱 옮김. 서울: 범우사, 2005. 60쪽.

것도 아니고, 이성적 지성에서 확실성을 얻었다고 해서 긍정성만을 갖는 것도 아니다. 비판정신에서의 부정성은 이미 철학에서는 비판적 자기반성으로 나타나 오늘날에는 철학체계를 무너트리고 철학비판으로 소리를 높이고 있다.

데카르트 이후 철학은 비판의 연속이었다. 데카르트 자신이 스콜라철학을 교조주의라고 비판했고, 칸트가 라이프니츠를 비판했으며, 헤겔이 칸트를 비판했고, 마르크스가 헤겔을 비판했는가 하면, 아도르노가 마르크스를 비판하고 나섰고, 이후 포스트모더니즘과 해체주의가 양 칼날을 세우기도 했다. 비판이란 공시적 성격과 통시적 성격을 공히 띠게 됨으로써 역사적 주체성의 탁월한 논리성을 가지는가 하면, 비판 속에서 역사적 진리를 드러내기도 한다. 논리실증주의를 들고 나온 카르납은 하이데거의 존재론을 '의미 없는 이론'[03]이라 비판했고, 기초존재론을 들고 나온 하이데거는 카르납의 논리실증주의를 '존재를 망각한 이론'[04]이라고 서로 비판하기도 했다.

그러나 이 양자를 모두 비판하고 나선 아도르노는 이 양자가 자기 자신 내에서 스스로를 반성하고 성찰하는 일이라고 보았다. 이런 일은 주관적으로나 객관적으로 사회화된 인간 삶에 관계함으로

---

03 Th. W. Adorno: Wozu noch Philosophie. In: *Eingriffe. Neun kritische Modelle*. Frankfurt(M) 1966. S.15f.: "sinnleer".
04 Th. W. Adorno: A.a.O., S.15f.: "seinsvergessen".

써 가능하게 된다. 여기에서 변증법적 매개가 내재적 동일성에 대한 자기비판을 통해 실천이성으로서의 자유를 되찾게 해준다. 그러나 이마저도 디지털정보시대가 등장하여 지금까지의 모든 철학을 한물간 아날로그시대의 유산으로 밀어내고 있다면, 디지털시대의 새로운 인문학으로서 철학적 사유는 무엇을 지향해야 하는가?

비판이란 단순한 부정이 아니고, 철두철미한 이해라고 한 것도 현존하는 사실에 대한 비판의 능력을 지목한 말이다. 이의 궁극적인 목표는 본래적이고 원초적인 긍정성에 대한 일종의 '동경'이라고 할 수 있다. 참 긍정성을 찾기 위한 동경은 우리 스스로를 긴장케 하지 않을 수 없다. 미물도 하루를 살기 위해 긴장의 끈을 놓지 않는다. 사람에게도 긴장의 장은 삶의 현장이고, 일의 각축장이며, 또한 사유의 장이다. 긴장하는 곳에는 언제나 새로운 삶이 태동한다. 부산의 태종대를 보라! 깎아 세운 듯한 가파른 절벽에 집채만 한 큰 파도가 밀려와 부딪칠 때 검푸른 큰 파도의 몸체가 흰 거품의 산산조각으로 부서지는 그 자체의 모습으로서 '쇄파(Brandung)'는 우리 모두에게 많은 시사점을 남긴다.

원뿔을 그 꼭짓점으로는 세울 수가 없다는 판단은 고정관념일 뿐이다. 인문학적 사유능력은 그런 고정관념을 깨트리고 꼭짓점으로 선 원뿔을 살아 움직이게 할 뿐만 아니라, 스스로를 돌게 하여 서 있게 한다. 서 있으나, 정지 상태에 있지 않고 운동 상태에 있음으로 원뿔의 꼭지는 존재하는 것이 아니라, 스스로를 생성하고 있는 것이다. 살아있는 생명치고 제자리만을 지키는 생명이란 없다. 생명 전체는 제자리에 있으나, 그 자체는 제자리에만 머물러 있지 않고 언제나 살아 생동하고 있는 것이다.

3) 비판의식과 인문학적 사유

대학이 제자리에만 서 있다면 대학은 죽은 대학이 되고 대학인들도 죽은 사람들이 된다. 대학인들 스스로가 역으로 서서 살면서 사유한다면, 대학은 존재하는 것이 아니라 살아서 생동하게 된다. 이런 대학은 젊은이들 때문에 때로는 시끄럽고 소란하다. 시끄럽고 소란하다는 것은 사회 현상적으로는 부정적인 것이나, 그 본성상 그것은 오늘의 자기를 접고 내일의 새로운 희망을 세우는 일이다. 산 물고기는 냇물을 따라 흐르지 않고 거슬러 오른다. 그곳이 강의 상류 한 치만큼의 물깊이라도 마다하지 않는다. 왜냐하면 역행이 곧 새로운 생산성이기 때문이다.

스티브 잡스는 과학기술에다 인문학적 상상력의 옷을 입혀 새로운 예술의 경지를 열었다. 사람이 돈을 버는 것이 아니라, 돈이 사람을 따르는 것이다. 구글의 직원 6,000명 중 5,000여 명이 인문학 전공자들로 채워져 있다(2011)는 사실도 구글의 공동창업자 래리 페이지 자신이 '세상에 존재하지 않는 것을 만들어야 한다'는 생각도, 그리고 삼성IT에서도 매년 인문학전공자 200명씩을 채용한다(2013)는 사실은 결코 괜한 일이 아니다. 이 모두는 디지털정보사회에서도 인간 삶의 새 의미를 찾고자 하는 데서 비롯한다.

2. 디지털정보사회란 어떤 사회인가

1) 전통사회와 산업사회, 그리고 정보사회

디지털지식사회의 핵심은 과학과 기술, 그리고 정보에 있다. 정보는 기술에 달려있고, 기술은 과학에 달려 있으며, 그리고 과학은 수학적 논리성을 따른다. 수학은 수에 관한 학문으로서 수론이든 미적분학이든 혹은 공간학문으로서 기하학이든 관계없이 대상의 형식적 관계를 밝히는 학문이다. 따라서 수학은 경험학문이 아니라 선험적 논리의 형식학문이다. 그러므로 수학은 순수한 사유원리에 따른 공리에서 가능한 선험학문이다. 공리란 어떠한 증명도 할 수 없는 명제로부터 나온 명제로서 무 증명의 명제를 말한다.

이런 수학적 명제에 따라서 칸트는 형이상학이 어떻게 학으로서 가능한가를 논리적 필연성으로써 입증하기 위해 먼저 순수수학은 어떻게 가능한가를 묻고, 이에 근거하여 순수자연과학은 어떻게 가능한가를 다시 물어 형이상학의 필연성[05]을 확보하고자 했다. 그

---

05 I. Kant: 『순수이성비판』. 최재희 역. 서울: 박영사, 2002. 선험적 감성론, 선험적 분석론, 선험적 변증론.
   I. Kant: 『비판철학서설』. 최재희 역. 서울: 박영사, 1980. Cf.: 한자경: 『칸트 철학에의 초대』. 서울: 서광사, 2006.

는 초월론적 감성론에서 순수수학의 근거를 시간공간에 두고 시공을 '순수직관의 형식'이라고 했다. 헤겔은 시간공간을 지금과 여기로 탈바꿈시켜 변증법적으로 지양시켰는가 하면, 마르크스는 과학적으로 시간을 1차원이라 하고, 공간을 3차원이라 하여 시간공간의 수학적 명제를 현실적으로 실천 가능한 사회과학적 명제로 바꿔놓았다. 그래서 그에게는 공상적 사회주의가 아니라, 과학적 사회주의가 사적 유물론의 바탕이 되기도 했다.

순수한 수학적 명제가 현실세계를 과학적으로 인식 가능토록 하고, 방법론적으로 논증을 가능토록 함으로써 우리는 세계에 대한 필연적 확실성을 갖게 되고, 그 확신은 자연과학적 보편타당성을 보장해주게 됐다. 수학적 인식이 방법론적으로 경험세계에서 논증되고 필연적으로 입증되어 보편타당성의 과학적 성격을 갖게 됨으로써 그 인식대상을 자연으로 삼았다. 자연에 대한 과학적이고 합리적인 인식을 서양에서는 '아는 것이 힘이다(scientia est potentia)'라는 슬로건을 걸고, 자연지배란 폭력이 아니고 자연법칙에 따르는 것이라 했다. 그러나 결과적으로 자연에 대한 인식은 한편으로는 자연을 정복하게 했고, 다른 한편으로는 자연이 인간 자신에 대해 보복토록 했다. 다시 말하면 과학적 인식에는 자연에 대한 과학 자체의 남용과 인간에 대한 과학 자체의 오용도 처음부터 들어 있었다. 여기서 중요한 것은 과학이 모든 대상을 인식할 수 있고, 나아가 전체로서의 세계까지도 인식할 수 있다는 자신감을 가지게 됐다는 사실이다. 이로써 사람들은 과학을 전적으로 신뢰하게 됐고, 결국 과학의 절대적 권위에 복종하기에 이르렀다.

수학에 근거한 과학이 실천적 기술과 결합하여 놀랄 만한 위력을 발휘하게 되었다. 고도의 기술을 가지고 도구를 만들어 자연의 재해를 막을 수가 있었고, 인간의 질병까지도 퇴치할 수 있게 됐다. 소위 과학의 실천술은 인간의 삶을 기존의 생활방식과는 전혀 다른 새로운 궤도의 생활방식으로 이끌어내어 종전의 전통사회를 기술적으로 완벽한 고도의 산업사회로 바꾸어놓았다. 무조건의 존경과 절대적인 권위로 군림하여 아들의 엄격한 교육을 강제하던 춘부장의 위엄도, 그리고 무조건의 사랑을 베풀기만 하던 자당의 자비도 대가족제도에서 핵가족제도로 바뀌는 가운데 속수무책으로 아빠와 엄마로 마구 굴러 떨어지게 됐다.

아이들 역시 대가족제도에서 벗어나 자유로운 한 가족이라는 동격의 주체로서 성장하게 됐다. 남녀의 사랑 역시 더 이상 여필종부만은 아니다. 현모양처가 여성교육을 위한 지고의 도덕목표가 아님은 물론 여성 자신이 가정과 사회에 불순종할 수도 있고 불복종할 수도 있게 됐다. 결혼한다고 해서 그것이 곧 자신의 운명이라는 것도 아니고, 가정의 살림살이 역시 그 모두가 여성의 몫이라는 관념도 용납되지 않는다. 부부간의 관계 역시 영적 차원에서 정숙이 아닌 나의 파트너로서 한 팀이 잘 이루어지느냐가 최우선이 됐다. 두 사람의 행복이 최우선이 된 것이다. 따라서 물량적으로도 사회 전체와 세계 전체가 하나의 공장으로 확산됐고, 대량생산이 전체의 미덕으로 간주되어 소비성사회가 후기자본주의사회[06]의 전형으로 됐다. 이어 숨 돌릴 틈도 없이 곧장 가상공간의 디지털사회로 발돋움을 했다.

과학이 기술로 하여금 도구와의 관계를 가능케 했다면, 기계의 등장은 당연한 것이었고, 여기에 노동은 필수불가결한 것이었다. 노동은 사회적 연관성과 정치적 연관성에서 이루어지지만 여기에서는 경제적 생산성이 최우선이었다. 그 이유는 경제적 생산성의 이면에는 과학기술적 효용성이 자리하고 있기 때문이다. 기술은 노동을 필요로 하고, 노동은 사람을 필요로 했다. 노동하는 인간은 그 생산품의 반영 속에서 자기 자신을 의식하게 됨으로써 노동은 인간 존재의 근본방식이 됐다. 기술은 노동의 효율성을 높이고 노동력을 변화시켜 생산품을 대량화하며 획일화하는 속성을 갖는다. 이런 과학기술의 속성은 인간이 자연을 지배함으로써 인간 자신을 자연으로부터 해방시키는 듯했으나, 결과적으로는 오히려 자연을 파괴하고 또한 인간 자신을 파멸케 하는 데 기여하는 꼴이 됐다.

이로써 우리는 주체적 인간으로서의 자기기반을 상실하게 되고, 우리 자신의 전통을 잃게 됨으로써 고향 없는 나그네와 같은 존재

---

06 Th.W. Adorno: 「Spätkapitalismus oder Indusstriegesellschaft?, Einleitung zu 16.Deutschen Soziologentag, 1968」. In: ders.: Gesammelte Schriften Bd. 8. Hrsg.v. R. Tiedemann. *Soziologische Schriften I*, Frankfurt(M) 1975. S.354-S.370.

로 전락하고 말았다. 고향 잃은 사람들이 이제 과학기술의 첨단사
회인 디지털시대[07]를 맞이하여 새로운 형태의 지식기반사회로 급
가속 페달을 밟고 있다. 이것은 마치 오늘날의 우리가 과거와 미래
의 지평을 포기한 채 자기 없는 현재에만 집착하여 만끽하면서 자
기 자신을 상실해도 좋다는 것이고, 더욱이 모든 감성적 욕구를 충
족시키기 위해서는 인문학적 상상력마저 저버려도 좋다는 것이다.
따라서 이런 정보사회에서는 인문학적 논리성은 물론이고 회의도,
비판도, 그리고 아예 전통적 사유 자체도 용납하지 않는다. 생각도
없고 머리도 없으나, 오직 손가락 끝만 밤낮으로 살아 있다. 이런
사회에서 생각하는 사람은 오히려 언제 어디서나 비현실적인 사람
으로 취급되어 고사하고 만다.

참된 자기존재에 대한 반성과 성찰이란 처음부터 용납되지 않는
사회, 이런 사회에서는 필연적으로 가면과 익명이 필요하고, 그런
가면과 익명은 그 자신이 관계하는 사람과 상황에 따라 언제나 다
른 사람으로 인간을 바꾸어버린다. 가면 속의 사람은 한결같이 가
식과 허세, 그리고 익명으로 세상 밖을 시끄럽게 한다. 하지만 그럴
수록 그 자신은 점점 더 공허하게 되고, 결국 자신도 허구에 빠지게
된다. 더욱 심각한 것은 그 자신이 누구인지도 모르는 채 자신을 상
실하고 만다는 사실이다. 이런 잘못된 사회적 형태가 가면과 가식,

---

07 D. Ronfeldt: *Cybercracy*, 1992, F. Koelsch: *Compujnication*, 1995: J.Martin의 'telematics'; Yoneji
    Masuda의 'computopia'; Z.Brenzinski의 'technetronic society' 등.

그리고 익명을 용납하는 디지털공간으로서의 정보사회라면, 이에 대한 인문학적 자각은 필수불가결한 것이다.

물론 정보사회가 가지고 있는 강점은 디지털미디어로 지식정보를 분석하고 종합하여 가공처리를 순식간에 해냄으로써 고도의 지식정보를 동시에 생산 전파할 수 있고, 문자나 음성 또한 디지털영상정보까지도 종합 처리할 수 있다는 데 있다. 산업사회에서까지도 그 핵심적인 역할을 하던 인문학적 사유나 철학적 개념들이 속수무책으로 전락하더라도 정보는 언제 어디서나 주고받을 수 있고 재구성이 가능하다. 더구나 그 품질마저 보장받을 수 있는 디지털미디어가 현대정보사회는 물론 현대의 모든 문화현상까지도 이제 '자판기' 하나로 승부수를 가리게 됐다.

디지털정보사회에서는 전통적 문화현상의 의미나 그 효력은 물론이고 영역간의 한계까지도 사라지게 함으로써 개방세계의 새로운 IT기술인간이 등장하게 되고 기술세계의 경쟁사회가 시작됐다. 무엇보다 자기 없는 가상의 사회에서도 고도의 정보만이 유일한 자본의 행세를 할 수 있는 것은 정보가 컴퓨터의 전자기술과 인공위성기술 혹은 신소재기술 등을 멀티미디어로 가능케 하여 막대한 부를 한순간에 모을 수 있게 하기 때문이다. 최근 몇 년 동안 인간과 기계, 인문학과 과학기술의 융복합문제를 들고 나온 과학철학자인 닉 보스트롬(N. Bostrom) 등은 「나는 왜 포스트휴먼이기를 원하는가」[08]에서 새로운 융복합기술을 통해 인간의 본성은 물론이고 인간의 죽음까지도 극복할 수 있는 트랜스휴머니즘을 거쳐 더 이상 인간본성에 얽매이지 않는 포스트휴먼시대가 열릴 것이라는 전망을 하고 있다.

이뿐만 아니라 정치의 영역에서도 지금까지 대중이 정치에 직접 참여한다는 물리적 의미와는 딴판의 현상들이 나타나게 됐다. 인터넷을 통해 대중의 의견이 즉시 수렴되고 처리됨으로써 그들의 직접적인 의사표현은 정보로 기록된다. 정보 역시 양방향의 통신을 가능케 함으로써 일종의 직접민주주의 정치형태가 새로운 양상으로 나타나기도 한다. 문화관계 역시 전통사회에서는 물론 산업사회에서의 문화조차도 과학기술의 발달과 그 소산으로 이루어짐으로써 인간과 사회의 존재방식도 전통과의 한 연관성 속에서 동일한 방식으로 발전돼 왔다. 소위 문화라는 이름으로 인간은 자연으로부터 떨어져 나와 자연에 역행해 왔다. 이에 따라 한편으로는 물질과 도구에 의한 과학기술적 문명이, 그리고 다른 한편으로는 정신과 관념에 의한 정신과학적 문화가 인간존재의 규범과 가치의 척도로 등장하여 인간의 정치, 경제, 사회, 문화 등 모든 영역을 형성하여 왔다.

---

08 이진우: 『테크노 인문학. 인문학과 과학기술: 융합적 사유의 힘』, 서울: 책 세상, 2013. 285쪽. 재인용: N. Bostrom; "Why I Want to Be a Posthuman When I Grow Up," Medical Enhancement and Posthumanity, B. Gordjin, R. Chadwick(eds.) Dordrecht 2008. pp.107-137.

그러나 오늘날 디지털기술로 인해 정보가 비약적으로 가공할 만한 위력을 발휘함으로써 인간생활의 모든 영역은 상상할 수 없을 정도로 IT의 한 방향으로만 치닫고 있다. 산업사회의 문화가 지역성과 통시성을 아날로그화하여 표현만 했다면, 정보사회의 문화는 동일선상에서 세계성과 공시성을 초고속 초정밀로 디지털화하여 전 세계를 한꺼번에 사이버공간으로 만들어버리고 만다. 이러한 와중에 디지털사회에 있어서 가치의 척도, 즉 진리의 척도도 달라지게 된다.

2) 디지털정보사회와 진리의 척도

전통사회에서는 무엇이 참이고 거짓인지를 밝혀내는 것이 인식론의 주목적이었다. 참으로서의 진리문제는 인간의 인식으로부터 탐구돼야 할 문제이다. 이런 인식의 참된 진리는 먼저 논리적 판단에서 이루어진다. 왜냐하면 판단이란 여러 표상을 단순히 결합만 시키는 것이 아니라, 결합의 타당성을 수용하거나 혹은 거부할 수 있기 때문이다. 이에 대해서는 여러 입장들이 있다.[09]

모사설이라고 하는 일치설은 동전은 둥글다와 같이 우리들이 가지고 있는 표상과 대상이 일치하면 참이고 일치하지 않으면 거짓이

---

09 G. Skirbekk(Hrsg.u.eingel.: *Wahrheitsthorien. Eine Auswahl aus den Diskussionen über Wahrheit im 20.Jahrhundert.* Frankfurt(M) 1977. S.337-390. Besonders: N. Rescher: 'Die Kriterien der Wahrheit'.

라는 주장이다. 명증설은 모사설과는 반대로 진리의 척도를 실재하는 대상에 두지 않고 우리 관념의 명석판명에 두고 진위를 판단한다. '삼각형의 내각 합은 2직각이다'와 같은 명제는 수학적 이성의 진리를 설명하기에는 합당하나 사실의 진리를 설명하기에는 부적합하다. 이 양자의 약점을 극복하고자 한 인식론이 구성설이다. 우리의 인식은 대상도 관념도 아닌 선천적 원리에 따라 대상이 구성됨으로써 가능하고, 이때 인식은 보편성과 필연성을 동시에 가지고 또한 객관적 타당성도 가진다는 주장이다. 따라서 진리는 스스로의 본성에서 근원적으로 이루어진다.

이들 모두가 공히 진리를 인식 자체에서 찾고자 했다면, 인간 삶의 연관성에서 진리를 찾고자 한 것은 실용주의이다. 인식의 가치, 즉 진리는 객관적으로나 관념적으로, 혹은 선천적 원리에 따라 구성되는 것이 아니라, 실용적 결과에 따라 결정된다. 인간의 삶에 유용한 인식이 진리라는 것이다. 모든 시대 모든 사람에게 영원히 타당한 진리란 없고, 그때마다의 현실에 따라 진리는 상대적으로 변화한다. 진리를 현실생활과 연관시킴으로써 그 효율성은 극대화될 수 있지만 진리 자체의 본질을 밝히는 데는 한계가 있다. 이 모든 전통사회의 진리론이 다양했다면 현대 디지털사회에서 진리의 척도란 무엇일까?

이제 가상과 현실의 디지털정보사회에서는 가상이 단순한 가상이 아니라 바로 그 가상이 현실이고, 사이버공간 자체가 곧 우리의 현실세계이다. 우리의 현실세계가 가상의 세계로 현실화됐다는 말이고, 이는 패러다임의 현장이 바뀌고 있음을 말하고, 진리의 척도가 바뀜을 말한다. 이 현실마저도 대상들의 전체집합으로서 총체성이 아니라, 하나하나의 점이라고 하는 미립자들의 확률적 배열이라고 한다면, 밀도에 따라서 진리의 척도가 결정된다. 과밀과 희소가 결정적인 역할을 한다. 그렇다면 밀도가 높은 것은 현실이 되어 참 진리로서 나타나고, 밀도가 낮은 것은 가상이 되어 비진리로 된다.

TV와 함께 모든 디지털제품은 물론이고 카메라폰(4100만 화소)에도 수천만 화소들이 장착됨으로써 최고의 선명한 화상을 가지고 참 진리로서 모든 자리를 석권한다. 따라서 가상과 현실, 거짓과 참의 경계 역시 디지털정보시대에서는 질적 차이가 아니라, 화소들의 양적 차이로 바뀌게 됐다. 이는 화소들(pixel)에서 확인될 수 있다. 지금까지는 질이 좋다 혹은 나쁘다고 하면 질은 성질을 의미하고, 성질은 사실 자체의 존재에 대한 규정성을 의미했다. 그러나 이제 더 이상 그런 규정성과는 관계없이 화소들의 양적 배열에 따라서 진위가 가려진다. 화소가 과밀하면 할수록 참의 정도표는 높아만 가고, 화소가 희소하면 할수록 거짓의 정도표도 높아진다. IT기술의 진로는 화소의 과밀성을 높이는 데 있고, 이에 따라 시장에서 독과점을 형성한다. 왜냐하면 화소의 과밀성이 바로 디지털정보사회의 참이기 때문이다.

현실의 사태에서는 더욱 적나라하다. 현실세계란 1차원의 시간과 3차원의 공간이 합쳐진 4차원의 세계이다. 시간공간의 4차원 현실세계에서 3차원의 입체로서 추상화된 것이 조각작품의 세계이고, 다시 2차원의 평면으로서 추상화된 것이 회화(사진)의 세계이며, 이 회화에서 또다시 선형인 1차원의 선으로서 추상화된 것이 문자(텍스트)의 세계이다. 이 1차원의 문헌학적 아날로그 텍스트해석시대로부터 이제 디지털시대에서는 0차원의 점들로서 영상(화소)의 시대가 열린 것이다.[10] 조각작품의 세계에는 시간이 빠진 3차원의 입체가 존재하고, 회화작품의 세계에는 높이가 없는 2차원의 평면만이 존재하며, 그리고 문학작품(텍스트)의 세계에는 평면이 아닌 1차원의 선만이 존재한다. 그러나 디지털사회에는 선조차도 용납되지 않는, 즉 지금까지와는 완전히 다른 새로운 0차원의 점(pixel)들만이 존재한다. 소위 아날로그시대에서 디지털시대로 패러다임이 바뀐 것이다.

이로써 디지털영상시대의 점이란 길이는 물론이고 넓이도 부피도 없는 위치뿐이어서 모든 차원의 세계, 즉 현실, 입체, 평면, 직선, 그리고 점 자체를 다 가능토록 하는 기점이 된다. 여기에서는 현실세계와 조각, 그림과 문자 그리고 점, 이 모두가 다 시간공간을 초월하여 영상디자인의 디지털세계로서 언제 어디서나 구현이 가능하다. 다시 말하면 0차원의 점들은 1차원의 선을 형성하기 위해 움

---

10   V. Flusser: 『그림의 혁명』. 김현진 옮김. 서울: 커뮤니케이션북스, 2004. 33쪽 이하.

❶ 지금 여기: 4차원의 현실세계 : Nabucco
http://thelastverista.files.wordpress.com/2011/09/chorus-of-hebrew-slaves.jpg (2014.5.27.)

❷ 조각상: 3차원의 입체세계: 피에타(Pieta)
http://cafe.daum.net/337m/FTi7/129?docid=hAJZ|FTi7|129|20050917124056&srchid=IIMiF7sh000#Adownload.php?grpid=hAJZ&fldid
=FTi7&dataid=129&fileid=1&regdt=&disk=31&grpcode=337m&dncnt=N&.jpg (2014.5.27.)

❸ 회화: 2차원의 평면세계: 돌아온 탕자
http://blog.naver.com/qleksrma29?Redirect=Log&logNo=220005532155 (2014.5.27.)

❹ 문자: 1차원의 선형세계: 누가복음
http://cafe.daum.net/Missionhace/MrTN/4?docid=1B7m8|MrTN|4|20090909203250&srchid=IIMXc0iU100#A127459164AA792
5A767853 (2014.5.27.)(5번째 그림 사용)

❺ 화소: 0차원의 점세계: 3D 그래픽
http://cafe.naver.com/bluebird01/544 (2014.5.27.)

직이고, 선은 2차원의 평면을 형성하기 위해 움직이며, 평면은 3차원의 입체를 형성하기 위해 움직이고, 입체는 4차원의 실제현실을 형성하기 위해 움직인다. 따라서 "점(0차원)+시간=선, 선(1차원)+시간=평면, 평면(2차원)+시간=입체, 그리고 입체(3차원)+시간=현실세계(4차원)가 된다."[11] 이러한 모든 가능성의 계기를 이미 문헌학적으로 짚어낸 철학자가 바로 니체였고, 그것이 그의 '동일자의 영겁회귀론'이었다. 왜냐하면 라이프니츠의 미분적분학에서처럼 소위 XY선상의 점이라는 기점이 전후와 좌우, 평면과 입체로 회귀할 수도 있고, 현실세계의 생동성까지를 표현할 수 있기 때문이다.

여기에서는 2차원적 회화의 의미가 디지털모니터의 영상표면에서 나타나고, 모니터의 표면을 훑어보는 것이 '스캐닝(scanning)'이다. 이처럼 훑어보는 시선은 한편으로는 모니터화면의 구조에 의해서, 그리고 다른 한편으로는 보는 사람의 의도에 의해서 형성된다. 이것은 화면을 보는 사람의 시선이 화면과 화면을 구성하고 있는 요소 하나하나를 차례로 파악하여 가는 동안, 그 구성요소들 사이에서는 시간의 연관성이 나타남을 말한다. 이때 화면을 보는 사람의 시선은 이미 보았던 화면과 화면의 구성요소로 되돌아갈 수 있는가 하면, 그 반대로 그 이전의 것으로부터 앞으로 다가오는 것이 새로 생성되기도 한다. 이처럼 스캐닝을 통해 재구성될 수 있는 시간은

---

11   V. Flusser: 『피상성 예찬』. 김성재 옮김. 서울: 커뮤니케이션북스, 2006. 3쪽.

디지털시대의 상호소통으로 탈역사적 사고와 현실생활을 가능케
한다.

　이러한 디지털사회적 소통의 철학사적 진원지는 니체 이전의 플
라톤이다. 그는 이데아의 세계를 참된 이상의 세계라 하고, 우리 삶
의 세계를 거짓된 가상의 세계라고 했다. 이데아의 세계는 개념적
인식으로 파악할 수 있고, 가상의 세계는 감각적 지각으로 파악할
수 있다. 개념적 인식은 사물의 영원불변하는 이데아를 인식하는
참된 인식이고, 감각적 지각은 생성 변화하는 현상만을 지각함으
로써 참된 지식일 수가 없다. 감각적 지각은 주관적이고 가변적이
며 억견이어서 객관적이고 보편적인 정확성을 확보할 수가 없다.
그러나 개념적 인식은 사물의 본질을 파악하는 보편적 진리를 보
장해준다.

　참된 인식의 대상인 개념적 인식대상은 보편적이고 영원불변하
는 사물의 본질인 이데아, 즉 '형상(eidos)'으로서의 참된 실재이고,
비물질적이며 따라서 비공간적인 초감각적 현실의 '실재계(ousia)'이
다. 그러나 감각적 지각의 대상은 가변적이고 유전적인 현상의 세
계로서 '생성계(genesis)'이다. 이 생성계의 모든 사물은 원형인 이데
아를 모상으로 하는 모방이며 가상이기도 하다. 세계는 실재계와
생성계로 나뉘나 실재계는 불변하는 참이고 생성계는 가변적인 거
짓이다. 그런데 디지털사회에서 이 실재의 세계가 어떻게 가상의
세계란 말이고, 이 현실이 가상이 아니고 무엇인가 하고 되물을 때,

아니라고 답할 수 있는 확고한 근거가 없어진다. 왜냐하면 지금 현실적으로 가상공간에서 이루어지지 않는 것이란 아무것도 없기 때문이다.

지금까지 문자시대의 가상과 현실이 디지털정보시대에서는 단순한 가상이 아니라 바로 그 가상이 현실이 됐고, 사이버공간 자체가 곧 우리의 현실세계가 됐다. 즉 우리의 현실세계가 가상의 세계로서 현실화됐다는 말이고, 이는 패러다임의 현장이 바뀌고 있음을 말한다. 이의 가능성이 니체에게서도 나타난 것은 그가 무엇이 인식론적으로 참이고 거짓인가를 판단하기보다는 인간 삶의 생동적 고유성을 우선적으로 드러내 보이고자 했기 때문이다. 따라서 그에게는 생의 개념이 중요한 것이 아니라, 삶의 연관성이 중요했다. 삶의 연관성으로서 시간이란 삶 속에서 삶을 다시 볼 수 있는 시간과 그 이전에 밝혀지지 않은 삶의 구성요소를 삶 속에서 다시 발견할 수 있는 시간을 말한다.

삶은 운동을 말하고 생성을 말하기 때문에 그 자체로서 한순간도 쉬지 않고 흐른다. 정지로서의 존재는 거짓일 수 있으나, 운동으로서의 생성은 본성상 거짓일 수 없다. 왜냐하면 생성은 수단일 수가 없고 다만 그 자체로서의 목적이고, 곧 자기 목적이기 때문이다. 따라서 존재에서는 참과 거짓 혹은 옳고 그름이 판가름의 기점이 되나, 생성에서는 매 순간의 정당성만이 판가름의 기점이 된다. 생성이란 오직 그 자체만을 목적으로서 용납하고 매 순간만을 그 자체와 동일한 가치로서 되가진다. 이러한 매 순간은 무결함으로써 생성의 결백성[12]이라 할 수 있고 '동일자의 영겁회귀'를 가능케 할 수 있다. 이러한 동일자의 영겁회귀는 과거나 현재, 그리고 미래에서도 일차원적 선형으로서는 이어지지 않는다. 이 모두는 과거, 현재, 미래로 각각 다르게 표현되나, 결국은 0차원의 디지털영상 그 자리로 되돌아오는 하나의 픽셀이다.

3) 디지털정보사회에서의 문화비판

디지털정보사회에서는 하이퍼미디어의 화상처리와 재현기술이 가상현실의 새로운 공간에서 사람을 육체와 감성으로만 처리함으로써 인간의 자기의식을 육체적 감성의 직접적인 욕구와 인간생활의 현상적 충동자로서 바꿔져버린다. 따라서 인간 상호간의 의사소통양상도 근본적으로 달라지고 인간의 주체의식마저 가상공간 속에서 해체되어버리고 만다. 이런 가상공간에서 이루어지는 오늘날의 디지털정보사회를 우리가 어떻게 보는가 하는 것은 아주 중요한 일이다. 이런 정보사회를 하나의 실체로 보느냐 혹은 하나의 허구로 보느냐, 또한 그런 사회를 존재론적 관점에서 보느냐 혹은 생성론적 관점에서 보느냐, 나아가 인간학적 해석학적 관점에서 중심은 무엇이고 주변은 무엇인가 하는 물음들은 대단히 중요하다.

---

12 O.F. Bollnow: 『삶의 철학』. 백승균 옮김. 서울: 경문사, 1981. 28쪽 이하.

BC11세기경 이집트의 테베 왕조기에 네스타네브테쉬라 공주의 '사자의 서'에 수록된 그림에서는 달의 신 토트(Thoth)가 글쓰기와 문자를 발명하여 태양의 신 레-하라흐테(Re-Harachte)에게 글쓰기도구를 제시하면서 문자와 글쓰기의 유용함을 설명한다. 이것을 B.C.4세기경 플라톤(파이드로스편)은 소크라테스의 입을 통해 이집트왕 타무스(Thamus)에게 문자의 효용성을 말하나 알파벳문자에 대한 타무스의 반박은 호락호락하지 않았다. 왜냐하면 그가 하나하나 조목을 들어 비판하고 나섰기 때문이다.

첫째 문자란 사람의 기억력을 저하시키고, 둘째 문자는 직접대화에서 오는 생동감을 상실케 함으로써 그 의미를 전달하는 데 한계가 있으며, 셋째 문자는 저자의 의도와는 무관하게 쓰여 오해를 낳을 수 있고, 넷째 문자에는 본인의 진지한 태도가 드러나지 않는다[13]는 것이었다. 문자 이전의 시대에서 문자시대로 이행하는 가운데 새로운 소통을 위한 언어질서의 한계를 지목하고 나선 것이다. 이후 2,500년 동안 문자시대의 자리매김은 굳건하기만 했다. 그러나 오늘날 디지털정보시대의 새로운 패러다임이 텔레마틱 사회를 철저하게 구성하고 나섬으로써 문자시대 자체가 또한 위기를 맞이하게 됐다.

현재의 이 정보사회가 이제 누구도 어떻게 할 수 없는 확고부동

---

13   V. Flusser: 『디지털시대의 글쓰기. 글쓰기에 미래는 있는가』. 윤종석 옮김. 서울: 문예출판사, 2002. 7-9쪽 참조.

한 실체라고 해도, 혹은 정보사회가 철학에서의 존재론과 같은 튼튼한 틀을 마련했다고 해도, 나아가 앞으로도 흔들리지 않는 중심체제로 통용될 것이라 해도, 그런 존재론적 체제와 연관되 보이지 않는, 혹은 적나라하게 드러나 있는 부분의 직간접적인 해석에 대한 우리 의식의 각성은 아주 중요하다. 왜냐하면 숫자를 문자로 해독해내는 일이나 문자를 새로운 의미, 새로운 의식으로 해석해내는 일은 오늘날의 디지털정보사회에서도 철학 내지 인문학이 해야 할 고유한 역할이기 때문이다. 수백 년 동안 불변의 명제로서 주역을 담당한 시간공간이라는 철학적 범주들도 이 디지털사회에서는 세계통신, 원격회의, 전자문서교환, 전자상거래 등으로 판을 바꾸어 정보고속도로를 마련했다. 문화적으로도 지역사회의 전통문화 내지 지역문화 대신에 세계문화가 등장하여 단숨에 전자정보사회의 감성적 인간생활양식을 새로운 디지털문화로 확 바꿔버리고 만다.

이런 디지털정보사회에서 우리는 진정한 나 자신을 유지할 수가 없다. 기술적 익명성으로 인해 자기 자신의 존엄성도 망각하고, 자신의 존재마저도 인식하지 못한다. 끝내는 자기 자신마저도 상실하고 만다. 정보라는 것이 처음부터 인성과 소통을 바탕으로 하는 과학이어야 했음에도 불구하고 살아 있는 생명을 본성 그대로 용납하지 않았다. 참된 것은 자기기만을 정당화하는 획일성의 정보기술이 아니라, 인성을 인성 그대로 살아남게 하는 인간의 본래성에서 이루어지는 것인데 그렇지 못했다면 철학의 자기반성은 필수적이다.

그러나 오늘날 디지털정보사회가 정보기술만을 전 방위에다 내세움으로써 철학의 운신 폭도 점점 사라지게 됐고, 마침내 철학의 위기, 인문학의 위기가 도래하게 됐다. 엄밀한 의미에서 철학 자체나 인문학이 스스로 위기에 처할 수 있는 학문은 아니다. 특히 철학은 본질상 외적 대상을 목적으로 삼지 않고 철학 자체의 내적 근원성을 목적으로 삼아왔기 때문이다. 그러나 오늘날 디지털정보사회가 철학으로 하여금 사유할 수 있는 여지를 용납하지 않고 자기반성마저 하지 못하도록 프로그래밍사회로 치닫게 하고 있다. 오히려 3차원의 인공지능가상현실이 사람과 사물의 실재세계를 입체적 영상그래픽으로 완벽하게 그려낼 수 있고, 그런 공간이 인간의 삶을 가상적 현실로 더욱 몰아넣고 있다.

이럴수록 인간존재의 혼란은 더욱 커지게 되나, 보다 심각한 문제는 그런 가상의 공간 확대로 인해 인간 자신의 정체성과 자기반성의 영역이 사라지고 있음을 우리 스스로도 의식하지 못하게 된다는 사실이다. 그러나 제아무리 완벽한 가상공간의 시스템 속에서라도 철학이 비판적 자기성찰과 자기반성을 통해 금단의 것까지를 사유할 수 있을 때 인간의 삶 전체를 위한 새로운 길이 열리게 된다. 문학은 인간의 상상력과 미적 정서를 가다듬어야 하고, 역사는 우리의 아픈 흔적을 역사의식으로 승화시켜야 하며, 철학은 인간의 심연을 드러내주는 무(無)를 새로 응시해야 한다. 그리고 문화는 인간의 삶과 죽음을 그 이면에서 발굴하고 채굴하는 인문학적 자기

성찰을 통하여 정보사회의 한계를 극복토록 해야 한다. 왜냐하면 아무리 완벽한 디지털정보라고 해도 정보 자체가 과학이고 기술인 한, 그 자체로서는 어떠한 것도 사유할 수가 없기 때문이다.

이런 디지털정보사회가 우리의 삶과 함께 인문학으로서 철학적 내용을 수용할 때 문화비판에서는 사람이 어떤 사회현상이나 문화현상에서 위기의식을 가지게 되는가를 되묻게 된다. 이런 위기위식을 통해서 우리는 우리 자신의 본래적 모습으로 되돌아갈 수 있고, 따라서 새로운 시작도 할 수 있다. 문화비판이란 처음부터 "인간정신의 핵심적 동인"[14]이었고, 이것이 곧 인문학적 사유의 바탕이 되었었다. 산업사회에서는 기계와 자본이 인간의 삶을 좌지우지했지만, 이제 디지털정보사회에서는 가상과 정보가 사람과 세계 전체를 좌지우지하고 있다. 우리가 자본과 기계노동의 개념에서 착취와 소외의 내용을 직시할 수 있었던 것처럼 기술과 정보사회의 개념에서 가상과 허구의 내용을 분석해냄으로써 정보가 곧 자본이고 권력임을 인문학으로서의 철학적 사유에서 그 전후의 관계와 함께 심층적으로 짚어내야 한다.

---

14 Th.W. Adorno: *Kritik, Kleine Schriften zur Gesellschaft*, 2.Aufl. Frankfurt(M) 1973. S.12f.

3. 인문학으로서 철학적 가치세계는 어떠한가

1) 경영학과 인문학

기업경영이란 그 규모와는 관계없이 한 사회에서나 한 국가에서 큰 역할을 담당한다. 기업들의 호황이 곧 국가경영의 융성으로 이어지기 때문이다. 90년대까지만 해도 우리사회에서 경영학은 대단한 인기였으나, 지금은 상황이 많이 달라졌다. 기업 자체의 능력개발과 해외트렌드의 연구성과로 마케팅교수들의 조언이 이전처럼 그렇게 다급하지 않게 됐기 때문이다. 오히려 그 자리에 인문학이 들어서서 부분적이기는 하지만, 나름대로 인기를 얻어 동네인문학으로까지 번져 호황인 것처럼 보인다.

원래 인문학이란 무력한 학문이 아닌가! 그런데 어떻게 인문학이 새로운 우리 사회의 관심을 받게 됐을까? 그것은 우리의 의식변화와 사회변화와도 무관하지 않다. 물론 큰 틀에서는 세계의 정치, 경제, 환경이 바뀌게 된 것도 원인이라 여겨진다. 격동의 반세기 동안 우리나라의 산업화과정과 민주화과정이 우리 자신들을 굴곡의 도가니 속으로 밀어 넣기도 했지만, 그러한 와중에 한국의 경제발전이 우리의 정치의식과 사회의식을 세계인의 의식수준으로까지 한층 더 고양시키기도 했다. 따라서 과학기술입국이라는 산업화와 민주사회건설이라는 자유화의 요구에서 시민들과 대기업의 최고경영자들마저 우리의 정치의식과 사회의식 그 이면을 주시하게 됐다.

여기에는 기업경영에서 보지 못했던 새로운 스타일의 인간 삶의 기운들이 있었고, 마침내 한류라는 문화군들과 함께 무력하기만 하던 인문학이 산업화에서나 민주화에서는 보지 못했던 상상력을 가지고서 새로운 우리 시대의 삶의 내면성을 되돌아보게 했다. 산업화를 가능케 한 과학기술도 민주화를 이룩하게 한 정치의식도 우리 스스로를 내적 성찰이나 반성보다는 외적 성과와 과시에 몰두케 함으로써 참다운 우리 자신들의 인간성 실현에는 눈 돌릴 겨를이 없었다. 산업화는 우리를 앞만 보고 달리게 했고, 민주화는 우리 자신을 되돌아보지 못하게 했다.

다행히 이제 우리는 GDP 2만 불을 넘겨 3만 불 시대를 내다보게 됐다[15]고 하나, 본래의 우리 자신은 점점 찾아볼 수 없게 되어가고 있다. 사람 없는 GDP는 무의미하고 자기 삶이 없는 인문학은 무용지물이다. 인문학은 산업화로 경직된 우리의 사유와 새로운 인간 삶의 진폭을 상상력으로 넓히는 데 일조를 해야 한다. 그렇다고 지금 당장 냉혹한 이 현실을 인문학적 상상력에만 맡길 수는 없다. 궁하면 통한다는 속담과 같이 스티브 잡스는 인문학과 과학기술을 통섭하여 기술의 맹목적 한계를 극복코자 했다. 그는 성공했고 세상은 바뀌고 있다. 원 터치로 새로운 세계가 열리게 된 것이다. 어찌이 한 사람뿐이라고만 하겠는가! 이로써 우리는 물론이고 세계의

---

15 조선일보: 「남북 하나될 때 동아시아번영의 미래가 열린다」, 2014.1.14. 1면.

이목들이 무력하기만 하던 인문학에 눈을 돌리기 시작했다. 그렇다고 인문학이나 고전문학 혹은 예술에 대한 열풍이 오직 인문학적 본질에 대한 물음과 해답 때문만은 아니다.

오히려 기업경영의 당면과제를 해결하기 위한 돌파구로서 지금까지의 득물(得物) 대신에 득인(得人), 즉 득심(得心)을 인문학적 혜안과 지혜로 수용하고자 한 것이 새로운 세상을 열게 했다. 인문학적 상상력은 하나의 가능성을 다양한 현실로 바꾸게 할 수 있고, 다양한 현실을 사람됨의 가치로 바꾸게 할 수 있다. 그렇다면 현실학문의 본보기로서 경영학이란 무엇이고, 본질적으로 인문학과는 어떻게 다른가? 학적으로 경영학을 규정하기란 간단하지가 않다. 그러나 사전적 의미의 경영학은 통상 세 가지의 범주를 벗어나지 않는다.

첫째 기업의 형태와 구조 그리고 존립조건 등을 이론적으로 해명하고 현실적인 당면문제를 해결하기 위한 방법을 연구하고 개발하는 학문이다. 둘째 일정한 시설을 기초로 하여 통일적인 의사에 따라 활동하는 조직체의 구조와 행동원리를 연구하는 사회과학의 한 분야로서 기업이나 관청, 학교나 교회, 노동조합이나 군대 등의 조직체 일반을 연구한다. 그리고 끝으로 셋째 자연과학과 같은 대상학문으로서 의학이나 법학, 교육학이나 사회학 등과 같은 학문이다. 이러한 내용에서도 우리가 주시해야 할 것은 모든 대상학문이 첫째 현실의 당면문제를 다룬다는 사실이고, 둘째 특히 경영학 등은 사회과학의 한 분야라는 사실이며, 그리고 셋째 자기반성적 학문이라기보다는 외적 대상을 연구하는 학문이라는 사실이다. 경영학은 물심(物心)을 가지고 인사, 회계, 정보, 조직관리, 마케팅 등을 통해 재화획득을 제1목표로 하나, 궁극적으로는 득심(得心)하여 사회발전에 기여토록 하는 학문이어야 한다.

반면에 인문학은 물심보다는 처음부터 인심(人心)을 우선으로 하기 때문에 득물보다는 득심을 앞세워 시나 소설 혹은 역사 등을 통해 자기반성이나 자기성찰을 제1목표로 한다. 그러나 궁극적으로는 본연의 사람으로 되게 하는 학문이다. 인문학은 인(人)에 관한 학문으로서 인문학의 중심에는 사람됨이 있고, 사람됨의 중심에는 자유함이 있다. 자유함은 인간으로 하여금 자기의식으로서 본래성을 갖도록 한다. 따라서 인문과학이라고 하지 않고 인문학이라고 한 것은 인간의 내면성을 다루는 학문이기 때문이다. 현실적으로 보면 '인문학적' 상상력이라는 말은 무난해도 '인문과학적' 상상력은 인문학적 본성에도 맞지 않고 자유의식에도 어긋난다.

이와 연관해서 도대체 인문학을 가능케 하는 인간이란 무엇이고, 인간에게 운명은 있는가? 아니, 나라에는 국운이라도 있는 것인가? 있다면 어떻게 알 수 있는가? 때로는 원방각(圓方角)이라는 이름으로, 때로는 하늘에 있는 오경명성(五庚明星)이라는 별자리로 한국의 국운을 예측하기도 했다. 이렇게 상상의 날개를 펴도 인문학은 그것을 때때로 용납하기도 한다. 왜냐하면 인문학은 사람의 생각을 한정 없이 펼쳐나갈 수 있도록 허용하는 학문, 때로는 사람의 생각을 바꾸는 가치의 학문이기 때문이다. 그래서 인문학에는 상상력이 필수적이다.

2) 현실의 가치체계와 인문학

아무리 디지털정보사회라고 해도 피해갈 수 없는 세계는 현실적 가치의 세계이다. 설령 지금의 현실적 가치세계가 가상의 세계라고 해도 가상으로서 현실인 한 그럴 수밖에 없다. 인간 삶의 의식주가 바로 이 현실적 가치세계에 속한다. 현실적 가치세계가 철저하게 사실의 물질적 유용성이 지배하는 경제적인 현장이라면, 철학에서는 오직 참과 거짓을 가리는 인식론의 논리가 통하는 세계이다. 현실적으로 미스월드나 미스코리아 선발에서도 진만이 제일의 왕관을 쓰고 선이나 미는 그 다음 순위로 밀린다. 이것이 현실적 가치세계의 전형이다.

그러나 사람이 살아가는 데는 참과 거짓을 가리는 현실적 가치세계만이 중요한 것이 아니라, 선과 악을 가려야 하는 윤리도덕도 중요하다. 어떻게 하면 사람이 사람답게 살아갈 수 있고 살아가야 하며, 행복이란 무엇이고 선이란 무엇이며, 덕이란 무엇인가를 되물을 때 사람됨의 가치, 즉 인간의 인륜적 가치가 두드러지게 된다. 사람이 100년을 살았다는 생존의 사실이 자랑스러운 것이 아니라 1년을 사람답게 살았다는 삶의 가치가 더욱 자랑스러운 것이다. 이것이 참다운 미덕으로서 현실의 경제적 실재가치보다 더욱 가치 있는 인간 삶의 윤리적 가치가 된다.

윤리적 가치가 바로 사람을 사람답게 살게 하는 도리라면, 소크라테스가 배부른 돼지보다 배고픈 사람이기를 바라고, 만족하는 바보보다는 만족하지 못하는 사람이기를 바란 것도 사람의 윤리적 가치 때문이었다. 그렇다고 윤리적 가치(善)가 인문학적 자기의식의 사람들을 다 대변하는 것은 아니다. 왜냐하면 사실의 경제적 가치와 인간의 윤리적 가치세계를 넘어서는 또 다른 가치의 세계가 있기 때문이다. 그 가치의 세계가 바로 심미적 가치의 세계이다. 심미적 가치란 현실적으로 보면 무력하기만 하고, 그 순위로 봐서도 진선미의 가장 뒷자리로 밀려나 있는 가치이다.

그러나 인생 전체에서 되돌아보면, 즉 미래의 사람됨에서 보면 심미적 세계가 오히려 가장 앞자리에 서게 된다. 그 이유는 미(美)가 지고의 열린 세계이기 때문이다. 진정한 승리는 정복자에게 있는 것이 아니라 패배자의 마음 가운데 있다고 한 것이나 전쟁에서는 승리가 시급하나 병사들의 용기가 우선이고, 상가에서는 예법을 갖추어야 하나 슬픔에 동참하는 일이 우선이며, 학문함에서도 앎(知)이 중요하나 행함(行)이 우선(묵자)[16]이라 한 것도 심미의 영역에 해당하는 범례들이다. 인간 삶의 현실적 가치체계로서는 경제적 가치

---

16 묵자: 「修身篇」. 김학주 역. 서울: 세계사상전집. 한비자, 순자, 묵자. 서울: 삼성출판사, 1977. 355쪽.

와 윤리적 가치, 그리고 미적 가치로 정형화되나, 철학적 가치체계로서는 그 역으로 미적 가치가 가장 우선하고, 다음이 윤리적 가치이고, 마지막이 경제적 가치의 순위로 된다.

특히 인문학적 자기반성을 하는 사람들도 자기존재를 떠나 있지 않는 한, 현실에 입각해서 생각하고 판단하여 행동해야 한다. 그렇다고 현실에 집착해서는 안 된다. 왜냐하면 현실이란 지금과 여기를 말하고, 지금과 여기는 엄밀하게 보면 어디에도 존재하지 않기 때문이다. 지금이라고 하면 그 지금은 이미 지금이 아닌 지난 과거가 되고, 여기 역시 나에게는 여기이나 상대방에게는 저기가 된다. 따라서 우리가 경제적 가치의 현실성에서, 혹은 윤리적 가치의 당위성에서 살아야 하지만, 인간존재 자체를 지향하는 근원성에서는 인간본래의 미래를 상징과 묵시로 표현하는 심미적 가치의 본연성에서 살아야 한다. 왜냐하면 미적 가치세계를 만들어가는 사람들은 현실의 유용성이나 규범의 당위성을 넘어서 새로운 자유함의 가치세계를 열어가는 사람들이기 때문이다.

참으로 인문학적 자기의식의 사람들은 미래의 세계를 인간본래성의 자유함에서 구가하지만, 현실적으로 미래의 세계란 지금 당장에는 어디에도 없다. 그렇다고 무가 아니다. 무명천지지시(無名天地之始)가 아닌가![17] 무례한 사람들에게는 무로 보인다고 해서 어찌

---

17 노자: 『도덕경』. 임수무 역해. 대구: 계명대학교출판부, 2001. 9쪽.

내일이, 아니 미래가 존재하지 않는다고 할 수 있고, 내일과 미래가 없다고 할 수 있겠는가! 참으로 미래의 열린 세계란 허망한 꿈이나 환상으로만 존재하는 가상의 세계가 아니다. 그것은 곧 인문학적 자기의식의 사람들에게는 현실로 다가올, 그러나 아직은 다가와 있지 않는 새로운 현실의 자유세계이다. 오직 각(覺)하는 사람들에게만 새로운 자유함의 세계가 현실로 다가온다.

그러므로 인문학적 사유는 자기 스스로를 심미적 새로움으로 거듭나게 해서 사람됨의 가치와 자유의식의 가치를 깨우치게 한다. 의식이란 자신을 깨닫는 사람에게만 있고 깨닫지 못하는 사람에게는 없다. 세상의 어느 누가 보이는 것만 있고 보이지 않는 것은 없다고 할 수 있는가! 눈에 보이는 것은 바로 그것뿐이지만, 보이지 않는 것은 너무나 커서 무로 보일 뿐이다. 지식은 손에 잡히나, 지혜는 손을 떠나 마음속에 내재한다. 순결은 존재하는 것이 아니라 생성하는 것이다. 이를 직시할 수 있는 사람들은 자기의식의 사람들이고, 인문학적 상상력의 사람들이다. 왜냐하면 이들만이 자기 밖의 세계와 자기 안의 세계, 그리고 그런 세계들의 근원을 모두 열어가는 목적 자체를 의식하는 사람들이기 때문이다.

그럼에도 불구하고 이들 자신들도 현실적으로 경제적 가치의 세계에서는 타의로써 살아야 하고, 윤리적 가치의 세계에서는 자의로써 살아야 하지만, 타의의 것도 사라져가고 자의의 것도 사라져갈 것이 분명하다면, 본연 그대로의 본의가 이들을 이들로서, 즉 사람을 사람답게, 삶을 삶답게 자유로 살게 하는 것이다. 본연 그대로의 세상은 생성의 결백성으로서 꾸밈이 없는 세상이고, 진선미가 하나로 통하는 자유함의 세상이다. 이를 바로 직시할 수 있는 사람들이 인문학적 자기의식의 사람들이다. 근원을 사유할 수 있는 사람만이 참 현실을 직시할 수 있고, 참 현실을 직시할 수 있는 사람들이 바로 인문학적 휴먼들이다.

3) 성과 인간성 해방, 그리고 자기의식

인문학적 휴먼들에게도 성은 성으로서 다가와 있다. 더구나 디지털정보사회에서 성의 영향력은 너무나 지대하다. 도대체 성(性)이란 무엇이고, 순결이란 무엇이며, 이제 성을 아우성이라고 함은 무엇을 말하는가? 성과 성교육은 현재 우리 사회의 한 담론이 된 지 오래다.[18] 성이란 성욕의 준말이고, 성욕이란 암컷과 수컷이 서로 결합하고자 하는 자연적인 욕망을 말한다. 그 결과는 새로운 생명을 잉태케 하고, 그 종을 번식토록 한다. 그러나 '장미여관'에서나 '아우성'에서의 성행위 혹은 포르노적 섹스라고 하면, 그 윤리적 본질성을 떠나게 되는 것처럼 보이기도 한다. 한편에서는 무차별적인 성행위나 난잡한 포르노 등으로 인해 오늘날을 구제 받을 수 없는 말세라고 주장한다. 다른 한편에서는 마광수 교수처럼 그러한 것들

---

18 김영필, 이강화: 『철학과 삶』, 서울: 학문사, 1996, 153쪽 이하: "성과 철학: 성의 개념 및 흐름, 철학에서의 성, 여성학에서의 성."

이 아주 자연적인 것인데 섹스를 좀 즐긴다고 해서 어떠냐고 한다. 성행위라는 것이 터놓고 보면 아무것도 아닌데 뭐가 그렇게 대단한 것이라고 큰 비밀처럼, 그것도 엄숙하게 안방에서만 치러야 하는가 하고도 강변한다.

어디 이뿐인가? 한편에서는 정조를 지켜야 한다고 하고, 다른 한편에서는 이 시대에 정조는 무슨 정조냐 라면서 구닥다리의 관념을 집어치우라고 윽박지르기도 한다. 과연 이 디지털사회에서도 정조란 무엇인가 하는 물음이 가능할까? 어떻든 생물학적 의미에서 정조란 이성관계에 있어서 육체적 또는 정신적으로 순결을 보전하는 일을 말한다. 깨끗한 절개를 말하기도 한다. 한마디로는 '순결'을 의미한다. 한 방송사에서 어느 대학의 여학생들에게 순결에 대한 설문조사를 했다. 그 결과 A군의 여학생들은 남친(남자친구)과의 관계에서 지금까지 사랑을 위해 정조를 지켰기 때문에 떳떳하다고 했고, B군의 여학생들은 정조보다는 사랑이 우선이기 때문에 정조 대신으로 사랑을 얻게 되어 떳떳하다고 했다. 앞의 학생들은 육체적 순결을 지목했고, 뒤의 학생들은 정신적 순결을 지목했을 것이다. 앞의 학생들은 부모까지를 의식했다면, 뒤의 학생들은 자신만을 의식했다고도 할 수 있다. 세상이 많이 달라졌다고는 하지만 아직도 이 양자의 앞에 서서 고민하지 않는 젊은이들이 과연 많기만 할까? 사랑을 따르자니 순결이 문제가 되고, 순결을 따르자니 사랑이 문제가 되니 말이다. 남성에게도 마찬가지다.

'겨울여자'의 주인공 이화는 몇 번의 결혼을 거듭하면서도 늘 자신의 순결을 주장하고 나선다. 물론 여기서는 육체적 순결을 의미하지 않고, 정신적 순결을 의미한다. 육체적 순결이 한순간에 그친다면, 정신적 순결은 그 영속성에서 늘 새로워지는데 그 의미가 있다. 어찌 이런 경우가 한 소설이나 영화에서만 가능하겠는가! 실제로 우리 사회의 유명한 여배우였던 김모씨 역시 홍성기 씨가 첫째 남편이었고, 둘째는 최무룡 씨였으며, 셋째는 나훈아 씨였고, 넷째는 이종구 씨였다. 참으로 첫날밤을 함께 지냈다고 해서 자신의 처가 이제 더 이상 순결하지 않다고 하는 남편은 어디에도 없을 것이다. 그렇다고 정신적 순결만을 목숨처럼 지키고 육체적 순결은 그냥 아무렇게나 팽개쳐도 된다고 할 수는 없다. 참으로 내팽개친 육체 앞에 온전한 정신이 어디 있겠는가!

그럼에도 불구하고 순간적인 감정에서가 아니라 분명하고 확실한 자기의식에서 이루어진 성행위일 때 그것이 육체적이든 정신적이든 인생 전체를 걸 정도로 그렇게 중요하지는 않게 된다. 참으로 성욕 자체라는 것이 인간생명의 원천이고, 문화 창조의 근원이 아니었던가! 세상에 인군(人君)치고 조선 초의 태조나 세종대왕처럼 왕자만을 수십 명씩이나 둔 경우는 그리 흔치 않았다. 그 자체로만 보면 세종대왕이야말로 성욕으로만 가득 채운 왕이라고 할 수 있을는지도 모른다. 그러나 그를 대왕이라 하고 성왕(聖王)이라고 함은 백성을 위한 그의 많은 치적과 함께 우리 모두의 보편적 가치로서

훈민정음을 제정하여 공포했기 때문이다.

그것이 바로 세종대왕의 분명한 자기의식이다. 그로 인해 우리 민족에게는 물론이고 세계전체에서도 찾아보기 드문 위대한 한글이 창제됨으로써 우리 모두의 정신적 정체성을 찾게 했다면, 그는 단순한 성욕과 무관한 성군(聖君)임이 분명하다. 참으로 순결이란 존재하는 것이 아니다. 그렇기 때문에 소유할 수가 없다. 소유할 수가 없으니 잃어버릴 수도 없다. 순결은 존재하는 것이 아니고, 샘물처럼 언제나 새로 솟아나는 생성이라 함이 맞다. 생성 자체의 결백성은 언제나 참이다.

따라서 아무리 난잡한 성욕이라도 분명한 자기의식에서 이루어 졌을 때, 그것은 단순하고 무모한 성행위가 아니고 성애(性愛)이며 사랑이다.[19] 성치고 난잡하지 않은 성이 어디 있고 성치고 난잡하기만 한 성이 어디 있는가! 성이 난잡하다 난잡하지 않다는 것은, 아니 순결하다 순결하지 않다는 것은 반성적 인간 삶의 본래적 가치에 대한 자기의식에서 결정되는 것이다. 이러한 자기의식은 그것이 육체적 순결이든 정신적 순결이든 어떠한 순결이든지 간에 무모한 성에서 '스스로'를 해방케 하고, 마침내 남녀의 정조가 아닌 Suttee 로부터의 해방이나 '인간성 해방'까지를 가능케 한다. 이를 가능케 하는 것은 경제적인 재력이나 정치적 권력이, 나아가 만능의 정보

---

19 문성학: 『철학, 삶 그리고 윤리』. 서울: 형설출판사, 1996. "삶에 있어서 성과 결혼의 의미".

가 아니라 인간 본래의 인문학적 사유능력이다.

4. 디지털정보사회에서도 대학은 대학이어야 한다

1) 대학과 '큰 배움'

대학이란 학교교육기관 중에서도 마지막 최고급단계의 학교라는 의미에서 고등교육기관이다. 우리의 문교법전에는 대학이 "국가와 인류사회발전에 필요한 학술의 심오한 이론과 그 광범하고 정치한 응용방법을 교수연구하며, 지도적 인격을 도야하는 것을 목적으로 하는 최고급의 학교"[20]라고 정의돼 있다. 우리는 초등학교와 중등학교를 거쳐 고등교육을 받기 위해 대학교에 진학한다. 그러나 대학에서의 교육 역시 초등교육과 중등교육에서와 마찬가지로 지식의 확대에만 몰두하고, 급기야는 대학의 취업률을 대학교육의 목적으로 삼는다.

대학에는 자연과 사회와 같은 여러 영역의 학문분야가 있고, 그 중 인문이나 예체능의 학문은 본성상으로나 구조상으로 취업만을 목적으로 할 수 있는 학문이 아니다. 이들 전공자들이 모두는 아니더라도 창조적 소수자로 살아가기를 원하는데 모든 전공영역을 싸

---

20 이희승: 국어대사전. 서울: 민중서림. 1995. 893쪽.

잡아 일괄적으로 취업률 통계를 내니 불공평은 말할 것도 없고 평가마저 질보다는 양으로만 기울게 됐다. 그래서 사람들은 예체능이나 인문학으로부터는 더욱 멀어져가게 됐다. 이 차제에 우리는 다시 한 번 이 정보사회에서도 대학이란 무엇이고, 무엇이어야 하며, 대학의 의미가 무엇인가를 되물어볼 필요가 있다.[21]

사회적 환경은 바뀌었어도 우리는 초등교육과정에서 국어, 산수, 과학 등을 통해 객관적 사실에 대한 원리원칙으로서 문자와 숫자 등을 배우고 있다. 국어시간에는 '푸른 하늘, 태극기'를 배웠고, 수학시간에는 덧셈, 뺄셈 등을 배웠으며, 그리고 자연시간에는 '욕탕에 들어가면 물의 부력(浮力) 때문에 몸이 뜬다'는 사실 등을 우리는 학교에서 배웠다. 그리고 중등교육에서는 이것들의 응용원리를 배워 한 상자 속의 사과가 가로 3개씩과 세로 3개씩 그리고 3층으로 채워져 있다면, 3의 3승은 27이라 스물일곱 개임을 곧바로 알 수 있었다.

이처럼 사람이 한 사회의 구성원으로서 기본적으로 살아갈 수 있는 사실의 원리원칙과 사회적 합의내용을 배웠다. 그러나 우리 삶의 현실로 돌아와 보면 1+1은 언제나 2만이 아니고, 욕탕 속의 몸이 부력(浮力) 때문에 뜬다는 말도 정답이 아니다. 왜냐하면 현실적으로 1+1은 '사랑'이 되기도 하고, '부력 때문에 뜬다'는 말도 풀어서

21   김옥환: 『대학론. 대학의 이념론』. 서울: 교육과학사, 1994: "대학이념과 대학관"; K. Jaspers u. K. Rossmann: *Die Idee der Universität für die gegenwärtige Situation*. Berlin 1961.

보면 '뜨는 힘 때문에 뜬다'는 말밖에 되지 않기 때문입니다. 그래서 어느 여중생의 '행복은 성적순이 아니잖아요' 하는 말이 맞다. 때로 우리는 숫자를 문자로 읽어야 하고, 문자는 사람으로 이해해야 한다는 사실을 다시 한 번 수용하게 된다.

이로써 초등교육을 '작은 배움'이라 하여 소학(小學)이라 했고, 중등교육을 '중간 배움'이라 하여 중학(中學)이라 했음도 단순한 우연만은 아니다. 그래서 대학을 단지 최고급의 학교라고만 이해하는 것은 대학의 인문학적 본뜻을 왜곡하고 마는 결과가 된다. 하기야 현실적으로 오늘날 우리 대학들이 한 날을 살기 위한 첨단과학의 지식습득만을 강요하는 교육을 하고 있는 이상 무슨 고등교육이라 할 수 있겠는가! 이에 대학은 처음부터 '큰 배움(大學)'이었음을 우리는 다시 한 번 상기할 필요가 있다. 큰 배움이란 무엇인가? 큰 배움이란 객관적 지식에 대한 자기성찰로서 작은 배움과 중간 배움을 다 함께 가지면서도 그런 배움들이 '아니'라고 부정할 수 있는 사유 능력을 말하고, 원뿔을 꼭짓점으로 세워도 그 스스로가 홀로 서는 독자적인 능력을 생각해내도록 해야 하는 교육을 말한다. 따라서 큰 배움은 자기를 떠나 자신의 심주(心柱)를 세워나가는 능력이다. 이런 능력은 대상에 대한 외관으로부터 나오는 것이 아니라, 인문학적 자기성찰에서 나오는 내적 힘이기 때문에 눈에는 보이지 않는 것도 보는 능력을 말한다.

이는 눈에 보이는 유한한 상품수출보다는 눈에 보이지 않는 우리의 맛이나 멋 혹은 참선 등의 무한정한 정신과 그런 문화의 수출이 참 사람을 위한 것임을 말해준다. 왜냐하면 상품은 그 자체가 물적인 것으로서 유한하여 이미 한계를 가지나, 맛이나 멋 혹은 참선 등의 정신문화는 무한하여 쓰면 쓸수록, 아니 내보내면 내보낼수록 더욱 심오하고 깊어지기 때문이다. 이에 '큰 배움(大學)'은 지식을 버리고, 그 능력만을 가지기를 권한다. 이로써 대학도 살아서 돌아가는 팽이처럼 생동해야 한다. 정지하면 넘어지나 긴장하면 살고, 나태하면 죽는다.[22]

오늘날 우리 대학들이 그 수와 양 때문에 경멸받는 것이 아니라 태만하고 나태하기 때문에 경멸받는다. 나태하지 않고 태만하지 않기 위해 대학은 수단으로서 살아남을 것이 아니라, 극과 극의 긴장을 꼭짓점으로 가지고 순간마다 새롭게 서서 가야 한다. 이의 실현은 이제 대학 안에서만 가능한 것도 아니고, 대학 밖에서만 가능한 것도 아니다. 왜냐하면 큰 배움이란 대학 안팎의 어디에도, 그리고 누구에게나 다 열려 있기 때문이다. 교수들에게도 있고 학생들에게도 있으며, 늙은이에게도 있고 젊은이에게도 있다. 모든 사람들에게 다 열려 있다. 이렇게 큰 배움으로서의 대학이 이젠 어디서나 열려 있어 모든 사람들을 다 자유할 수 있도록 한다. 다만 스스로의 큰 배움을 각(覺)하는 사람만이 긴장을 꼭짓점으로 가지는 사람들

22 김옥환: 상게서. 122-130쪽: "대학의 발전과 가치수립의 위상".

이고, 그들만이 이 디지털사회에서도 아직 오지 않은 내일의 사람들이 될 수 있다.

2) 인간교육과 디지털정보교육

오늘날 지식정보사회에서 디지털교육은 우리의 전통교육과는 차원을 달리한다. 서당교육이 주입식교육이었고 암기식교육이었다면, 학교교육은 강단식교육이고 토론식교육이기 때문에 비판교육이기도 했다. 그러나 지금의 디지털정보교육은 가상교육이고 영상교육이다. 서당교육에서는 소학과 대학 혹은 사기와 사서삼경 등을 비롯한 경전들이 교육의 내용을 이루었고, 훈장의 일방적 권위주의교육과 타율성교육으로 이루어졌다. 따라서 학생들의 논리적 사고력이나 반성적 사고력은 물론이고 비판적이고 인문학적 상상력이 용납되지 않았다. 암기식교육이 통용되고 주입식교육이 강행되어 교사와 학생의 관계는 물론이고 학생과 학생의 관계 역시 쌍방적 관계가 아니라 일방적 관계로 이루어지게 됐다.

여기에서는 비판의 가능성은 물론이고 토론의 격마저 용납되지 않아 서로가 대화하고 소통할 수 있는 기회마저 사실상 어려웠다. 그런데 어떻게 과학교육이 가능하고 토론교육이 가능하며, 더욱이 비판교육이 가능하겠느냐고 되물을 수가 있었다. 그래서 그 자리에 학교교육이 들어서서 서당교육을 대신하게 됐다. 그럼에도 불구하고 서당교육에서는 학생들로 하여금 경전들을 암송케 하나 깨우치도록 하여 사람이 사람됨의 도리를 다하도록 했다는 사실은 눈여겨봐야 할 일이다. 특히 서당교육의 성과는 학생의 능력에 따라 수업의 차이를 인정하고, 그 교육내용을 조정하여 개별교육을 가능케 한 것과 교육내용을 계절에 따라 수업하게 한 것은 인성적인 측면에서 전통교육의 백미라 할 수 있고, 학생들의 능력에 따른 수업진도를 조절한 것도 전통교육의 큰 장점이라고 할 수 있다.

그런데도 불구하고 서당교육의 한 부정적인 측면만을 보고 그 대안으로서 교사와 학생, 학생과 학생이 다 함께 동참하는 수평적 교육의 틀로서 학교교육이 마련됐다. 학교교육의 목적은 한편으로는 개개인의 자기성장을 통하여 자아실현을 목표로 하고, 다른 한편으로는 역사와 문화를 통하여 국가와 사회발전을 목표로 한다. 이 양자를 함께 실현하기 위해서는 개개인의 인륜성과 함께 사회적 공동체의식이 학교교육의 필수이다. 먼저 인륜성을 위한 학교교육은 교사와 학생, 그리고 주제(교육내용)라는 3주체를 그 구성체로서 가진다. 여기서는 상호간의 대화가 가능하고, 소통으로서 토론이 가능하며, 또한 비판이 가능하다. 서로의 문답을 통한 대화와 소통 그리고 비판이 가능하다[23]는 점에서 토론식교육이 된다. 토론식교육은 학생들에게는 학문하는 방법을 터득하게 하고 교수에게는 학생들의 참신한 발상을, 즉 인문학적 상상력을 재음미케 함으로써 학문

---

23 O.F. Bollnow: 『진리의 양면성: 인식의 철학 II』, 백승균 옮김. 서울: 서광사. 1994. 52-70쪽.

의 폭을 확대 심화시킬 수 있다. 뿐만 아니라 학교교육은 교과내용을 생활세계의 이면에서 다양하게 실천가능토록 한다. 이로써 토론식교육을 위한 학교교육은 단순한 지적-논리적 관계를 가능케 하는 교육이 아니라, 사회적 실천성을 가능케 하고 그만큼의 성과를 내기도 했다.

또한 공동체의식을 위한 학교교육은 어떤 한 결과에 집착하지 않고 오히려 결과에 이르도록 하는 사회적 인간화과정을 목적으로 한다. 이 또한 인간 삶을 위한 상상력을 필요로 하는 것은 그렇지 않고서는 사람들의 사회적 공감대를 형성할 수 있는 인문학적 가치를 마련할 수가 없기 때문이다. 즉 자기 스스로를 탈바꿈하여 사회적 공동체의 삶을 실천하여 나가는 데 중추적 역할을 할 수 있어야 한다는 말이다. 따라서 사회과학도 인간의 사회적 공동체의식을 체계적이고 분석적인 사유로서만이 아니라, 오히려 그런 사유를 지양할 수 있는 사회적 총체성에 대한 인문학적 사유를 필요로 해야 한다. 사람은 자기 스스로가 한 사회에 속해 있기 때문에 사회 밖에서 사회를 인식할 수 있는 것이 아니라, 자신이 속해 있는 사회 안에서 사회를 인식할 수밖에 없다. 이는 인간의 사회적 삶도 사회적 총체성에서 인식된다는 말이다. 총체성의 인식이란 인문학적 구상의 통합능력으로서 인간의 본래적 의미를 실현하자는 것이지 주관적으로 설명하자는 것은 아니다.

훈장으로부터 학생들에게로 이어지는 서당교육이 일방의 타율적 암기교육으로서 1차원적 교육방식이라면, 학생과 학생 간의 토론으로 맺어지는 학교교육은 쌍방의 자율적 토론교육으로서 2차원적 교육방식이고, 이제 디지털공간에서 이루어지는 가상교육은 전방위의 인공적 영상교육으로서 다차원적 교육방식이다. 그러나 여기에는 영상은 있어도 사람은 없다. 그래서 인간성 실현이 시급하다. 각 시대적 교육의 방식은 서로가 달라도 공히 인간존재와의 관계에서 수행됨으로써 교육 자체의 목적은 인간성 실현에 있음을 우리는 알아야 한다. 먼저 서당교육에서는 교사가 중심이 되는 타율성의 교육방식으로서 권위주의적 교육이었지만, 인간성 실현(사람됨)이 궁극적 목적이었고, 학교교육에서는 학생들 스스로가 중심이 되는 자율성의 교육방식으로서 생산적일 수는 있었으나, 다른 한편으로는 낭만주의적 교육이 될 수도 있었다.

하지만 여기서도 궁극적으로는 인간성 실현(건전한 시민)이 궁극적 목적이었다. 반면에 제3의 디지털정보교육에서는 엄격한 의미에서 가상공간 속에 감성적 영상만 있을 뿐 교육의 주체가 없다. 교사도 없고 학생도 없으며, 아예 사람이라고는 아무도 없다. 오직 가상현실로서 디지털영상에서만 가상과 현실이 인간으로서 존재한다. 삶의 공간에서는 가상과 현실이 꿈과 생시로서 있음(존재)과 없음(무)이었으나, 가상공간에서는 있음과 없음이 둘로서가 아니라, 하나로서의 가상현실이 펼쳐진다. 모든 교육이 가상공간에서만 이루어짐으로써 사람의 설자리는 어디에도 없다. 어디에서도 사람은 찾아볼 수가 없다. 사람이 없는데 새로운 매체로서의 디지털영상교육을 통해 인간성을 실현하겠다는 것은 공허한 꿈일 뿐이다.

이로써 가상교육에 대한 단순한 주관성을 떠나 철두철미하게 이해하는 것이 바로 비판의식의 발동이고, 이런 비판의식이 바로 모든 사람들의 공감대를 형성하는, 특히 본래의 인간성 실현을 위한 내적 힘으로서 인문학적 사유이다. 인문학은 인문학적 상상력과 문화적 심층성 등의 내면에서 진리를 찾아 새로운 의미와 가치를 제공하고자 한다. 이를 위해 인문학은 인간의 근원성을 짚어야 하고, 인간의 본래성을 짚어내야 한다.[24] 왜냐하면 오늘날의 디지털정보사회는 참 인간의 근원성로부터 너무나 멀리 떨어져 나와 인간의 본래성마저 상실케 하고 있기 때문이다. 이에 새로운 인문학의 경첩은 먼저 문학적 비극성이나 역사적 고통, 혹은 철학적 금단의 사유까지를, 한편으로는 생명의 근원성으로 되돌려놔야 하고, 다른 한편으로는 심미적 문화의식으로 인간 자신이 승화되도록 해야 한다. 이런 생산성 자체는 고통이나, 고통은 그 자체로 근원적 흔적이고 본래적 내일이기에 환희이다. 이것이 현실의 실천성에서 무력하기만 했던 인문학의 보이지 않는 인간성 실현의 근원적 힘이고 능력이다.

---

24 백승균: 「학습방법과 창의성 교육」, 「창의성교육과 토론학습」, 2007 창의성교육세미나: 대구광역시 교육청. 대구교육대학교. 16쪽.

3) 인문학의 새로운 지평과 인간성 실현

이제 우리는 인간중심의 정보사회를 이룩하기 위해 인문학의 새로운 지평을 짚지 않을 수 없다. 오늘날 디지털영상이 인간의 삶과 의식에, 즉 인문학에 끼치는 영향은 지대하다. 인간 삶이 우리에게는 현실적 영역이고, 인간의식은 이론적 영역이라 할 수 있다. 그러나 이 양자 모두가 영상의 테두리를 벗어날 수 없는 것은 멀티미디어 없이는 오늘 이 현실사회에서 인간 삶이 사실상 불가능하고, 인간의식마저 해체되고 말 것이기 때문이다. 근래까지만 해도 인간의식이란 주체적 반성의식으로서 독자적인 자주권을 행사할 수 있었고 실제적으로 행사해 왔었다.

하지만 오늘날 이 디지털정보사회가 시민사회의 정보통신기반과 글로벌 네트워크로 고도의 정보를 자신이 원하는 대로 얻을 수 있고 처리할 수 있는 사이버공간을 만들어냄으로써 무한한 가능성의 이미지와 가상의 공동체사회를 마련하게 됐다. 그러나 실제로는 우리에게 가상의 현실을 하나 더 만들어냄으로써 우리 자신으로 하여금 가상과 현실을 분별하지 못하게 하고 있다. 더욱이 가상의 공동체사회가 다차원으로 구성된 공간에서 입체적인 영상그래픽으로 형상화됨으로써 인간과 사물의 상호작용이 현실적으로 실재하는 것처럼 새로운 환경이 만들어진다는 사실이 우리를 더욱 당혹하게 한다. 가상공동체라는 새로운 공간이 우리로 하여금 수많은 정보와 지식은 물론이고 실질적 가치를 우리의 일상적 삶에서 경험하고 체험케 함으로써 우리는 새로운 윤리적 체제와 도덕적 가치척도를 마련할 수 있는 비판적 능력과 총체적인 철학적 판단력을 필요로 하게 되었다.

이로써 얼굴(사람) 없는 지식정보사회가 또 한 번 역사이전의 인류역사를 되풀이하게 하거나, 인간과 자연에 대한 기술적 폭력을 휘두르게 해서는 안 된다. 더욱이 기술적 인간의식이 자동화의 세계를 그대로 수용케 하여 우리사회 전체가 총체적 관리사회의 늪에 빠져 무한 테러와 폭력의 전제조건으로 되게 해서도 안 된다. 여기서 인간중심의 디지털정보사회를 이룩하기 위해 먼저 인문학과 디지털영상학의 관계를 짚지 않을 수 없다. 아무리 인문학의 발단이 인간에 의해 창작된 문학과 인간에 의해 일어난 사건 혹은 인간의 사색으로 인해 얻어진 철학에서 비롯됐다고 해도, 자연으로부터 인간의 문화가 만들어진 것처럼 새로운 인문학의 내용을 영상문자의 기호체제에서 만들어낼 수는 없다. 인문학 자체의 위기를 구가하는 사람들은 인문학을 어김없이 디지털영상학의 한 분과로서 처리해 버리고 만다. 그러나 이것은 불가능하다. 왜냐하면 영상학이란 과학기술적 기호체계에서 이루어지는 것이지만, 인문학은 그런 과학기술적 기호체계에 대한 역행에서 비로소 시작하기 때문이다.

참으로 정보와 영상[25]은 놀랄 만한 위력의 수단을 가지고 전체로

---

25 V. Flusser: 『코무니콜로기. 코드를 통해 본 커뮤니케이션의 역사와 이론 및 철학』, 김성재 옮김. 서울: 커뮤니케이션북스. 2006. 288쪽 이하 '담론적 매체'와 304쪽 이하 '대화적 매체'.

서의 세계를 관리하고, 인간마저 그 전체로서 인식하여 교육할 수 있다는 주장을 편다. 그러나 세계 전체를 인식하는 것이 가능하다거나, 인간 전체를 경험하는 것이 가능하여 그와 같은 방식으로 교육시킬 수 있다는 것은 일종의 과학기술의 오만일 뿐이다. 그 이유는 세계 전체나 인간 전체, 혹은 인성 자체란 본래적인 의미에서 인식의 대상도 아니고, 교육의 대상도 아니기 때문이다. 인간 전체나 인성 자체를 인식할 수 있고, 교육할 수 있다는 IT기술의 명제는 근본적으로 수학적 논리성에 근거한다. 수학적 논리성이란 플라톤의 이데아처럼 이상향으로서는 존재하나, 현실적으로는 존재하지 않는다. 완전한 원은 이념으로서는 가능하나, 현실로서는 불가능하다 함과 같다.

그러므로 과학기술의 멀티미디어가 오늘날의 이 지식정보사회를 완벽하게 관리할 수 있다고 해서 인간 내지 인간성 자체를, 더구나 다차원적 가상현실이라고 해서 디지털영상으로만 인간교육을 좌지우지할 수 있다는 것은 전후좌우를 분별치 못하는 영상기술 자체의 허상이다. 왜냐하면 자기 스스로를 성찰하고 반성할 수 있는 능력이 가상현실의 과학기술에는 없기 때문이다. 가상현실에는 과거도 없고 전통도 없으며, 따라서 문화도 없다. 오직 기호와 논리의 체계만 있기 때문에 앞만 보고 달릴 뿐, 인정사정이란 아예 용납하지 않는다. 이들은 독자적으로 존재할 수도 없고 본래적으로 사유할 수도 없다. 오직 부차적인 수단으로서만 존재함으로써 인간에 의존할 수밖에 없고, 인간의식에 의존할 수밖에 없다. 그런데 어찌 그 역으로 인간 자신이 그런 정보나 영상에 의존할 수 있단 말인가!

그럼에도 여전히 가상현실에서 영상기술이 곧 교육이고 인간이라고 우겨댄다면, 그것은 인간의 기쁨과 슬픔, 환희와 고통이 무엇이고, 자기 스스로를 성찰하고 각(覺)하면서 인간존재의 본래성을 회복하고 교육한다는 것이 무엇을 의미하는지 알지 못하는 데서 기인한다. 아무리 완벽한 최첨단의 IT기술로 인간을 생산하여 낸다고 해도, 그것은 기술로 하여금 극한성에서 인간성을 모방한 것이지, 기술 자체가 곧 인간일 수는 없다. 그러나 현실적으로 지금의 텔레마틱 사회에서는 책이나 독서 대신에 네트워크의 영상이나 조작을 통해 인간의 고유한 사유로부터 벗어나게 하고, 영상매체를 통해서는 가상공간에서 공중누각을 세울 수 있게 함으로써 새로운 시대의 사회복지를 새롭게 이룩했노라고 큰소리치고들 있다. 아무리 고함을 쳐도 거기에는 스스로를 묻고 답할 수 있는 능력이 없으며, 더더욱이나 자기 스스로를 되물을 수 있는 능력이란 아예 없다.

참으로 새로운 디지털매체의 출현이 인간의 인식방식이나 교육방식을 바꾸어 놓을 수는 있어도 인간성 자체를 바꿀 수는 없다. 설령 책의 자리에 정보가 들어서고 영상이 들어서도, 아니 독서공간에 가상공간이 들어선다고 해도, 인문학적 인간의 본래적 가치는 사라지지 않는다. 왜냐하면 인문학의 텍스트가 문자나 CD롬 혹은 그 이상의 영상으로 바뀐다고 해도, 본래적 인간의 가치를 실현하는 참 인간성의 학문은 있어야 하기 때문이다. 이로써 인문학은 인간 자신의 가치를 실현해야 하는 지고의 자유하는 존재라고 할 수 있다. 그 이유는 인간존재 자체가 일차적으로는 물적 존재이나 생명을 가진 유기체적 존재이며, 또한 그 이상의 개방적 탈중심성의 존재이기 때문이다. 참으로 인간은 생물학적 자연존재이고, 동시에 타자를 필요로 하는 사회적 존재이며, 그러면서도 또한 모든 현상세계의 대상적 규정성을 넘어서는 자유하는 존재이기도 하다.

따라서 인문학 자체가 자기반성의 근원성이고, 자기역행의 생산성이며, 또한 자기성찰의 인격성이기 때문에 문학을 통하여서는 오히려 인간의 비극을 응시하고자 하고, 역사를 통하여서는 인간의 고통을 감내하여 내일을 다짐하고자 하며, 철학을 통하여서는 인간의 죽음을 근원적으로 사유하여 새로운 삶을 내다보고 또한 교육학을 통하여서는 인간의 인간됨과 자유함의 참된 길을 그 이면에서 발굴케 한다. 지금 우리교육이 전통적 서당교육의 한계를 학교교육으로 극복했다고 자부하나, 교육내용의 궁극적 목적은 가르침을 통한 '인간됨의 가치실현'으로서 사실상 변화된 것이란 아무것도 없다. 오직 서당과 학교, 그리고 가상이라고 하는 교육의 장 혹은 교육의 방식이 바뀌었을 뿐이다.

여기에서도 여전히 중요한 것은 인간성 실현이 본래적 인간존재의 근본 그대로를 인간 스스로가 형성해가는 과정이라는 사실이다.

참으로 인간의 내면세계를 밝히는 인문학 자체가 자기성찰의 근원성이고, 자기역행의 본래성이며, 또한 자기반성의 인격성에 근거한다면, 인문학의 새로운 지평은 매체적 완벽성에서도 아니고 디지털공간에서도 아니며, 또한 어떤 철학적 흐름에서도 주어지는 것이 아니다. 다만 지금까지의 철학이 사변에만 빠져 있었다면, 그런 사변 자체에 역행하는 거기가 바로 인문학의 새로운 지평이 된다. 이것이 과학기술의 사이버공간에 선행하는 생명의 세계와 심미적 세계가 아니고 무엇이겠는가!

5. 인문학과 우리의 미래

본연과 근원을 사유하는 인문학적 자기의식의 사람들에게는 위학일익(爲學日益)보다는 위도일손(爲道日損)이 더욱 중요하다. 그러나 당장의 우리에게는 위학일익이 우선일 것이고, 그것이 인간 삶의 전체라고까지 판단할 수 있다. 따라서 우리는 한평생을 살아가면서 인생전체의 대차대조표를 일단 마련할 필요가 있다. 우리 자신들의 생생한 삶의 참모습을 되돌아보기 위해서이다.

이를 위해서는 매일의 자기성찰이 무엇보다 중요하나, 1년 혹은 3년, 그것이 아니라면 5년마다라도 자기 삶의 손익관계를 되돌아볼 필요가 있다. 만일 그 결과가 익(益)보다는 손(損)이 우리의 삶을 더욱 풍부케 한다고 하면, 무슨 소리냐고 하여 소가 들어도 웃을 일이라고 할지도 모른다. 왜냐하면 배우고 또 배우면 나날이 우리의 지식이 더욱 풍부해져서 이익이 될 것이 확실하기 때문이다. 그런데도 사람이 사람인 이상, 아니 그 이상을 각(覺)하는 사람이라면 위도일손할 것이다. 왜냐하면 그들만이 무가 무엇이냐고 되물을 수 있고, 그 무가 마침내 존재임을 깨달을 수가 있기 때문이다. 그들은 목적 자체를 스스로 실현해 가는 사람들이어서 참 행복한 사람들이고, 인문학적 가치를 창조하는 사람들이며, 그리고 미래의 세계를 자유함에서 열어가는 사람들인가 하면, 미래에서 현재를 선취하는 개방성의 사람들이다. 따라서 그들만은 디지털시대, 지식정보사회에서도 본연으로서 사람의 사람됨과 자유함의 의식을 깨우치게 할 것이다.

이에 따른 보편적 인류공동체를 위한 세계사 전체의 큰 흐름은 평화에로의 길일 것이다. 1) B.C. 20,000년대-B.C. 15,000년대의 동굴벽화시대에서는 '나는 두려워한다, 그러므로 나는 존재한다(timeo ergo sum)'였고, 2) B.C. 4세기경 알렉산더대왕과 시이저 혹은 진시황과 같은 군주가 하늘의 권한을 대행함으로써 '나는 정복한다, 그러므로 나는 존재한다(vinco ergo sum)'였으며, 3) 중세사회로 들어서면서 영적인 가치세계가 등장하여 '나는 신앙한다, 그러므로 나는 존재한다(credo ergo sum)'였고, 4) 르네상스와 종교개혁 그리고 휴머니즘으로 신앙 대신 인간이성(Descartes)이 '나는 생각한다, 그러므로 나는 존재한다(cogito ergo sum)'였다면,[26] 현시대란 역사시대 이후의 탈 역사시대라고 하더라도, 분명한 것은 인간이성보다 인간 삶이 더욱 현실적으로 절실한 것이 사실임으로써 '나는 산다, 그러므로 나는 존재한다(vivo ergo sum)'임이 분명할 것이나, 다가오는 우리의 미래시대는 한 국가 한 민족만을 위한 명제가 아닌 인류전체 공동체를 위한 평화의 길이 아니겠는가! 따라서 인류미래의 공동체를 위한 글로벌 모토는 '나는 평화한다, 그러므로 나는 존재한다' (paco ergo sum)이어야 한다.

---

26 신일희: 『천로역정: The Pilgrim's Progress』. 대구: 계명대학교 Academia Humana 2006.

제 4 장

—

종합토론

토론 1 (토론자: 김용일)

백승균 교수님의 "사람과 생명, 그리고 사회"에 대한 논평 및 질의

운제(雲梯) 백승균 교수님은 저의 스승이십니다. 고등학교 때까지 소위 말하는 바보로서 의식 없이, 의미 없이 살아가다가 계명대학교 철학과에 들어와서 철학을 공부하고 선생님을 만나면서 비로소 사람이 무엇인지, 그리고 나는 누구인지에 대해서 묻기 시작했습니다. 어떻게 살아가야 하는지, 그리고 왜 살아야 하는지를 돌아보며 선생님의 인품을 본받기 위하여, 사람처럼 살아가기 위하여 삶과 철학에 진지하게 물음을 제기한 것입니다. 그리고 그 물음에 대한 답을 찾기 위하여 독일로 유학을 다녀왔고, 지금까지 대학에서 선생님과 함께 사람됨의 의미에 대해서 고민하면서 살아가고 있습니다.

스승은 참으로 위대합니다. 제자들의 숨겨진 가능성에 주목하면서, 그 제자들의 숨겨진 가능성을 발견하고, 마음의 밭을 경작하여서 옥토로 변화시켜 주시는 분이시기 때문입니다. 학교가 존재하고, 스승이 존재하며, 학생들이 존재하는 한 학생들은 학교에서 배우고, 익히며, 변화되고, 성숙해지면서 사람다운 사람으로 성장하게 될 것이라 믿습니다. 그런 역할을 선생님들이 담당하시기 때문에 선생님들의 의식이 살아 있는 한 우리 사회에 불가능은 없을 것입니다. 그리고 그런 의식은 큰 배움을 배우는 대학에서, 그리고 인문정신에서 찾을 수 있고 세울 수 있을 것입니다.

인문학은 변화하는 시대적인 상황 가운데에서도 그 시대를 역행하여 과거와 현재, 그리고 미래를 통시적으로 볼 수 있는 안목을 제공합니다. 원뿔의 꼭짓점이 전체를 지탱하기 위하여 끊임없이 돌아가는 이유는 존재하는 모든 것들이 본래 마땅히 되어야 할 자신의 모습을 회복하도록 생성의 결백성을 가질 수 있게 해주기 때문입니다. 그래서 살아 있지만 죽은 것처럼 살아가는 삶이 아니라, 살아 있으면서 가장 역동적으로 살아 있는, 그리고 마지막 죽어가는 순간에도 새로운 삶을 꿈꾸는 그런 희망 속으로 인문학은 우리를 인도합니다. 선생님의 3번의 강연은 선생님께서 철학을 하시면서 그렇게 깨달으셨고, 평소에 제자들을 가르치셨으며, 그렇게 사시고 계신 선생님의 삶이자 신념, 그리고 철학이 담긴 내용입니다. 그렇기 때문에 선생님의 강연은 철학과 삶이 분리되지 않고, 이론과 실천이 둘이 아닌, 변증법적인 조화 속에서 하나의 총체적인 삶을 드러내는 앎과 삶이라고 할 수 있습니다. 인문학의 최종 목표는 앎과 삶이 일치하는, 그래서 올바로 알고, 아는 대로 살며, 삶 그 자체가 자신의 앎을 증명할 수 있는, 학문과 삶이 분리되지 않는 그런 앎입니다. 이론이되 실천을 담고 있고, 실천이되 새로운 이념을 제공할 수 있는, 그래서 한 시대를 지배하지만 또 다른 시대에도 영감을 불어넣을 수 있는 그런 학문이 바로 인문학이라고 할 수 있습니다.

선생님께서는 첫 번째 강연에서 "사람과 생명, 그리고 사회"라는 주제로 인문학이 도대체 어떤 학문인가를 전체적으로 짚어주셨습니다. 인문학은 자기와 세상을 비판적으로 바라보게 하는, 그래서 철저한 자기부정을 통하여 자기 긍정에 도달하게 하는 역동성이라고 정의를 내리셨습니다. 그렇기 때문에 인문학은 수학적인 명증성과, 반복 가능한 법칙성에 기반을 둔 과학의 논리와는 다른, 인문학 특유의 내재적 논리를 가지고 있습니다. 이러한 인문학의 물음에 대답하여 가는 내재적 논리가 바로 비판이며, 새로운 의미와 세계들을 발견하는 해석이라고 할 수 있습니다.

백 선생님은 두 번째 강연 "사람을 자연 이상으로 보는 철학"에서 고대인들의 인간이해를 통하여 인간이 어떤 존재인가를 밝히셨습니다. 그리고 현대의 생물의학에서는 인간을 어떻게 이해하고 있는가를 분석하시는 과정에서 인간의 존재 자체가 고통과 한계를 극복하고 이루어진 신비이고, 그러한 한계를 극복하는 과정에서 인간이 인간으로 존재하게 되었음을 말씀하셨습니다. 그리고 생물학적인 방식으로 인간이해를 시도하면서 인간이 다른 생물들과 다른 점이 과연 어떤 점일까를 고민한 철학적 인간학(인간생물철학이라고 지칭하십니다)자들의 인간이해방식을 설명하시면서 인간의 특징을 막스 셸러의 "아니라고 부정할 수 있는 존재"로서, 겔렌의 "결핍존재"로서의 인간을, 그리고 플레스너의 "탈중심성"으로서의 인간을 설명하시면서 생물학적인 특징을 가진 인간이 다른 동식물들과 다른 차이점을 설명하셨습니다.

그리고 세 번째 마지막 강연에서는 "디지털 사회와 인간성 실현"이라는 주제로 이 시대의 특징을 진단하셨습니다. 그리고 인간이 인간으로 있으면서, 어쩌면 인간의 실체로, 그리고 주체로 존재하지 못하는 이 시대에 왜 인문학이 필요하며, 어떻게 하여야 인간이 인간성을 새롭게 되찾을 수 있는가 하는, 인간이해의 방법과 인문학 발전의 새로운 지평을 제시하셨습니다.

선생님의 논리에 따르면 추상적인 주관성과 공허한 대상성을 떠나서 주체와 세계에 대한 정확한 이해에 도달하기 위하여 반드시 필요한 것이 바로 비판적 의식입니다. 비판을 통하여 인간은 잘못된 자아와 허구적 신념체계로부터 벗어나서 정확한 이해에 도달할 수 있게 되며, 인문학적 상상력을 가질 수 있게 됩니다. 그리고 인간이 이룩한 역사와 문화에 대한 총체적인 이해를 통한 창조적인 의식에 도달할 수 있게 됩니다. 이러한 목적에 도달하기 위하여 "금단의 것에 대한 사유"를 시도하고, "미적인 문화의식"으로서의 인간이 실현될 수 있도록, 그래서 생성의 고통을 통하여 "자기반성의 근원성"과 "자기 역행의 생산성", "자기 성찰의 인격성"에 도달할 수 있는, 즉 세계를 다시 해석할 수 있는 힘을 부여하는 비판 자체에 대한 이해를 강조하셨습니다.

인간은 스스로를 실현해 가는 존재입니다. 그렇기 때문에 인간은 자신과 세계에 대한 근원적인 이해를 통하여 스스로를 성찰하여 자기를 발견할 수 있게 되고, 세계를 발견하여, 올바른 세계관을 정립할 수 있게 되며, 더 나아가서 마땅히 되어야 할 존재가 될 수 있습니다. 이를 위하여 수많은 모순과 갈등 속에서도 끊임없이 생존과 더 나은 미래를 위하여 몸부림치는, 그래서 모든 것들을 있는 그대로 수용하면서 동시에 파괴를 통한 새로운 생성, 그리고 끊임없는 자기 부정을 통하여 더 나은 자아와 세계를 만들어 가는 "생성의 결백성"을 자신의 삶에서 발견하여 가는 것이 인간임을 강조하셨습니다.

이 강연을 마치시면서 선생님은 마지막으로 우리가 살아갈 이 미래시대를 위하여 "나는 평화한다, 그러므로 나는 존재한다"(paco ergo sum)는 명제를 제시하셨습니다. 우리가 인문학적인 사유능력을 가지고 스스로를 비판하면서 시대를 역행할 수 있게 되고, 매 순간 긴장하여 원뿔의 꼭짓점처럼 설 수 있게 된다면 우리는 우리 속에 내재해 있었지만 아직 보지 못한 삶의 새로운 모습들을 발견할 수 있게 되고, 마침내 지금, 그리고 여기에서 우리가 살아가는 공동체를 평화와 사랑으로 가득한 행복한 세상, 즉 우리가 바랄 수 있는 유토피아를 이룰 수 있게 될 것입니다.

질문 1. 이러한 요약을 바탕으로 선생님께 드리고 싶은 질문이 세 가지 있습니다. 선생님의 철학은 생성에 초점을 맞추고 계십니다. 그러면서 동시에 끊임없이 자신을 되가지는 영원불변한 자기됨의 원리를 말씀하고 계십니다. 그렇다면 생성의 논리는 영원한 운동을 바탕으로 하고 있습니다. 그렇다면 자기됨의 과정 그 자체는 운동에 기반을 두고 있다 하더라도, 끊임없이 되풀이되는 자기됨의 과정 자체는 이성으로 파악할 수밖에 없는, 그래서 논리의 세계 내지는 이미 완성된 하나의 논리적인 틀로 정형화되어버린다고 할 수 있습니다. 운동 자체는 정의 불가능하고, 그때마다 이해 불가능한 역동적인 움직임이기 때문에 전체를 조망하는 자기됨의 되가짐의 반복이라는 정형적인 개념과 모순관계에 있게 된다면 이 양자를 결합시킬 수 있는 선생님 특유의 논리는 과연 무엇이라고 할 수 있습니까?

시간과 공간 안에 살면서 시간과 공간을 역행하는 이 역동적인 운동은 어쩌면 현실의 생동성이 아니라 논리 그 자체의 논리가 될 수 있을 것입니다. 이 논리를 규정하거나 하나의 정해진 틀로 고정시킨다면, 선생님께서 제시하신 그 논리는 다시 하나의 형식논리에 구속되는 변증법적 형식논리, 혹은 생성하는 세계에 대한 논리적 이해라고 볼 수도 있을 것 같습니다. 그렇지만 삶은 언제나 역동적인 운동으로서 끊임없는 변증법적인 운동 속에서 생성하고 소멸하면서 마침내는 자기를 만들어 자기 생성의 과정이기 때문에 이런 논리적인 틀을 근본적으로 거부하면서 역동적인 새로운 논리를 제시해주시면, 더 다양한 사유의 가능성에 도달할 수 있지 않을까 생각합니다.

답변 1: 김용일 교수님은 저의 제자이기는 하나, 저가 그의 일상생활태도나 마음씀에 큰 감명을 받고 있습니다. 때로는 나의 작은 마음이 그에게는 너무나 크게 가닿고, 그것이 다시 나에게 다가와 새로운 나의 삶을 다짐하게 합니다. 그는 대학재학 중에도, 특히 계명대학교 철학과에서는 학과분위기로 인해 많은 토론의 문화가 이루어지고 있었는데 그 한가운데 서서 항상 분명한 논리와 자신의 주장으로 전체분위기를 좌지우지 했더랬습니다.

그는 대학과 대학원의 석사를 마치고 독일 튀빙겐대학으로 유학을 가서 슐라이어마허와 니체, 또한 키에르케고르연구와 해석학과 논리학에 전통한 프리드리히 큄멜(F.Kümmel) 교수에게서 『키에르케고르에 있어서 실존적 운동과 실존적 이해, 1992』라는 우수논문으로 박사학위를 취득한 후 귀국하여 계명대학교 철학과 교수로 재직하고 있습니다. 그의 저서들은 『해석학과 현대철학』, 『새로운 우리 철학의 모색』, 『인문학과 해석학』, 『정신문화와 기독교』 등이 있으며, 많은 학문활동과 함께 현재는 학생부총장으로 보직을 수행하고 있습니다. 그가 공무에 바쁜 일정을 제쳐두고 저의 부족한 강의에 대한 논평과 질의를 맡아주어서 고맙기 그지없습니다.

김용일 교수님의 첫 번째 질의는 제가 철학의 중심을 존재에다 설정하고 있다기보다는 생성에다 설정하고 있다면 생성의 철학에도 어떤 하나의 논리적인 틀이 있게 마련이고, 그런 틀이 역으로 생성철학의 발목을 잡는 격이 되지 않겠느냐는 것입니다. 아주 중요한 물음으로 여겨집니다. 먼저 존재와 생성의 관계 역시 두 부모를 잘라 가르듯 양분하여 전자는 존재이고, 후자는 생성이라 할 수 있는 것이 아닙니다. 한 사태를 존재론적 관점에서 보느냐 혹은 생성론적 관점에서 보느냐에 따라 거기에 대한 대처 방안이 달라지고, 따라서 사람의 가치관도 달라질 수 있습니다. 전자의 관점에서는 정지와 안정의 논리가 우선이고, 후자의 관점에서는 운동과 변화의 논리가 우선입니다. 앞의 논리는 형식논리로 정리되고, 뒤의 논리는 변증논리로 마무리됩니다. 세상만사가 다 변하고 변하는 것이라면, 이는 운동의 논리에 해당되고 변증논리로서 보장됩니다. 이런 변증논리를 완성한 철학자는 헤겔이었습니다. 그는 정반합이라는 틀을 가지고 부와 모, 그리고 자식의 관계를 변증법적으로 정당화했고, 가족과 사회, 그리고 국가의 관계를 변증법적으로 밝혀내기도 했습니다. 이런 정반합의 논리가 계속 이어지게 됨으로써 결과적으로 양적 변증법을 가능케 했습니다.

이에 제동을 걸고 나선 철학자가 키에르케고르라는 철학자였습니다. 그 역시 철학의 대상은 형이상학적 존재론이 아니라는 데는 헤겔과 궤를 같이했습니다만 '이성' 대신에 '사람'에다 초점을 맞추었습니다. 이때의 사람이란 유적이고 보편적인 개념으로서의 인간이 아니라, 바로 나 자신인 실존적 한 개체였습니다. 나란 한편으로는 불안과 공포, 그리고 절망에서 전율하나, 다른 한편으로는 환희에 기뻐하는 나로서 나를 자각하는 나, 즉 실존하는 모순의 나입니다. "친구여! 인간의 삶이란 바로 절망을 의미하는 것, 삶은 곧 절망, 그래서 삶이란 절망을 극복하는 것, 절망하기에는 너무나 큰 변덕쟁이고 절망을 피하기에는 너무나 우울하다.", "오 주여! 세상의 사물에 대해서는 무딘 눈을 주시고 당신의 진리말씀에 대해서는 밝은 눈을 주시옵소서." 하면서 경건하게 하나님 앞에 무릎을 꿇는 것이 참 실존의 모습입니다.[01] 키에르케고르에게는 정반합의 합만이 한정 없이 모아지는 양적 변증법이 아니라, 보편적 인간으로부터 개체적 인간으로, 개체적 인간으로부터 자아로, 자아로부터 나 자신으로, 나 자신으로부터 다시 나의 실존으로 침잠해 들어가는 질적 변증법이 새로운 시대를 열게 했습니다.

그러나 이들 양자 모두가 양적 운동의 논리로서 변증법이건 혹은 질적 운동의 논리로서 변증법이건 정신 혹은 실존에다 기반을 두었다면, 저는 형이상학이고 철학적인 정신이나 실존에다 생성의 개념을 설정하지 않고 직접적이고 생물학적인 생명에다 생성의 개념을 설정코자 했습니다. 따라서 생성은 양적이지도 않고 질적이지도 않은 자기됨의 과정 자체로서 운동입니다. 이런 운동 자체는 선도 악도 아닌 자기됨의 되가짐(一日新)으로서 철학적 경첩의 논리라고 할 수 있습니다.

---

01 S. Kierkegaard: 『죽음에 이르는 병』. 김용일 옮김. 대구: 계명대학교출판부, 2008.

질문 2. 두 번째 질문은 우리가 살아가는 이 사회는 선생님께서 설명하신 것처럼 이미 아날로그 시대를 벗어나서 디지털시대로 접어들었습니다. 가상과 현실이 공존하고, 결혼이라는 제도가 거부되고 있으며, 의술의 발달로 인간의 유전자 지도가 해독되었고, 인간이 복제될 수도 있는 이 시대, 그리고 로봇 기술의 발달과 3D프린트의 상용화로 기계화되고 모든 필요한 상품들을 인쇄해 낼 수 있는, 그래서 어쩌면 인간의 아이디어만 필요하고 힘과 노동력은 거부되어 가고 있는 이 시대에 스스로 시대를 역행하면서 여전히 인간이기를 고집한다는 것 자체가 어쩌면 끊임없이 변화하면서 스스로 자신의 존재마저도 거부하여 버리게 될 수도 있는 인간의 운명을 거스르는 행동이 되지는 않을까요? 그리고 그것은 어쩌면 인문학을 하는 사람들의 소박한 바람이고 현실은 이와는 관계없이 저 혼자 스스로 발전하고 진화하는 것이 아닐까요? 만약에 가상의 세계가 인간을 지배하게 되고, 인간이 복제될 수 있으며, 인간의 모든 신체의 부분들을 바꾸어 끼우면서 이 지구상에서 오랫동안 장수하게 되는 시점이 곧 도래하게 된다면, 그때에도 지금처럼 인간은 여전히 자기를 부정하면서 끊임없이 자기를 찾아가는 그런 존재로서의 가치를 인정받을 수 있다고 생각하시는지요?

답변 2: 김용일 교수님의 두 번째 질의는 디지털시대에서 인간이 인간이기를 고집한다는 것이 자신의 존재마저도 부정하는 결과가 되지 않을까와 자연과학의 발전 속도와는 별도로 인문학자들은 자연보존의 당위성만을 주장할 뿐 환경개선을 위한 구체적인 방법을 제시하지 못하고 있는 상황에서 인문학의 역할은 무엇일 수 있으며, 그러한 역할이 바로 개인 스스로가 발전하고 진화하는 것이 아닐까 하는 것입니다. 아무리 디지털시대라고 해서 사람 자신이 디지털화하는 것은 아닙니다. 물론 영향은 받을 것입니다만. 따라서 디지털화된 사회 속에서 사람이 생존하면서도 사람이 사람이기를 고집하는 것이야말로 자신의 존재에 대한 부정 대신에 오히려 자기 존재를 재확인하는 계기가 될 것이 아닌가 싶습니다. 이에 인문학의 역할이 중요합니다. 설령 인문학이 직접 공산물을 생산할 수는 없다고 해도, 생산물에 인문학적 내용을 담지게 할 수는 있을 것입니다. 이처럼 인문학의 역할에 대한 과도한 요구를 할 필요는 없습니다. 왜냐하면 인문학 자체가 실천학문이 아니기 때문입니다.

이 시대가 디지털시대라고 해도 사람은 사람이어야 한다면, 더구나 개인 스스로가 발전하고 진화하는 것으로만 된다면, 이것은 바람직하지 못한 일이 될 것입니다. 하이데거마저 '존재(Sein)'를 천명하면서도 '공동존재(Mitsein)'을 주목했고, 야스퍼스 역시 실존을 단독자로서만이 아니라 상호소통으로서 주목을 했습니다. 세상이 바뀌어 디지털사회가 전면으로 등장해도, 아니 인간이 복제되고, 신체의 부분 부분이 다른 것으로 교체된다고 해도 부평초 같은 인생으로 되지는 않을 것입니다. 왜냐하면 인간존재의 DNA가 그대로 남아 있을 것이기 때문입니다. 이미 4백만 년 동안이나 오늘날과 같은 인간이 존속해 왔다면, 인간의 종 자체가 완전히 바뀌지는 않을 것이라는 인문학적 상정만을 할 수 있을 뿐입니다. 혹시라도 인간의 종 자체까지도 바뀔 수 있다면, 지금까지의 문화현상과는 전적으로 다른 새 차원의 세계가 열릴 것이고, 그때는 지금의 인문학적 사유조차 무력하게 되겠지요. 이는 인류 전체의 한계상황일 것이고, 인간 자체의 한계일 것입니다.

질문 3. 지금 이 시대를 지배하는 학문은 자연과학입니다. 자연과학자들 중 상당수는 고도로 발달된 기술을 바탕으로 우리가 살아가는 이 세상을 유토피아로 바꿀 수 있다고 장담합니다. 그들은 인간의 신경이 바로 인간의 정신이며, 인간을 구성하고 있는 몸의 부분들이 인간의 정신적 활동을 가능하게 한다고 보고 있습니다. 이런 시대에 과연 인문학자들은 어느 정도로 자연과학자들과 소통할 수 있으며, 세상을 바라보는 시각이 과학처럼 빠르게 변하지 못하고 변화하는 현실을 따라잡지 못하는 인문학의 논리가 과연 자연과학자들의 의식변화를 요구할 수 있으며, 그들에게 인문학적인 사고를 갖도록 설득할 수 있게 될까요? 인문과학자들이 자연과학을 이해하지 못하고 변화를 예측하지 못한다면, 인문학은 자연과학의 발달보다 더 빠르게 사라지는 불행한 운명을 갖게 되지는 않을는지요?

• 하나를 보면서 하나만 보지 않고, 하나의 개념을 생각하면서 하나만을 생각하지 않게 하는, 그래서 스스로 살아 움직이면서 또

다른 살아 움직이는 것들과 조화를 이루면서 동시에 내가 나이고 또한 타자가 되는 변증법적인 역동성은 우리에게 하나의 세계를 이해하고 해석해 내는 다양한 삶의 파노라마를 보여줍니다. 좋은 강연 감사드리며 더 좋은 생각으로 더 행복한 세상을 우리 모두 함께 만들어갈 수 있는 그날을 기대합니다.

답변 3: 그리고 끝으로 김용일 교수님의 세 번째 질의는 디지털시대에서 과학기술의 발달은 상상을 초월할 수 없을 정도인 데 반해, 인문학은 그에 미치지 못할 뿐만 아니라, 과학기술세상에서 인문학은 무슨 역할을 할 수 있겠는가 하는 것입니다. 과학기술만을 보면 김 교수님의 유추를 이해하고도 남습니다. 그러나 우리는 다시 한 번 원방각의 천지인을 기억할 필요가 있습니다. 아무리 과학기술의 발전 속도가 빠르다고 해도, 과학기술 자체만이 존재하는 것은 아닙니다. 천지에는 사람이 있고, 사람과 함께 하는 천지는 모두가 하나로 연관되어 있습니다. 따라서 사람 없는 과학기술이란 그 자체로는 무용지물이 됩니다. 그 이유는 과학기술이 스스로를 사유할 수도 없고 반성할 수도 없으며, 또한 스스로를 성찰할 수도 없기 때문입니다.

그래서 과학기술 자체는 어떠한 이데올로기를 갖지 않습니다. 미국의 과학기술이 서양을 낳고, 중국의 과학기술이 동양을 낳는 것이 아니라는 말입니다. 과학기술은 동서양을 가리지 않습니다. 사람에 의해 과학기술은 미국의 것이 되기도 하고, 중국의 것이 되기도 하며, 혹은 한국의 것이 되기도 합니다. 따라서 과학기술(사물)은 수학적 논리성에 따라 누구나 단시간에 최첨단으로 치달을 수 있습니다. 50여 년 전의 중국이나 우리 한국을 상상해 보십시오. 어떻게 오늘을 상상할 수 있었겠습니까! 역으로 정신문화(인간)는 수학적-과학적 논리성을 따르지 않습니다. 미국에다 동양의 정신세계를 50년이 아니라 100년, 200년이라는 시간을 넘겨줘도 결코 동양문화의 심층을 그대로 따라 잡을 수는 없을 것입니다. 그들에게는 여전히 무는 무이고, 유는 유일 것입니다. 그들이 도를 무라 하고, 무가 유라고 하기까지는 인도나 중국처럼 수많은 시간이 걸릴 것입니다. 따라서 과학기술이 아무리 최첨단을 걸어도 인문학적 사유는 결코 후퇴하지 않을 것입니다. 사람이 살아 있는 한, 즉 인간의 삶이 꼭 짓점으로 서 있는 한, 인문학은 생각하는 우리로 하여금 오늘에서 내일을 이미 살게 할 것입니다.

토론 2 (토론자: 김 진)

백승균 교수의 "인간 삶의 철학으로서 인문학"에 대한 논평 및 질의

오늘 석학 인문학 강좌의 주인공이신 백승균 교수는 영남지역뿐만 아니라 우리나라 철학계의 거목이시고, 계명대학교 철학과에 재직하시면서, 특히 목요철학세미나를 통해서 철학과 인문학의 저변 확대를 위해서 노력하신 매우 훌륭한 학자이다. 이런 저런 인연으로 인접 대학에 있는 본 토론자가 오늘 이 심포지엄에 참여할 수 있게 되어 대단한 영광이 아닐 수 없다. 또한 계명대학교를 사랑하시고 자긍심을 가지고 계셨기에 대부분의 중요한 학술적 업적을 계명대학교출판부에서 펴내시는 것을 보고서 매우 깊은 감명을 받았다.

백승균 교수의 인문강좌는 "인간 삶의 철학으로서의 인문학"이라는 주제 아래 "사람의 생각을 바꾸는 인문학–철학함의 인문학적 사유"(1), "사람을 자연 이상으로 보는 철학–탈중심성의 생물학적 사유"(2), "디지털사회와 인간성 실현"(3)이라 세 가지 논의를 제공하고 있다. 첫 번째 논의에서 백 교수는 인문학적 사유의 특징을 '인간 삶의 철학' 내지는 '사람의 생각을 바꾸는 인문학', 다시 말해서 '참된 인간의 본래성과 인격을 찾기 위한 철학적 사유'로 규정하고 있다. 두 번째 논의에서 백 교수는 '생물·의학적 인간학'에서 '철학적 인간학'으로 이행하는 과정에서 동물과 인간, 그리고 자연과 문화가 어떤 점에서 같고 다른지를 진단하고 있다. 그리고 세 번째 논의에서는 현대 첨단 디지털 사회에서 인간성 실현의 문제를 다루고 있다.

전체적으로 백 교수의 강좌는 사회비판이론, 삶의 철학, 철학적 인간학, 실존철학, 인문학이라는 큰 틀에서 이루어지고 있다. 이 분야들은 교수님께서 평소에 늘 즐겨 읽고 집필했던[02] 칸트(Immanuel Kant, 1724-1804), 야스퍼스(Karl Jaspers, 1883-1969), 블로흐(Ernst Bloch, 1885-1977), 하이데거(Martin Heidegger, 1889-1976), 플레스너(Helmuth Plessner, 1892-1985), 호르크하이머(Max Horkheimer, 1895-1973), 가다머 (Hans-Georg Gadamer, 1900-2002), 아도르노(Theodor Ludwig, Wiesengrund Adorno 1903-1969), 겔렌(Arnold Gehlen, 1904-1976), 하버마스(Jürgen Habermas, 1929-) 등에 대한 논의 지평 속에 있으며, 이번 기회를 통하여 평소의 지론을 다시 한 번 압축적으로 제시한 것이라고 생각한다. 그러나 백 교수는 세 강의에서 너무나 많은 정보와 담론을 제공하고 있기 때문에, 실속 있는 논평과 토론을 위해서 필자는 인상적인 부분들과 논란의 여지가 있는 부분들을 정리하면서 몇 가지 질문을 제기하고자 한다.

---

02 백승균 교수의 대표적인 저술로는 "변증법적 비판이론: 프랑크푸르트를 중심으로"(경문사, 1990), "실존철학과 현대"(계명대학교출판부, 1994), "해석학과 현대철학"(철학과현실사 1996), "(헬무트 플레스너의) 철학적 인간학"(계명대학교출판부, 2005), "세계사적 역사인식과 칸트의 영구평화론"(계명대학교출판부, 2007) 등이 있다.

질문 1. "사람의 생각을 바꾸는 인문학 — 철학함의 인문학적 사유"에 대하여

백 교수는 '사람을 생각하는 인문학의 논리'를 삶, 앎, 있음의 차원에서 접근한다. 이는 전통철학에서 존재론, 인식론, 가치론의 문제 영역에 해당한다. 백 교수는 '삶의 가치' 지향에 강조점을 두고 있다. 백 교수는 존재와 인식의 문제가 현대에 이르러서 어떻게 가치의 문제로 이행하는지를 철학사의 전통을 따라잡으면서 고찰하고 있다. 특히 고대의 시원에 대한 탐구, 즉 존재론적 아르케 물음을 표방하는 본질철학, 근대의 보편적 지식에 대한 탐구, 즉 객관적 타당성의 신화를 앞세웠던 인식론적 정초 작업, 그리고 이러한 근대의 노력들, 특히 데카르트(René Descartes, 1596-1650)의 코기토, 칸트의 선험적 사유, 독일관념론자들의 초월적 사유가 쇼펜하우어(Arthur Schopenhauer, 1788-1860), 니체(Friedrich Wilhelm Nietzsche, 1844-1900), 마르크스(Karl Heinrich Marx, 1818-1883), 프로이트(Sigmund Freud, 1856-1939)를 통하여 결정적으로 해체될 수밖에 없는 운명에 처하면서 의지형이상학과 삶의 철학, 철학적 인간학, 실존철학, 그리고 현재 진행 중인 포스트모던적 사유와 같은 새롭게 흥기한 철학적 사유들의 시대를 유발한 것이다. 독일관념론을 넘어서는 네 명의 천재적인 사상가들이 제시한 해법은 저마다 다르고 심지어 모순적인 것처럼 보이기도 한다.

그런데 왜 백 교수는 현대의 한복판에서 다시 삶의 가치의 관점

에서 인식과 존재를 언급해야 한다고 강조하는 것일까? 그것은 다시 주관주의, 상대주의, 회의주의로 회귀하는 것은 아닌가? 그리고 그러한 주장은 어떻게 정당화될 수 있는 것일까? 현대적 관점에서는 무엇을 구성하기보다는 해체하는 것이 훨씬 더 편한 방식이 아닌가? 삶의 가치라는 차원에서 본다면 오히려 고르기아스(Gorgias, 기원전 380년경)의 태도에 더 천착해야 하는 것은 아닐까? 이러한 의심들로부터 '삶을 위한 문화'와 '문화비판'은 왜 필요한가? 왜 문화인가? 문화비판을 시도하는 인간 의식은 어떤 방식으로 정당화될 수 있을까?라는 물음들이 봇물처럼 터져 나올 수 있다.

고르기아스는 이렇게 말했다. "어떤 것도 존재하지 않는다. 어떤 것이 존재한다 하더라고 우리는 그것을 결코 인식할 수 없다. 어떤 것을 인식할 수 있다 하더라도 우리는 결코 그것을 다른 사람에게 전달할 수 없다."[03] 이 명제를 통하여 고르기아스는 모든 철학적 사유의 가능성을 부정하고 있다. 그는 존재론, 인식론, 그리고 소통을 전제로 하는 가치론까지를 모두 부정했던 것이다. 실제로 그의 주장은 회의주의와 포스트모더니즘에 의하여 강력한 힘을 받고 있다. 그렇다면 이와 같은 철학적 사유 가능성의 근본적이고도 전면적인

---

03 *On Melissus, Xenophanes, and Gorgias* 979a 11-12; http://en.wikipedia.org/wiki/Gorgias (2013.08.18.22:30) "Nothing exists;
Even if something exists, nothing can be known about it; and
Even if something can be known about it, knowledge about it can't be communicated to others.
Even if it can be communicated, it cannot be understood."

부정 앞에서 우리는 철학적 사유를 다시 시작할 수 있는 기초를 어디서 찾을 수 있는 것일까? 이 물음은 결국 백 교수가 지적한 '새로운 시작'과 '근원성'의 문제로 이행한다. 한스 알버트와 같은 비판적 합리주의자들이 내세운 뮌히하우젠-트릴렘마는 현실적으로 우리의 어떤 정초 노력도 결국에는 무한퇴행, 절차단절, 순환논리 중의 하나에 빠지지 않을 수 없다는 사실을 적나라하게 보여준다. "인문학과 사유의 논리"에서 백 교수는 파르메니데스(Parmenides, 기원전 510년경-기원전 450년경)의 "있는 것만이 있고, 있지 않은 것은 없다"(DK1,232, Parmenides B6)라는 명제를 논의의 단초로 제시한다. 그러나 백 교수가 기술하는 것처럼 '있는 것'은 '물질적 존재'이고, '있지 않은 것'은 '빈 공간'인가?(11) 오히려 전건과 후건은 동어반복으로 해석할 수 있는 것이 아닐까? '있지 않는 것'의 '없음'이란 결국 '없음'의 '있음("Nothing exists; Gorgias)'을 뜻하지만, '없음' 그 자체는 없거나 있거나 마찬가지이다. 결국 '있는 것만이 있다'는 것과 '없는 것이 없다'는 것은 같은 것이다. 이 명제의 전건과 후건에서 남는 것은 존재이므로 동어반복이라고 하는 것이다.

이러한 해석은 "모든 것은 변화한다"[04]는 헤라클레이토스(Herakleitos, 기원전 535년경-기원전 475년경)의 명제에도 적용할 수 있다. 그의 명제가 의미를 가지려면 "모든 것은 변화한다"라는 그 명제 자체만큼은

---

04 Aristoteles, De Caelo, 298b30 ; Vgl. DK,153, Herakleitos B10.

변화하지 않아야 한다. 그렇다면 헤라클레이토스의 명제는 자체모순을 범하고 있는 셈이다. 따라서 진정한 의미에서의 인문학적 사유는 이와 같은 동어반복과 자체모순을 어떤 방식으로든지 의미 있게 살려낼 수 있는 사유실험, 즉 '창조적인 의미 해석'이 아닐 수 없다. 백 교수는 철학사에서 이미 이성과 경험, 그리고 선험주의(칸트), 현상학, 분석철학과 실존철학, 해석학과 비판철학, 해체주의가 비판에 비판을 거듭하여 발전해왔음을 적절하게 지적하고 있다(10). 이와 같은 비판활동 속에는 부정성의 힘이 작동하고 있는 것이 사실이다. 변증법은 귀납법과 연역법의 형식논리적 한계를 넘어서는데, 이는 특히 에른스트 블로흐가 "사유는 전복하는 것이다"[05]라고 말했을 때 절정에 달한다. 생각하는 것은 뒤집어엎는 것, 넘어서는 것이다. 백 교수도 '비판'을 '생산적 사유를 위한 긍정적 부정성'이라고 규정한다(10).

"인문학의 대상과 방법론"에서도 백 교수는 독자적인 생각을 숨기지 않고 있는데, 그에 의하면 "인문학은 하나의 필연적인 가치판단이나 하나의 절대적인 도덕원칙, 즉 어떤 하나의 확고부동한 이론을 주장하지 않는다. 인문학에는 어떤 아르키메데스(Archimedes, 기원전 287-기원전 212)의 기점이 필요하지 않다."(21) 여기에서 백 교수의 인문학론은 철저하게 '해석학적 순환론'을 지지하고 있다. 이

---

05 Ernst Bloch, *Das Prinzip Hoffnung*, Frankfurt 1959, S.2f.: "Denken heiβt Überschreiten."

점을 그대로 받아들인다 하더라도 백 교수가 '천지인'의 관련 학문을 천체학(천), 사회과학(지), 인문학(인)으로 규정하는 것이 타당한가는 의문이다. 한사상의 존재론적 근거 자체인 천지인이 자연과학(천문학 또는 천체물리학), 사회과학, 인문학과 대응하는가도 의문이다. '천지인'이란 하이데거가 말한 '사방세계(Geviertes)', 즉 '땅과 하늘, 신적인 것들과 죽을 자들'을 뜻하며, 여기에서 '하늘'은 '신적인 것(das Göttliche)'으로서 결코 천체학의 대상이 아니다.[06] 또한 천지인은 라이문도 파니카(Raimundo Panikkar, 1918-2010)의 우주신인론(Kosmotheanthropologie)에서 우주론과 신학과 인간학의 일치적 조화를 뜻하기도 하는데, 여기에서도 우주론은 천체학 또는 천체물리학이 아니라 철학이나 형이상학의 고유한 영역을 지칭한다. 따라서 이에 대한 해명이 필요할 것 같다.

'인간과 인문학의 관계성'에서도 백 교수는 '사심이 없는 천심(35)'

---

06 하이데거는 「사물」(Das Ding)에서 '그릇'이 그 본질성 고유성을 갖는 근거가 무엇인가를 물으면서 기술의 문제로부터 '땅과 하늘, 신적인 것들과 죽을 자들'이 그 자체로부터 하나로 포개져서 머물게 되는 이른바 '사방세계(Geviertes)'의 존재 형이상학을 개진한다. 그릇의 고유한 본질로서 '텅빔'의 문제는 『도덕경』 제11장의 "찰흙을 이겨서 그릇을 만드나니 그 그릇의 빈 것 때문에 그릇으로 쓰임이 있으며" ["埏埴以爲器(선식이위기)하나니 當其無(당기무)라 有器之用(유기지용)하고"]라는 구절, 그리고 사방세계는 『도덕경』 제25장의 "이 세상에는 사대가 있으니, 왕은 그중의 하나에 해당한다. 사람은 땅을 본받고, 땅은 하늘을 본받고, 하늘은 도를 본받으며 도는 자연을 본받는다"(域中有四大, 而王居其一焉. 人法地, 地法天, 天法道, 道法自然.)라는 구절과 상통한다. 하이데거의 '사방으로서의 세계(Geviertes)' 개념은 모든 것을 하나로 몰아세우는 세움틀(Ge-stell)을 통하여 강제하는 기술 세계에 대한 대항 개념이다. 하이데거는 그것을 곧 "대지와 하늘, 신적인 것과 죽을 자의 하나로 접힘을 고유화하는 거울놀이"로 규정한다(Ding,172). 그가 염원하는 세계는 대지와 하늘, 인간과 신적인 것이 서로를 아우르면서 하나로 포개어지는 토착적인 자연 세계이다. Heidegger, Martin: *Das Ding*, in: *Vorträge und Aufsätze*. Stuttgart 1954; 마르틴 하이데거, 「사물」, 『강연과 논문』, 이학사, 2008.

과 관련하여 노자의 도와 어린아이, 성경의 '어린아이', 니체의 '어린아이'를 열거하면서 '인간 삶의 본래성(36)', 즉 '인간의 삶 전체를 통해 그때마다 우리자신의 근원성'으로 되돌아가야 한다고 강조하고 있다(35). 이러한 생각은 니체가 '동일자의 영겁회귀'에서, 그리고 키에르케고르(Søren Aabye Kierkegaard, 1813-1855)가 '되가지자('반복', Wiederholung)'라는 개념 속에 선취하고 있다. 그러나 각각의 사상과 전통 속에서 서로 다르게 쓰이고 있는 '어린아이'의 모습을 인문학적 인간이 추구하는 이상이라고 했을 때 백 교수가 구체적으로 구상하고 있는 모습이 어떤 것인가는 분명하지 않으며, 이에 대한 보다 명확한 자기 개념화 과정이 필요하다고 본다.

답변 1: 김진 교수님은 독일 루어대학(보쿰)에서 1988년 칸트의 종교철학에 관한 알버트 슈바이처의 논문을 비판한 '칸트의 요청이론'으로 철학박사학위를 취득하셨고, 현재는 울산대학교에서 철학과를 처음으로 개설하신 후 20여 년을 재직하시면서 많은 학술연구활동을 아주 왕성하게 하고 계십니다. 김 교수님은 서양철학의 가장 큰 산맥이라고 할 수 있는 칸트철학을 전공하셨기 때문에 그 정상에서 칸트 이전은 물론이고 칸트 이후 현대서양철학사상까지를 모두 섭렵하고 계시는 학자로서 이미 수많은 저서를 출판하셨습니다. 특히 김 교수님은 〈칸트와 불교〉에서 칸트철학으로 불교를 새롭게 해석해 '한국불교의 무아윤회 논쟁'을 주도하여 내외 학자들로부터 큰 관심을 끌고 계십니다.

1998년에는 『종교문화의 이해』를, 2003년에는 『퓌지스와 존재사유』를, 2004년에는 『화이트헤와 화엄형이상학』을 출간하셨고, 2007년에는 『페미니즘 윤리학』과 『처용설화의 해석학』을 펴내셨고, 2013에는 발달심리학과 도덕발달론의 대가 로렌스 콜버그(1927-1987)의 생애와 사상을 정리한 『콜버그의 도덕발달』을 출간하셨습니다. 1991년부터 한국칸트학회장을 비롯하여 철학연구회, 한국철학회, 대한철학회의 중책까지를 맡고 계십니다.

　현재 우리 한국철학계에서 두각을 나타내고 계시는 김진 교수님이 저의 부족한 대중인문학특강에 대해서 진지한 논평을 해주셔서 무엇보다 감사드리며 영광스럽게 생각합니다. 김 교수님의 논평을 아주 귀중히 받아들이면서 몇 가지의 말씀을 먼저 드리려 합니다. 특히 저의 무리한 표현이나 주장에 대해서는 이해해주시기를 바랍니다.

　저는 먼저 『사람과 생명, 그리고 사회』를 전체주제로 설정하고, 이 3자의 상호연관성의 관계를 포괄적으로 짚어내고자 했습니다. 사람이라는 제1주제에서 저는 인문학을 염두에 두었고, 그런 인문학의 현실적 몸통으로서 제2주제인 인간이 무엇인가를 현사실적으로 짚어보고자 했습니다. 그리고 끝으로 인간이란 삶을 전제로 하는 이상 그 삶의 장인 오늘날의 현 사회를 짚지 않을 수 없었습니다. 오늘날의 이 사회가 누구도 거부할 수 없는 디지털사회라면 디지털사회에서도 인간성 실현은 필수적이 아닐 수 없습니다. 그런 인간성 실현이란 무엇이고, 어떻게 가능하며, 그 궁극적 목적은 무엇일까를 저가 제시하고자 했기 때문에 제3의 주제는 사회, 즉 디지털사회가 될 수밖에 없었습니다. 이 모든 주제의 바탕에는 '사실'이 제일 우선하나, 이에 근거해서 사실에 대한 해석으로서 '이해'가 따라야 하며, 그러한 이해란 단순한 이해로서 그치는 것이 아니라 철학적으로 승화돼야 했습니다. 따라서 모든 논지는 객관적 사실에서부터 주체적 의식으로, 그리고 주체적 의식으로부터 철학적 각성으로 이어졌습니다. 철학적 각성이란 아무리 이 시대가 가상의 디지털정보사회라고 하더라도, 사람이 살아가야 하는 사회라면 한편으로는 개개인이라고 해도, 원뿔의 꼭짓점으로 서야 하는 실존적 참모습을 구가하는 데 있어야 하고, 다른 한편으로는 평면의 폭 넓은 밑면으로 서야 하는 인류 전체의 보편적 가치로서 '평화(나는 평화한다, 그러므로 나는 존재한다: paco ergo sum)'를 구가하는 데 있어야 합니다. 이 양자는 논리적으로만 보면 서로가 모순이 되나, 인문학적 사유에서는 단순한 논리적 모순이 아니라, 현사실로서의 '경첩'일 따름입니다. 경첩의 철학적 논리는 모순의 양자를 다 가능케 하는 현실적 처방책입니다.

저의 제1주제인 『사람의 생각을 바꾸는 인문학』에서 김진 교수님은 제일 먼저 왜 현대의 한복판에서 삶이고, 인식이며, 또한 존재인가를 물으시면서 주관주의, 상대주의, 혹은 회의주의로 회귀하는 것이 아닌가? 더욱 적극적으로는 포스트모던시대에서 구성보다 해체가 대세인데 해체작업이 우선이 아닌가 하는 물음이십니다. 삶의 가치문제라면 파르메니데스나 헤라클레이토스보다는 고르기아스에서 시작하는 것이 바람직할 것이라고도 제안해주셨습니다. 좋은 제안에 감사드리면서 저는 철학사상의 흐름도 중요하지만 그것보다 더욱 우선하는 것이 동서고금을 통틀어서 '사람이 산다'라는 명제가 가장 기본적인 명제라고 판단했습니다. 삶의 방식에는 유행이 따르나, 삶 자체에는 유행이란 없습니다. 예나 지금이나, 또한 미래에도 사람이 사람으로서 살아가야 하는 한, '삶'이 가장 중요할 것이고 기본일 것입니다. 그런 삶이 무엇인가를 인식하기 위해서 구태여 왜 회의론을 들고 나온 고르기아스에 매달릴 필요가 있습니까!? 왜냐하면 회의론에서는 어떠한 삶도 살아 있는 삶인데 삶을 앞으로 전진할 수 없게 할 것이기 때문입니다. 오히려 삶이 위축되거나 위축되어 그 생동성을 잃게 할 수 있지 않겠습니까!

그래서 저는 고르기아스보다는 삶의 기점이 존재인가 혹은 생성인가를 물을 수 있는 소크라테스 이전의 철학자로서 파르메니데스나 헤라클레이토스를 주목하는 것이 더욱 바람직하다고 생각합니다. 철학사적으로 봐도 소크라테스 이전 철학으로서는 파르메니데스와 헤라클레이토스가 양 대립각을 세우고 있지 않습니까! 이를 전제로 하여 자신들의 입장을 인간존재에다 설정하는가 혹은 인간

생성에다 설정하는가 하는 것은 각자에게 달린 문제입니다. 저는 인간이나 세계를 존재하는 것으로 보지 않고, 생성하는 것으로 보는 사람입니다. 파르메니데스의 입장은 생성변화란 감성에 속하는 가상이고, 참 존재는 생성하지도 소멸하지도 않는다는 것이며, 헤라클레이토스의 입장이란 만물은 유전하는 것이고, 본래적 존재 역시 운동하는 것으로서 생성변화 그 자체가 본래적 존재라는 것입니다. 전자는 긍정의 논리로서, 후자는 부정의 논리로서, 다시 말하면 전자는 수학적 확실성에서, 후자는 철학적 포괄성에서 밝혀질 수 있는 것입니다.

파르메니데스가 불변하는 존재로서의 실재를 두고 그가 안정과 안락을 추구하는 정적 사회철학관을 가졌다면, 헤라클레이토스는 변화하는 발전과정으로서의 현실을 두고 그가 새 안정과 새 삶을 추구하는 동적 사회철학관을 가졌다고 할 수 있습니다. 이런 사고방식을 현대사회철학에다 원용한다면 파르메니데스는 신합리주의의 사회실증이론적 사고방식(Karl Popper; Hans Albert 등)에서, 그리고 헤라클레이토스는 신마르크스주의의 사회변증이론적 사고방식(M. Horkheimer; Th.W. Adorno; J.Habermas 등)에서 찾아볼 수 있습니다. 이를 내용적으로 보면 전자는 보수적 현상의식에서 기성가치체제에 순응함을 의미하고, 후자는 진보적 비판의식에서 기성가치체제에 역행함을 의미한다고 할 수도 있습니다. 전자는 현상유지를 통해 동질화 내지 동일화하자는 것이고, 후자는 현상극복을 통해 미래지향적으로 생산화하자는 것입니다. 요약하면 존재냐 생성이냐에서 존재의 형식논리는 생성의 변증논리를 그 자체의 한계성으로 인해 담지할 수 없으나, 생성의 변증논리는 존재의 형식논리를 이미 그 명제로서 담지하고 출발하고 있습니다. 따라서 우리는 인간의 삶마저 존재로서 보지 않고 생성으로서 보고 전체논지를 전개한 것입니다. 이런 논지에 따라 인간의 삶에서는 참과 거짓을 가려야 하는 인식론이 중요하고, 이런 인식론적 한계를 형이상학이 일종의 인문학적 상상력으로서 보장을 해준다면, 인문학이란 사람의 생각을 바꿀 수 있는 학문이라고 할 수 있지 않겠습니까!

질문 2. "사람을 자연 이상으로 보는 철학 – 탈중심성의 생물학적 사유"에 대하여

백 교수는 이 강좌에서 사람을 자연 이상으로 볼 수 있는 사유 근거를 정초하고자 하며, 그 출발점은 세상을 바라보는 우리 자신들의 눈높이이다. 그는 우리들 인간의 눈높이에 대하여 '상식', '과학', '철학'에서의 판단으로 접근하고 있다. 문제는 백 교수가 '상식'을 일상적인 생각으로, 그러나 선입견을 불러올 수 있으며 과학적 합리성이 결여되어 있는 것으로 이해한다는 사실이다(3). 이처럼 백 교수는 '상식적 판단'을 '개인적', '주관적', '상대적', '가변적'이어서 '객관성'과 '지속성'을 유지할 수 없는 판단(4)이라고 함으로써, '상식' 개념을 너무나 소극적이고 부정적으로 이해하지 않았나 하는 생각

이 들게 한다.[07]

그런데 백 교수가 '과학적 판단'을 설명하기 위하여 도입한 등산 계획을 위한 준비 등에 대한 사례(3)도 조금만 다른 각도에서 보면 '상식'의 판단에 속하는 부분이 아닐까 하는 생각이다. 과학적 판단 이란 근본적으로 귀납적이거나 연역적인 것으로서 실험, 관찰, 검 증, 추론의 방식으로 이루어져야 한다. 백 교수는 원리적으로 과학 적 판단이 '객관적 법칙에 근거하는 원리원칙'에 따라 사태의 진행 을 예견, 예측할 수 있는 판단이지만, 인간에 대한 배려나 근원적인 탐구에까지는 이르지 못한다고 지적한다. 이 점에서는 필자도 생 각을 같이한다. 철학적 사유는 '일상적 삶의 판단'과 '과학적 판단'을 넘어서서 합리성과 보편타당성의 근거를 정초하려는 근원적인 탐 구활동이다.

백 교수는 이러한 눈높이의 차이를 통하여 인간과 인간의 삶에 대한 세 가지 차원에서의 접근을 시도하고 있는 것처럼 보인다. 그 래서 고대인들이 남겨놓은 신화를 바탕으로 한 인간에 대한 상식적 인 생각을 구축하고, 생물의학적 지식에 근거하여 인간에 대한 과 학적인 설명을 제시한 후에, 인간생물철학에서 '생물학적 인간'의 철학적인 특징을 밝히고자 시도하는 것 같다. 그러나 이러한 백 교

---

07 토마스 리드(Thomas Reid, 1710-1796)와 같은 스코틀랜드의 상식주의자는 흄(David Hume, 1711-1776)과는 반대로 외부 세계의 존재 사실에 대한 객관적인 지식이 상식(common sense), 철학적인 용어로는 '공통 감각(sensus communis)'에 의하여 확보될 수 있다고 믿었다.

수의 시도를 이해하면서도 지나치게 작위적이지 않은가라는 생각을 해본다. 그 이유는 첫째로, 상식, 과학, 철학의 사유 스펙트럼이 그렇게 단정적이고 위계적인가 하는 점이고(따라서 플라톤의 '선분의 비유'에서의 지식 구분이 더 타당하지 않을까라고 생각할 수도 있겠다.[08]), 둘째로는 그와 같은 세 유형의 인간의 식견 역시 칸트와 쇼펜하우어와 같은 사람들에게는 '현상'이나 '표상'에 지나지 않기 때문이다.

백 교수는 고대의 네 신화에서 '사람'의 상식적인 의미를 포착하고자 한다.

첫째, 마오리족[묘족민(苗族民)]의 수호신 티키(Tiki)는 천신(sky father)인 랑기(Rangi, Raki, Rakinui, Ranginui)와 지모신(the earth mother) 파파(Papa, Papatuanuku) 사이의 아들로 태어났으며, 그 자신의 피와 진흙을 이겨서 처음으로 인간을 만들었다.[09] 백 교수는 티키의 첫 번째 검지는 '태어남', 두 번째 중지는 '삶', 세 번째 무명지는 '죽음'을 뜻하며(5), 티키의 세 손가락은 인간의 삶이 태어남과 죽음 사이의 유한성을 보여준다고 해석한다(9).

둘째, 남미 잉카인들의 신들은 인간을 세 번에 걸쳐서 만들었다.[10] 진흙으로 만든 첫 번째 사람은 텁텁하고 둔하고 게을렀다. 나

08 Platon, Politeia 7. 의견/인식; 상상과 신념/지성과 순수이성.
09 M. Orbell, *The Concise Encyclopedia of Māori Myth and Legend*, Christchurch: Canterbury University Press 1998; http://en.wikipedia.org/wiki/Tiki.
10 미카엘 란트만(Michael Landmann), 『철학적 인간학: 역사와 현대에 있어서 인간의 자기해명』 (*Philosophische Anthropologie. Menschliche Selbstdeutung in Geschichte und Gegenwart*. Berlin 1969, S.13), 진교훈 역, 경문사 1977, 17-18쪽.

무로 만든 두 번째 사람은 거칠고 딱딱하고 거칠었다. 반죽으로 만든 세 번째 사람은 부드럽고 유연하고 영리했으나 간사했다. 신은 그들이 제멋대로 살도록 했으나, 세 번째 간사한 사람이 사고를 치지 못하도록 두뇌를 흐리멍텅하게 만들었다(6). 이 신화는 인간의 불완전성을 보여준다(9).

셋째, 그리스-로마인들의 신화는 하이데거가 『존재와 시간』에서 원용하고 있는 인간(homo) 신화이다.[11] 이 신화는 신들의 합작품인 인간의 진정한 주인은 누구인가라는 통속적인 싸움을 통하여 인간의 본래적인 모습을 보여준다. 진흙(humus)으로 형상을 빚은 cura(cure, care), 흙에 생명을 불어넣은 jupiter, 그리고 자신의 몸을 취했다는 땅의 여신 tellus가 각각 인간 존재에 대한 권리를 주장하고 나섰다. 이 싸움의 심판관은 시간의 신 saturnus였다. '시간'은 인간의 존재를 각각 흙과 혼으로 그가 온 데로 다시 돌려보냈으나, 살아 있는 동안에는 어미인 cura의 차지가 되게 했다(7). 이 신화 역시 인간이 시간적으로 유한하고 불완전한 존재임을 보여준다.

넷째, 우리나라의 단군신화는 환인의 아들 환웅이 나라를 열고 여자가 된 곰과 결혼하여 단군을 낳았는데, 그는 천손이지만 사람의 아들이기 때문에 '산의 사람(人+山＝仙)'이 되었다는 것이다(8). 이

---

11 **Herders Gedicht**: *Das Kind der Sorge* (Suphan XXIX, 75), in: Martin Heidegger, *Sein und Zeit*, Tübingen 1986, S.197f. "Das Ganze der Daseinsverfassung selbst ist daher in seiner Einheit nichteinfach, sondern zeigt eine strukturale Gliederung, die im existenzialen Begriff der Sorge zum Ausdruck kommt."(Sein und Zeit, §42, S.200); 『존재와 시간』, 이기상 역, 까치, 1999, 269쪽.

것은 앞에서의 세 신화보다 가장 완전성에 가까운 모습을 보이기는 하지만, 백 교수는 이 신화들 모두가 공통적으로 보여주는 것은 인간의 유한성과 불완전성이라는 것이다(9). 그러나 이처럼 유한한 불완전한 존재인 인간은 완전한 초월자를 상정함으로써 그 한계를 극복하려는 존재이다.

이상의 논의에서 신화에서의 인간 이해가 공통적으로 인간 존재의 상대성, 유한성, 불완전성을 언표한다고 하더라도, 이와 같은 인간 존재의 의미 규정에 대한 신화적 서사를 상식적 판단의 범주로 규정하는 것이 타당한 것인지는 의문이다.

백 교수는 이제 과학적 판단, 즉 생물의학의 차원에서 사람의 의미를 파악하고자 한다. 인간 생명이 탄생하기까지 여러 가지 형태의 존재 위협과 난관을 살피면서 2-5cc 정액 속에 들어 있는 2-3억 개 정자들의 50%가 질내의 산성분비물로 인하여 죽고, 또 다시 질내 백혈구들의 무차별 공격에 의하여 나머지 50%가 사멸한 후에도, 살아남은 정자들은 자궁경부입구에 있는 방어망을 돌파해야 하고, 자궁 내 골방의 난관협부를 탈출해야 하는, 네 차례의 죽을 고비를 넘기면서 100-200마리의 정자만이 난관팽대부 근처까지 도달하게 된다. 그리고 최종적으로 그중 하나만이 난자와 수정하여 출산에 이르게 된다. 이것이 바로 성인 남녀의 성적 만남 이후 30여 분 동안에 이루어지는 생명 탄생의 서사이다. 남아 있던 질내의 다른 모든 정자들은 24시간 이내에 죽고 만다.

백 교수는 인간의 이러한 극적 탄생과정에서 생명 현상의 숭고미와 생존권, 인권, 인간존엄을 도출해내고 있다. 사실 이와 같은 과학적 관찰은 우리에게 경이감을 느끼게 할 수 있고 생명존중에 대한 생각을 환기할 수도 있다. 그런데 이 관찰 사실이 인간에게만 국한되는 일은 아니기에, 이러한 접근방식으로 인간의 존재만이 특별하다거나 우주에서 차지하는 위상이 달라져야 한다고 주장할 수는 없을 것 같다. 이런 관점에서는 모든 존재가 신비 그 자체이기 때문이다.

　더 나아가서 백 교수는 '생명의 존엄성'에서 '인간의 존엄성'으로 이행하는 과정에서 특히 '인간의 죽음' 현상에서도 유한존재로서의 인간이 생과 사를 분리해서 보지 않고 그 양자에서 자신의 본래적인 삶을 구한다는 점에서 '죽음의 존엄성'을 언급한다. 그러나 과학적 관점에서 인간 생명과 죽음의 신비를 스펙터클하게 보여주려면 정자와 난자의 수정에 의한 자기 구성뿐만 아니라, 그러한 '신체적 자기성'이 사실은 하나의 통일적인 생명 현상이 아니라 100조에 달하는 무수한 세포들의 살아 있는 개체 활동에 의하여 이루어지고 있다는 사실과 오히려 그 몇 배를 초과하는 안티물질들이 나의 신체를 위협하고 있다는 사실을 부각시키는 것도 한 방편일 수 있겠다. 하지만 그마저도 인간에게만 해당하는 일이 아니고 우주 생명체 모두에게 공통적인 현상이어서, 이로부터 인간 존재의 특별한 의미 가치를 도출할 수 있는 명분이 되지는

못할 것이다.[12]

　이제 마지막으로 백 교수는 철학적 태도, 즉 인간생물철학에서 보는 사람의 의미를 제시하고자 한다. 제가 보기에는 이 마지막 부분에서만이 '사람을 자연 이상으로' 볼 수 있는 근거가 마련될 수 있다고 여겨진다. "인간이란 무엇인가?"라는 물음은 소크라테스, 플라톤, 칸트, 헤겔, 포이어바흐, 쇼펜하우어, 니체, 다윈 등에 이르기까지 핵심적이다. 그러나 백 교수가 보기에는 철학적 인간학자들만이 인간의 본질에 대하여 생물학적인 동시에 철학적인 물음으로 접근했다(19-20). 이들은 '인간을 인간되게 하는 원리'로서 '생명의 정신'이나, 혹은 '자기를 떠나 자기를 응시하는 원리'로서 '탈중심성의 존재'를 중시한다(20). 그러나 이와 같은 철학적 인간학의 일정한 성과에도 불구하고, 그것이 현대 지식정보사회와 디지털사회의 담론에서 문제해결의 비책으로도 계속 활용 가능한가에 대한 어떤 언급도 없으며, 이러한 논의 성과가 세 번째 강의에 적절하게 연결되어 있는 것 같지 않다.

　막스 셸러(Max Scheler, 1874-1928)는 우주론적 관점에서 식물, 동물, 인간 모두를 포함하는 '생물심리학적 세계전체의 구도'를 제시하면

12　찰스 파스테르나크 편, 『무엇이 우리를 인간이게 하는가?』(Charles Pasternak, *What Makes Us Human?*, Oxford 2007), 말글빛냄, 2008. 현대과학자들(이 책에서는 15인의 석학들)은 인간과 동물의 차이를 1%도 안 되는 유전정보의 차이, 직립보행과 그 결과로서 유연한 엄지손가락의 놀림, 말할 수 있는 성대, 동물보다 더 큰 뇌와 인지능력의 향상 등을 들고 있지만, 아직까지는 그 어떤 요소도 결정적인 것이라고 주장할 수는 없을 것 같다.

서, 살아 있는 생명체는 감각충동(식물), 본능(동물), 연상적 기억(동물의 생존), 실천적 지능, 인격으로서의 정신적 수행활동이라는 다섯 단계로 구분했다. 이 중에서 네 번째 단계까지는 생명보존의 법칙에 따르지만, 다섯 번째 단계는 그것을 부정할 수도 있는 점에서 '생명 일반에 대립하는 원리'이다(22). 필자가 보기에 이러한 주장은 이미 쇼펜하우어가 선취한 것이다. 새 원리로서의 인간정신은 '인격' 과 '세계개방성'을 특징으로 한다. 인격은 "어떠한 충동이나 환경에도 구속되지 않고 환경에서 자유하면서 이념을 직관하고 사유한다" (22). 인간 정신의 이러한 원리는 그 자신을 세계로부터 개방하게 한다. 이 개방성이란 정신의 중심으로서의 인격을 드러내는 것을 뜻한다. 백 교수에 의하면 이러한 인격존재로서의 인간은 "자기반성을 통해 스스로를 성찰하는 자발적 의식, 즉 자기의식을 갖는다" (22). 오직 인간만이 자기의식을 통하여 자신의 환경을 세계 차원으로 확장할 수 있고, 자살할 수도 있으며, '사실의 범주'와 '실체의 범주'를 동시에 가질 수 있다(23). 이와 반대로 동물들은 시공간 개념이나 범주의식을 갖지 못한다. 여기에서 백 교수는 새 원리로서의 인간정신의 특성을 '아니라고 말할 수 있는 자(Neinsagenkönner)', 즉 '부정성의 능력'과 '비전문화의 전문화(32)'로 보고 있다. 일찍이 삶의 금욕을 가르쳤던 붓다와 예수의 '부정성'은 나중에 쇼펜하우어와 아도르노가 각각 '동고'의 이론과 '부정변증법'으로 발전시켰다.

이어서 백 교수는 철학적 인간학의 하이라이트라고 할 수 있는 아놀트 겔렌(Arnold Gehlen, 1904-1976)과 헬무트 플레스너(Helmuth Plessner, 1892-1985)의 사상에 기대어 인간을 '결핍존재(24-26)'[13]와 '탈중심성의 존재(26-31)'[14]로 규정한다. 우선 겔렌은 드리시(Hans Adolf Eduard Driesch, 1867-1941), 니콜라이 하르트만(Nicolai Hartmann, 1882-1950), 막스 셸러(Max Scheler)의 영향을 받아 라이프치히 학파의 대변자로 활동했으며, 그의 '결핍존재' 개념은 헤르더(Johann Gottfried von Herder, 1744-1803)와 니체(Friedrich Nietzsche, 1844-1900)에서 '확정되지 않은 동물'에까지 소급되어, 유연하고 형식화할 수 있으며 쉽게 배우고 발견에 소질을 가지고 있는, 이른바 '본능과 충동으로부터 구속되지 않는 세계 개방적 존재'[15]인 동시에 교육, 기술, 문화와 같은 사회적인 '제도를 필요로 하는 특성(Institutionenbedürftigkeit)'을 가진 존재이다. 그는 하이데거, 하르트만처럼 나치 전력을 남겼으며, 당시 나치당에 가입한 겔렌은 나치를 반대하여 해직당한 폴 틸리히의 프랑크푸르트대학교 교수직을 이어받기도 했다.

한편 플레스너는 '탈중심적 위상성(Exzentrische Positionalität)'이라는 근본 범주를 중시했다. 그는 살아 있는 것과 살아 있지 않은 것을 구분하게 하는 것이 무엇이고, 살아 있는 것의 현상들이 어떻게 조직되는가에 관심을 두었다. 첫째, 식물과 동물과 같은 유기적 존

13 Arnold Gehlen, *Der Mensch : Seine Natur und seine Stellung in der Welt*, Berlin 1940.
14 Helmuth Plessner, *Die Stufen des Organischen und der Mensch. Einleitung in die philosophische Anthropologie* (1928), Suhrkamp : Frankfurt 2003.
15 Jürgen Habermas, *Philosophisch-politische Profile*. 2. Auflage, Suhrkamp : Frankfurt 1984, S.101.

재는 무기물과는 달리 환경에 대하여 자신의 '한계를 현실화하는 존재(das grenzrealisierende Wesen)'이다. 둘째, 식물, 동물, 인간 유기체는 그때마다 독특한 위상(Position)과 위상성(Positionalität)을 가지고 있는데, 식물의 조직은 어떤 중추 기관도 갖지 않은 채 열린(offen) 상태에 있으며, 동물 조직은 하나의 구심점을 갖고서 중심을 향하여 (zentrisch) 있고, 인간의 조직 형식은 탈중심적(exzentrisch)이다. 그리하여 인간은 언제나 그의 삶에 대하여 반성적인 관계를 가질 수 있다.[16] 이러한 반성적 관계들의 계기는 자기의식을 형성하는데, 플레스너는 그것을 철학적 전통에서처럼 정신적 현상으로 다루지 않고 생물학적 기저 위에서 발전시켜서 인간을 물체(Körper)와 신체(Leib)의 양면에서 분석했다.

또한 그는 '탈중심성의 위상성'을 세 가지 형태의 '인간학적 법칙들(Die anthropologischen Grundgesetze)', 즉 '자연적 인위성의 법칙(das Gesetz der natürlichen Künstlichkeit)', '중재적 직접성의 법칙(das Gesetz von der vermittelten Unmittelbarkeit)', '유토피아적 입지의 법칙(das Gesetz vom utopischen Standorts)'으로 정립하였는데, 그것은 각각 '자연과 문화', '자연과 역사', '자연과 정신'의 관계를 규명한 것이다. 첫째로, 인간은 스스로 자연으로 존재하면서 자연을 넘어서 문화를 창출하는 존재이다. 둘째로, 인간은 스스로 자연으로 존재하면서 자신의 과거

---

16   http://de.wikipedia.org/wiki/Helmuth_Plessner (2013.8.17.18:25).

를 바탕으로 미래를 설계하는 존재이다. 셋째로, 인간은 자연으로 존재하면서 그 자신의 고향이자 유토피아인 '최종적인 결정상태(ein Definitivum, das Letzte)'를 끝없이 추구해가는 존재이다(26-31 참조).

백 교수는 이러한 철학적 인간학적 사유 또는 인간생물철학은 동물과 차별화할 수 있는 부정성, 비전문화, 결핍존재와 세계개방성, 탈중심성 등의 특징을 제시하면서, '인간 삶의 정신과학적 이론'이 오직 철학적 인간학으로서만 가능하다는 점에서 이른바 '인간의 철학'을 구축하는 데는 성공할 수 있었지만, '사람의 생각을 바꾸는 인문학적 구상력'에까지는 이르지 못했다고 비판한다(32). 그러나 필자가 보기에 백 교수의 가장 강력한 무기였던 철학적 인간학의 성과를 가장 결정적인 순간에 왜 갑작스럽게 무장을 해제시키는지 납득할 수 없다. 플레스너가 제시한 탈중심성의 원리만 하더라도 현대사회의 문제점들을 비판적으로 숙고할 수 있는 훌륭한 도구가 아닌가? 그렇지 않다면 '사람의 가치를 생각하는 인문학'이 무엇이고, 그것은 어떻게 가능한 것인가를 제시함으로써 철학적 인간학자들의 생각의 한계를 보다 분명하게 드러냈어야 할 것이다.

답변 2: 김진 교수님의 두 번째 큰 질의와 함께 세 번째 질의는 우리 전통의 天地人사상이 어떻게 서양의 자연과학과 사회과학, 그리고 인문학이 될 수 있는가하는 것입니다. 물론 동양사상을 서양의 과학적 전문지식의 개념과 100% 일치시켜 생각한다는 것 자체가 이미 잘못됐다고도 할 수 있습니다. 그럼에도 불구하고 동양의 포괄적 사고가 서양의 엄밀한 과학적 사고를 그대로 대신한다고는 할 수 없다고 해도, 또한 동양에서의 천이 곧 서양의 과학적 전문지식으로서 천문학 혹은 천체물리학이라고는 할 수 없어도 넓은 의미에서는 동일선상의 개념이 아니겠습니까! 특히 서양의 과학이 17-18세기에서 비롯됐다고 하면 동양의 천이라는 개념은 이미 인도와 중국에서 기원전 3천 내지 2천년대에 이루어졌음을 감안하면 이해하고 남을 것 같습니다. 이미 조동일 교수도 자신의 『인문학문의 사명, 1997』의 「인문학문의 위상설정」에서 天地人의 천에 해당하는 학문을 천문학(天文學), 즉 자연학문, 지에 해당하는 학문을 지문학(地文學), 사회학문, 그리고 인에 해당하는 학문을 인문학문(人文學文)이라고 해야 한다고 주장하고 있습니다. 이것은 곧 천지인이 자연과학과 사회과학, 그리고 인문학을 말하는 것이고, 이는 지극히 타당한 것으로 저는 간주하고 있습니다.

이를 하이데거가 말하는 사방개념으로 바꾼다거나 혹은 파니카의 우주신인론으로서 해석한다면, 오히려 학문의 영역을 분류하는 데 더 큰 혼란을 야기시키는 것은 아닐는지 염려가 됩니다. 그것보다는 인문학문에 대한 인문학 혹은 인문과학에 대한 심사숙고나 논란이 더욱 절실한 것은 아닐까요? 그 이상의 것으로서는 天文學이 법칙을 절대성으로 수용하고, 地文學이 규범을 정당성으로 수용하며, 그리고 人文學이 '자유'를 본래성으로 수용할 때 왜 인문학에서는 자유인가를 물을 수 있는 것은 아닐까요? 물론 이와 연관하여 김진 교수님은 사심 없는 천심이나 노자의 영아, 성경의 어린아이와 니체의 어린아이가 서로 다 다른 내용의 개념이 아닌가! 또한 동일자의 영겁회귀나 키에르케고르의 반복도 다 다른 의미가 아닌가 하는 물음과 함께 제가 구상하고 있는 것이 무엇인지 혹은 어떤 모습인지를 묻고 계십니다. 물론 쓰이는 개념의 내용이 한결같이 똑같을 수는 없습니다. 물리적인 연대로만 봐도 노자의 도는 기원전 500년 전후이고, 성경은 기원후 초기이며, 그리고 니체는 현대의 생철학자였습니다.

그런데 어떻게 그 모두가 그대로 일치하겠습니까? 노자는 영아에서 도를 봤고, 바울은 어린아이에서 하늘을 봤으며, 니체는 어린아이에서 생을 봤습니다. 그러나 여기에서 공통되는 것은 그것이 道이건 天이건 혹은 生이건 인간, 특히 인간의 삶과 무관한 어떤 근원으로서 존재가 아니라 인간 삶(생성)의 근원성으로서 본래성이라는 사실입니다. 그 본래성이 그때마다 다른 양상으로 나타났으나 그 자체는 그대로라는 것입니다. 그 그대로는 존재가 아니라 생성입니다. 그 모습이 그대로 그려지면 이미 그 모습은 본래의 모습이 아니고 맙니다. 그 모습은 존재하면서 생성하고 생성하면서 존재하는 것입니다. 그래서 본래의 모습은 모습이 아니라 본래의 모습과 관계하는 소통 그 자체가 됩니다. 나 자신은 나날이 늙어가도 道 자체와 소통하고 어린아이와 소통할 때 나는 그가 되어 젊어지고 그가 나로 되어 성숙한 인격체가 됩니다. 심지어 내가 나 자신과 순수하게 하나 될 때 나는 본래의 내가 되어 시공간을 초월하여 나를 처음과 같이 되가지게 합니다. 그러니까 본래모습에 대한 구체적인 구상이나 자기개념화의 과정이 필요하지 않습니다. 왜냐하면 본래모습은 하나로 존재하는 형태가 아니라 그때마다 늘 새로 이루어지는 생성 그 자체이기 때문입니다.

그리고 마지막으로 김진 교수님이 지적하신 니체의 '영겁회귀(Wiederkehr)'나 키에르케고르의 '반복(Wiederholung)' 역시 위의 본래모습으로 되돌아가자는 것이지 다람쥐 쳇바퀴 돌듯이 그 자리에서 반복한다는 말은 아닙니다. 그러나 현실적으로 우리가 어떻게 본래모습으로 되돌아갈 수 있습니까? 없잖습니까! 그러니까 본래모습과 쉼 없이 소통하고 관계할 때 우리 자신이 본래모습을 닮게 된다는 것입니다. 그때 소위 회춘의 한 방식으로서 자신의 삶을 되가질 수가 있다는 말입니다.

제2주제인 〈사람을 자연이상으로 보는 철학〉에 대한 김진 교수님의 첫 번째 질의는 저의 '상식적 판단'에서 상식의 개념을 너무나 소극적으로 그리고 부정적으로 보고 있다는 지적입니다. 맞는 말씀입니다. 그러나 저는 물론 상식이나 과학에 초점을 맞추지 않고 철학에다 초점을 맞추고자 했기 때문에 상식을 소홀히 했을 뿐만 아니라 부정적으로까지 간략히 설명하고 넘겼습니다. 그렇다고 상식이 전적으로 부정적이라고 저는 생각하지 않습니다. 왜냐하면 상식이란 사람이 일상적으로 살아가는 데 가장 기본적 판단력을 제공해 주기 때문입니다. 그렇다고 그것이 그 자체의 의미근거를 갖는 것은 아닙니다. 단 상식 없이는 과학적 판단이나, 심지어 철학적 판단 역시 분명하게 드러나지 않게 됨으로써 상식과 과학, 그리고 철학의 한계를 먼저 그어야 한다는 의미에서만 상식을 짚었습니다. 물론 상식에 대한 순수철학적인 의미에서라면 어떻게 칸트나 쇼펜하우어뿐이라고만 하겠습니까! 야스퍼스도 사르트르도 수많은 철학자들을 들 수 있을 것입니다. 그러나 이런 상식과 과학, 그리고 철학이라고 하는 단계적 설정은 인간에 대한 고찰을 신화로부터 객관적 사실내용을 거쳐 철학적 의미의 근거를 제시하기 위한 전주곡의 역할이라고 판단했을 뿐입니다.

이어 김진 교수님은 저의 〈신화에서는 사람을 어떻게 보는가〉의 마오리족의 수호신 Tiki에 대해서 정확한 내용을 상세히 설명을 해주셨습니다. 고맙습니다. 저는 수호신 티키의 사실에 대한 설명보다는 사실에 대한 의미해석을 찾고자 한 것입니다. 그러니까 사실 설명은 티키가 천신인 랑기와 지모신인 파파 사이의 아들임을 말해주나, 형상화된 수호신 티키와 그 한가운데 있는 두 사람, 모두 3사람이지요. 그리고 그들의 손가락도 3개로만 형상화했기 때문에 그것이 무엇을 의미하는가를 저는 해석해내야 했습니다. 물론 어디 어떤 문헌에도 그 손가락 검지와 중지, 그리고 무명지 3개가 '생과 삶, 그리고 사'를 의미한다고 하고 있지는 않습니다. 그러나 사진에서 볼 수 있는 것과 같이 저에게 한가운데 큰 티키는 '삶'이고, 삶의 좌우에 있는 작은 두 티키는 삶 속에 있는 '생과 사'를 의미하는 것으로 와 닿았습니다. 이런 이해와 새로운 해석이 인문학의 힘이라고 저는 생각합니다.

세 번째 김진 교수님의 질의에서 남미 잉카인들의 신화나 그리스-로마인들의 신화, 또한 우리의 단군신화조차 어떻게 상식적 판단영역에 편입시킬 수 있는가 하는 것입니다. 좋으신 지적이십니다. 신화란 물론 상식이 아닙니다. 왜냐하면 신화란 어떤 의미에서는 인문학에 있어서 지고의 영역에 해당한다고 할 수 있기 때문입니다. 그러나 저의 논지전개에서 신화가 해당될 수 있는 영역은 분명 객관적 과학의 사실영역도 아니고, 그렇다고 철학의 사유영역으로 귀속시켜 처리하기에는 또 다른 혼란을 초래할 수 있을 것으로 간주되어 신화가 본질적으로 상식이 아님에도 불구하고 논지전개상 그렇게 처리가 되었습니다.

네 번째 김진 교수님의 질의는 생명의 존엄성은 인간의 생명뿐만이 아니라 생명 전반이 존엄한 것이 아닌가 하는 것입니다. 물론입니다. 저 역시 인간생명만이 생명이고, 기타의 생명은 생명이 아니라고 한 곳은 어디에도 없습니다. 전체논지에서도, 특히 인간생명철학을 다루면서도 모든 유기체, 그러니까 식물, 동물, 그리고 인간을 모두 함께 다루었던 것입니다. 다만 인간의 생명에 초점을 맞춘 것은 바로 우리 자신들의 문제이기 때문입니다. 식물의 생명, 혹은 동물의 생명만을 다루어야 한다면, 그 자체로서는 어떤 의미를 찾을 수 있을지 모르지만, 사람생명과 무관한 생명연구는 그 자체로 한계를 갖게 됩니다. 마치 인간이 제외된 자연사 자체 연구가 그 한계를 갖는 것과 같습니다.

다섯 번째 김진 교수님의 질의는 아주 중요한 내용입니다. 왜 인간생물철학에서 인간을 인간되게 하는 원리로서 생명정신이나 탈중심성으로 해석해 놓고 더 이상 그 성과를 디지털사회의 담론에서 이용하지 않고 넘어가는가 하는 것입니다. 이에 대한 저의 입장은 분명합니다. 아무리 완벽한 그리고 새로운 이론이라고 해도 이론으로서 완성되면 그 이론의 존재론적 성격 때문에 그 이상 혹은 그 다음의 인간 삶을 담지할 수가 없습니다. 왜냐하면 주장이나 이론은 끝으로 완결되어 존재하나, 인간의 삶은 존재하지 않고 생성으로 이어지고 있기 때문입니다. 살아 있는 생명이나 삶을 어떤 이론이 영원히 담보할 수 있겠습니까? 어떤 위대한 철학자들도 그 자리를 내놓고 세상을 떠났습니다. 완전한 인간의 삶이 없는 한, 하나의 절대적 철학이나 이론체계란 존재할 수가 없지 않습니까!

여섯 번째 김진 교수님의 질의는 철학함 자체의 문제라기보다는 철학자의 사회적 정치적 행보에 관한 것입니다. 겔렌은 인간생물철학자입니다. 그는 인간을 생물학적 의미에서 '결핍존재'라 하고, 그 철학적 내용은 '비전문성의 전문성'으로 표현합니다. 그는 1904-1976년까지 살았습니다. 이 시기는 유럽에서도 격동기였습니다.

정치적 행보에 따라 희비극이 교차되기도 했습니다. 저는 다만 그의 학문적 성과에 따른 평가만을 짚고자 했습니다.

일곱 번째 김진 교수님의 질의는 저가 인간생물철학의 결과와 그 성과를 제시해 놓고 왜 갑자기 무장해제를 시키느냐는 것입니다. 더욱이 탈중심성의 원리는 현대사회의 문제점들을 숙고할 수 있는 훌륭한 도구가 아니냐는 것입니다. 이미 앞에서도 말씀드렸습니다만 역으로 제가 다시 한 번 인간생물철학의 성과가, 아니 탈중심성의 원리 등이 지금도 통용될 수 있는가라고 되묻는다면, 특히 '사람의 생각을 바꾸는 인문학적 구상력'이 궁극적으로 사람됨의 자유함에다 초점을 두고 있는데 인간생물철학의 그런 성과를 그대로 수용만 하거나, 그 내용에서 벗어나지 못한다면, 더욱이 그 내용의 시대적 사회적 한정성 때문에라도 이미 빛바랜 개살구가 된 지 오래되지 않았습니까! 주장 그 자체로서는 논리 체계적으로나 철학 내용적으로도 분명 인간학의 큰 성과라고 할 수 있어도 지금으로서는 그 철학이 그대로 수용될 수는 없습니다. 우리의 학계에서는 저 자신도 여기에서 벗어나지 못한 채 야스퍼스전공, 칸트전공 혹은 헤겔전공 등이라 하여 선임철학자들을 업고 다니지만, 서양학계에서는 그런 경우들을 찾아볼 수 없지 않습니까! 왜냐하면 자신이 곧 자기철학자이기 때문이지요. 다만 자신이 철학하는 길잡이가 될 만한 철학자들의 철학내용을 소개할 수는 있습니다만.

질문 3. "디지털사회와 인간성 실현"에 대하여

백 교수는 세 번째 강의에서 생각할 여유를 주지 않는 디지털정보사회에서도 인문학적 사유는 우리에게 인간성 실현을 가능하게 한다는 다소 희망적인 메시지를 던져주고 있다. 그러나 인간성 실현의 가능성 조건이 무엇인지에 대해서는 특별한 메시지가 없다.

디지털사회는 우선 정체성에 관한 물음 자체를 어렵게 한다. 폴 고갱(Paul Gauguin, 1848-1903)은 타이티 섬에서 "우리는 어디에서 왔는가? 우리는 무엇인가? 우리는 어디를 가고 있는가?"[1897-1898, 139×374.7cm, Boston]라는 대작을 남겼다. 그리고 에른스트 블로흐(Ernst Bloch, 1885-1997)는 그의 주저 『희망의 원리』 서문에서 "우리는 누구인가? 우리는 어디에서 오는가? 우리는 어디를 향해 가는가? 우리는 무엇을 기다리는가? 무엇이 우리를 기다리는가?"[17]라고 묻고 있다.

백 교수는 이와 같은 정체성 물음이 디지털사회에서는 더 이상 확고한 대답에 이를 수 없다는 비관적인 전망으로부터 시작한다. 그는 보편타당성을 요구하는 근대성이 몰락한 곳에서 새롭게 출현한 포스트모던 사상은 필연적으로 디지털사회를 불러왔으며, 그 결과 '현실적인 삶'을 '가상의 세상'으로 바꾸어 놓았다고 진단하면서, 생각할 여유없이 폭주하는 지식정보들이 '나의 것이 아닌 다른 사람들의 생각들'이라고 지적한다(2). 그리고 백 교수는 이를 극복할

---

17   Ernst Bloch, *Das Prinzip Hoffnung*: Frankfurt 1959, S.1.

수 있는 길은 비판적 사유라고 본다(3). 예를 들면 이성적 확실성도 감성적 회의를 통해서 얻어질 수 있는데, 이것은 전형적으로 비판 의식의 소산물이다. 스콜라철학을 비판했던 데카르트와 그 이후의 철학에서 비판의 전통은 철학사의 주류를 형성해왔는데, 라이프니츠, 칸트, 헤겔, 마르크스, 아도르노 등이 각각 자신들의 선배 철학자들을 치열하게 비판하는 방식으로 이어져 왔다. 카르납의 논리실증주의와 하이데거의 기초존재론은 치열한 상호 비판을 감행하기도 했다. 그러나 그 모든 아날로그시대의 철학적 사유들은 디지털 시대의 도래와 함께 모두 밀려나고 있다(4). 그러나 "위기가 있는 곳에 구원이 있다"는 횔더린의 시구처럼, 인문학이 고사위기를 맞고 있는 이 시대에 스티브 잡스의 인문학적 상상력이나 구글이나 삼성 같은 대기업에서 인문학 전공자들을 대거 채용하는 현상들에서 인문학의 르네상스를 꿈꾸기도 한다(5).

이어서 백 교수는 디지털사회를 '생각 없는 사회'로 규정한다(6). 과학, 기술, 정보를 주축으로 하는 디지털사회는 '춘부장의 위엄'과 '자당의 자비'가 속수무책으로 무너지는 현상을 부추기고 있으며, 인간의 과학기술이 자연을 물론이고 인간 자신들까지를 파멸하는 결과를 초래했다는 것이다(8). 이러한 디지털사회의 진리 척도는 대응설과 구성설, 그리고 실용주의가 아니라 '화소들(pixel)의 양적 배열'이다(11-12). 이제 모든 현실은 가상공간에서 재현되고 있으며, 현실과 가상의 구분이 사라진 지 오래이다(14). 디지털사회에서 모든 가치는 정보가 결정하고, 그것이 곧 자본이자 권력이다. 그러나 디지털사회에 대한 백 교수의 견해는 너무 부정적인 것이 아닌가? 도구적 존재 가치의 실증성은 그대로 인정하고, 그 폐단에 대한 인문학적 대응방안을 보다 구체적으로 강구하는 것이 정도(正道)가 아닐까?

이제 화두를 돌려서 백 교수는 인문학이 경영학이 이룩한 성과에 동참하는 경우에 인간적인 사회, 즉 물심(物心)보다 인심(人心)을 우선시하는 사회를 이룩할 수 있다고 본다(20). 이에 덧붙여서 '인문학적 자기의식의 사람들'은 경제적 가치를 넘어서서 윤리적 가치와 심미적 가치를 지향해야 하고(21), 이로써 앎보다 행함을 중시하는 묵자 사상이나 "인간 본래의 미래를 상징과 묵시로 표현하는 심미적 가치의 본연성"을 추구해야 하지만, 현실적으로 그런 미래의 세계는 어디에도 없다(22). 인문학적 자기의식의 사람들에게 '미래의 열린 세계'는 "아직은 다가와 있지 않은 새로운 현실의 자유세계"이지만, 그것은 깨달은 사람들에게만 다가온다(23). "근원을 사유하는 사람만이 참 현실을 직시할 수 있고, 참 현실을 직시할 수 있는 사람들이 바로 인문학적 휴먼들이다"(23).

"성과 인간성해방, 자기의식"(24-26), "디지털 사회에서 대학의 의미"(26-32), "인간교육과 디지털교육", "인문학의 새로운 지평과 인간성 실현"(32) 등의 주제에서 백 교수는 디지털 영상이 인간의 삶과 의식, 인문학에 끼치는 영향은 지대하지만, 새로운 인문학의 내용을 영상문자의 기호체제로 만들어낼 수 없으며, 영상기술만으로 인간 교육을 성취할 수 없다고 지적한다(34). 그러나 이러한 논의들은 너무 추상적이고, 따라서 디지털사회에서 인간성을 실현할 수 있는 구체적인 아이디어는 확실하게 제시하지 못하고 있는 것 같다.

백 교수의 인문학은 '자기 반성의 근원성'이자 '자기역량의 생산성'이고 '자기성찰의 인격성'에 기반을 두고 있다(35). 또한 그는 "인문학과 우리의 미래"(36)에서 본연과 근원을 사유하는 인문학적 자기의식의 사람들은 자신을 위해서 이익을 구하기보다는, 쇼펜하우어식으로 표현하자면 다른 사람들을 위하여 스스로 손해를 보는 동고(Mitleid)의 감정을 가져야 하며 가질 수 있다고 전망한다. 이런 마음을 통하여 '보편적 인류공동체'를 위한 '평화에의 길'이 비로소 열리게 될 것이다(37).

백 교수는 신일희의 '천로역정'으로 대미를 장식하고 있지만(37), 필자로서는 파르메니데스의 존재와 무, 플라톤의 사물과 이데아, 칸트의 현상과 물자체, 쇼펜하우어의 표상과 의지, 노자의 유욕과 무욕이 어떻게 다른지에 대한 보다 근원적인 호기심으로 인하여 노자 도덕경의 첫 번째 문장으로 마감하고자 한다.

"道可道非常道(도가도비상도)요 名可名非常名(명가명비상명)이니 無名天地之始(무명천지지시)요 有名萬物之母(유명만물지모)니라 故常無欲以觀其妙(고상무욕이관기묘)하며 常有欲以觀其徼(상유욕이관기요)니 此兩者同出而異名(차양자동출이이명)으로 同謂之玄(동위지현)이니 玄之又

玄(현지우현)이요 衆妙之門(중묘지문)이니라"(『道德經』第一章). "말로 표현할 수 있는 도는 영원한 도가 아니고, 부를 수 있는 이름은 영원한 이름이 아니다. 무명은 천지의 시작이요, 유명은 만물의 어머니이다. 그러므로 언제나 무욕으로써 그 오묘함을 보고, 언제나 유욕으로써 현상 사물을 본다. 이 양자는 같은 데서 나왔으나 그 이름을 달리한다. 똑 같이 오묘함이라 한다. 오묘하고 또 오묘하니, 모든 오묘한 것의 문이다."

노자는 무명(無名)을 '천지지시(天地之始)', 유명(有名)을 '만물지모(萬物之母)'라고 구분했지만, 실상은 그 둘이 따로 나눌 수 있는 것이 아니다. 그럼에도 불구하고 현상적으로 무욕(無欲)과 유욕(有欲)은 현저하게 다른 양상을 보인다. 유욕은 우리가 만나는 그 현상을 보는 것이지만, 무욕은 그 본질적 깊이의 오묘함을 보는 것이다. 그런데 노자는 이 둘 모두가 같은 곳에서 나왔다고 한다. 현상적 차이를 지양한 것이다. 필자는 노자의 이런 주장의 서양철학자들의 생각과 대비해보는 습관이 생겼다. 그 중에서도 쇼펜하우어의 '의지'와 '표상'의 개념은 노자를 이해하는 데 시금석이 된다. 우주의 개수가 10,500개라는 스티븐 호킹의 천체물리학적 주장이나 인체를 구성하는 생명체 수가 100조-600조 개에 달한다는 현대 생물학적 주장을, 천체와 인체를 구성하는 수가 "갠지스 강의 모래알처럼 많다"는 식의 불교적 기술과 비교해볼 때, 어떤 표현이 더 정확하고 객관적인지 단정하기는 힘들다. 디지털시대의 우선적 가치는 우리가 마주하는 현상적 사태들을 가장 확실하고 신속하게 기술하는 '유욕'임이 확실하지만, 인문학자들은 그 현상과 마야의 모든 극단적인 주장 내용들을 넘어서서 근본을 생각하고 인간과 자연의 일치를 추구하는 '무욕'을 동시에 유념해야 한다는 사실이다. 그것들은 이름만 다를 뿐이지 같은 곳에서 흘러나온 것이다. 그러므로 인문학자에게는 상식, 과학, 철학의 위계보다는 그 모든 경계를 자유롭게 원융무애할 수 있는 사유공간의 확보가 더욱 절실한 것은 아닐까?

답변 3: 제3주제인 저의 〈디지털사회와 인간성 실현〉에 대한 김진 교수님의 첫 번째 질의는 디지털사회에서 인간성 실현가능성의 조건이 무엇인가 하는 것입니다. 그러면서 고갱과 블로흐를 들어 우리의 정체성을 말씀하고 계십니다만, 고갱이나 블로흐에게도, 특히 블로흐에게는 우리에 대한 물음이 중요한 것이 아니라 자신의 단호한 철학적 입장이 중요했습니다. 따라서 저에게는 『희망의 원리』보다는 『튀빙겐의 철학입문』이 철학적으로 더욱 와 닿았습니다. 왜냐하면 여기에서 그는 유명한 명구인 "나는 존재한다. 그러나 나는 나 자신을 가지고 있지 않다. 그러므로 이제 우리는 생성한다"(Ich bin. Aber ich habe mich nicht. Darum werden wir erst[18]: I am. But without possessing myself. So we first come to be.)라고 말하고 있기 때문입니다. 여기에는 형태적으로만 보면 간결한 3문장으로 구성돼 있으나, 이 3문장은

---

18 E. Bloch: *Tübinger Einleitung in die Philosophie*. Frankfurt(M) 1970. S.13.

형식논리가 아닌 변증논리에 따른 정과 반, 그리고 종합을 말합니다. 따라서 3문장의 철학적 내용은 먼저 존재와 소유, 그리고 생성의 관계를 의미하고, 다음에는 생성의 과정이 나(존재)로부터 시작하나, 우리(사회)로 나아감을 의미합니다. 여기서도 저는 소크라테스 이전 고대그리스철학의 대부인 파르메니데스(존재)와 헤라클레이토스(생성)를 상기하면서 이 후자로부터 철학적 사유의 계기를 찾았음을 말씀드립니다.

김진 교수님의 둘째 질의는 저가 디지털사회에 대한 견해를 너무 부정하지 말고, 그 폐단에 대한 인문학적 대응방안을 제시하는 것이 정도가 아니겠는가하는 것입니다. 물론 김진 교수님의 말씀이 맞습니다. 현실은 빈틈없이 다가와 있는데 이불 속에서 불평만 해서 되겠습니까! 제가 불평만 하는 것은 아닙니다. 불평하기 이전에 순리를 따르자는 것이고, 초심으로 돌아가자는 것이며, 또한 인간 본래의 근원성으로 돌아가자는 것입니다. 혹시나 김진 교수님께서 저의 부족한 글솜씨 때문에 행간을 놓치시고 오해라도 하고 계시지 않나 싶어 다시 말씀드리려고 합니다. 저는 현재를 기점으로 해서 보면 미래란 아직 오지 않은 미지의 세계이나, 그 미지의 세계는 처음과 초심, 혹은 그 본래성에 투영되어 있다는 생각을 저버리지 못하고 있습니다. 특히 인간 삶의 인문학적 계기에서 보면 더욱 그렇습니다.

그래서 "디지털시대에서도 대학은 무엇이어야 하는가"를 단독으로 짚어보기도 했던 것입니다. 자연스럽게 이 물음은 우리 김진 교수님의 세 번째 질의로 이어지는 것 같습니다. 우리의 전통교육에는 먼저 서당교육이 있었고, 이어 학교교육이 우리사회에 자리를 잡았습니다. 그러나 현금에는 디지털시대가 되어 학교교육이 가상교육 혹은 영상교육으로부터 밀려나 디지털교육만이 지고의 교육인 양 최첨단에서 칼날을 마구 휘두르고 있지 않습니까! 그러나 잠시만 우리 자신으로 되돌아와서 교육의 본질이 무엇인가를 되짚어보면 그 해결책은 멀리 있지 않고 바로 이미 우리가 살아온 삶 속에 있다는 것을 알 수 있습니다. 서당교육의 궁극적 목적도 인간교육이었고, 학교교육 역시 인성교육이 궁극적 목적이었으며, 또한 영상교육인 디지털교육도 사람을 사람되게 하는 사람교육이어야 하지 않겠습니까!

그렇다면 서당교육은 낡은 교육이고, 가상교육은 최첨단의 교육이라고 할 수 없게 됩니다. 어떤 시대, 어떤 교육이든 교육의 궁극적 목적은 본래의 사람됨을 위한 인간성 실현의 교육이 아니었습니까! 다만 시대에 따라 혹은 지역에 따라 교육의 양식이나 방식은 달라져 왔으나, 교육의 목적 자체는 전혀 바뀌지 않았습니다. 기원전 500년경 중국에서는 공자와 노자 혹은 묵자가, 인도에서는 우파니샤드와 붓다가, 이란에서는 조르아스터가, 팔레스타인에서는 예레미아에서부터 엘리아, 그리스에서는 호머, 파르메니데스, 헤라클레이토스 혹은 플라톤 등이 설파한 철학들로부터 2,500년이 지난 지금도 우리는 거기에서 한 걸음도 더 내딛지 못한 채 그대로 살고 있다면, 우리 인류 전체가 그때부터 살기 시작한 것(차축시대)이 분명합니다.[19] 심지어 문자가 없던 선사시대로부터 역사시대를 거쳐 이제는 탈역사시대의 정보사회에서 우리가 산다고 하나, 400만 년 동안 오늘날의 인간과 같은 DNA를 가진 인간본질은 크게 달라지지 않았다는 사실입니다.

김진 교수님의 네 번째 질의는 파르메니데스와 플라톤, 칸트와 쇼펜하우어의 사상들이 상호 어떻게 다른지, 그리고 이들 모두를 노자의 도덕경 첫 문장인 道可道非常道요 名可名非常名이니, 無名天地之始요 有名萬物之母니라를 인용하시면서 이에 동의해 주기를 바라고 계시는 것 같습니다. 먼저 여러 철학자들의 철학내용을 하나하나 밝히기에는 저의 거시적인 서술 때문에 다 열거를 할 수 없겠습니다만, 노자의 철학함에는 저 역시 공감하고 싶습니다. 저도 초고에서는 김진 교수님이 제안하신 도덕경 첫 문장을 기록했습니다만, 이번 저의 전체적인 주제가 〈사람과 생명, 그리고 사회: 인간 삶의 철학으로서 인문학〉이었기 때문에 부득이 도덕경 48장의 爲學日益 爲道日損을 택할 수밖에 없었습니다. 김 교수님이 제안하여 주신 道可道非常道가 인간의 현실적 삶을 떠나 있는 형이상적인 가이드라인이라면, 爲學日益 爲道日損은 인간의 삶을 현실적으로

---

19 K. Jaspers: 『역사의 기원과 목표』. 백승균 역. 1986. "차축시대와 그 결과." BC 500년 경 이후 지금도 연전히 정신적으로 거기서 한 걸음도 더 나가지 못한 채 그대로 살아가고 있다.

실천 가능케 하는 인문학적 가이드라인으로 될 수 있을 것이라는 저의 부덕한 소견 때문이었음을 이해해 주시기 바랍니다.

그리고 김진 교수님의 다섯 번째 마지막 질의는 노자의 道可道非常道요 名可名非常名이니에서 나오나 쇼펜하우어의 의지와 표상을 통해 호킹의 천체물리학적 천체주장이나 현대생물학적 인체주장마저 불교와 한 연관성 속에서 고찰해야 함을 강조하고 계십니다. 이것은 김진 교수님의 철학적 본래관심영역이라고도 할 수 있겠습니다만 '사유욕'은 물론이고 근본을 생각하기 위해 인간과 자연을 일치시키는 '상무욕'을 동시에 유념을 해야 한다는 주장을 하십니다. 이에 따라 저의 상식, 과학, 그리고 철학의 경계를 지워야 함을 지적해 주셨습니다. 참으로 인간과 자연의 일치가 현실적으로 가능하겠습니까? 이미 로자 룩셈부르크는 자연을 인간화하고, 인간을 자연화하는 것을 사회철학의 궁극적 목표로 삼기도 했습니다. 사실 사람이 자연이고 자연이 사람이라면 더 논란거리는 되지 않을 것 같습니다만, 쉽사리 이 문제가 해결되지는 않았습니다. 그래서 인간생물철학자들이 생물학적이면서도 동시에 철학적인 해결책을 모색했던 것입니다. 인간의 삶이 전제되는 한, 결단코 하나의 해결책은 주어지지 않을 것으로 생각이 됩니다. 핵심적인 과제는 불교적 관점에서만 보면 我가 어디 있고, 非我가 어디 있겠습니까! 아도 없고 비아도 없는 것을, 아니 있다거나 없다는 생각조차도 없는데 없다 한들 무엇하며, 있다 한들 무엇하겠느냐고 하면 너무나 잘못된 표현이고 판단이겠습니까? 엄밀한 의미에서는 1, 2, 3이 불가능할지언정 생활의 편의상, 즉 인간 삶의 전체[20]를 분별할 수밖에 없었음을 다시 한 번 이해해주시길 바랍니다.

감사합니다.

---

20 강영안, 『인간의 얼굴을 가진 지식 - 인문학의 철학을 위하여』, 서울: 소나무, 2002. 192쪽 이하; 강영안, 『타인의 얼굴 - 레비나스의 철학』, 서울: 문학과 지성사, 2005.

청중의 질문과 답변

질문 1. 전체 세계사 흐름에 대하여 자세히 설명 바랍니다. (임태수님)

답변 1: 세계사 전체흐름에 대한 자세한 설명을 하고 있는 〈천로역정, 신일희: 2006〉이라는 유인물을 전하겠습니다. 성실하게 기술하고 있는 발표문이기 때문에 많은 도움이 되리라고 판단이 됩니다.

질문 2. 김지미와 재클린을 예를 들었는데 성에 대한 남의 시선은?

답변 2: 물론 남의 시선을 외면만하고 우리는 살 수 없습니다만 궁극적으로는 다른 사람보다는 자기 자신이 무엇보다 우선하고 중요합니다. 몇 가지의 실존적 한계상황을 생각해보면, 예를 들어 자신의 죽음이나 자신만의 고통을 생각해 본다면 금방이라도 판단할 수 있습니다. 이런 경우들은 어느 누구도, 부모도 자식도 대신해 줄 수가 없습니다. 나만이 감당해야 하는 것입니다. 그러니 자기 자신의 의식이 제일우선하게 됩니다.

질문 3. 권하고 싶은 책 몇 권 알려주십시오.

답변 3: 슈테판 콘보이의 『성공하는 사람들의 8번째 습관』

니체의 『차라투스트라는 이렇게 말했다』

데카르트의 『방법서설』

플라톤의 『파이돈』

질문 4. 우리가 살아가면서 늘 정의가 무엇이고 어디에 있는지에 대한 갈등이 많이 있습니다. 개괄적으로나마 그 정의의 근본을 어디에다 중심을 두고 생각하면서 살아가야 할지 설명 부탁드립니다. 또 종교에 대한 교수님의 견해를 듣고 싶습니다.

답변 4: 플라톤은 지혜(머리: 철인: 지배계급)와 용기(가슴: 군인: 수비자계급), 그리고 절제(배아래: 농공상: 생산자계급) 이 3가지가 각각 자기의 직분을 다하여 조화롭게 활동하면 영혼 전체의 덕으로서 '정의'가 성립한다고 했습니다. 이것이 고전적인 의미의 정의가 될 것이나, 현대사회에서의 정의가 일반적으로 사회에서 이루어져야 한다면, 통상 사회철학에서는 롤즈의 『사회정의론』을 들고 있습니다. 저의 종교는 기독교입니다. 그러나 하나님의 역사(섭리)는 저 자신이 최선을 다할 그때 거기에만 임재하는 것으로 믿습니다.

질문 5. 철학이 자기 정체성을 찾는 길인진대 철학이 내 집, 내 고향이 되어야 하는데 어찌해서 종교가 내 집, 내 고향이고 철학을 타향살이로 보시는지요?

답변 5: 철학은 냉엄한 인간이성을 바탕으로 하고 있기 때문에 물음으로부터 시작해서 물음에 부딪히고, 이에 논쟁에 시달리게 됩니다. 여기에서 철학은 주체로서 모든 사안에 대처하지 않을 수 없기 때문에 언제나 탐구에 탐구를 거듭해야만 합니다. 따라서 철학함은 안정을 찾아 안도하는 것이 아니라 불안정 자체에 존재하게 됩니다. 곧 타향살이인 샘입니다. 그러나 종교는 내가 아닌 초월자 혹은 신에 귀의하여 자기 자신을 헌신하게 되므로 그곳이 아늑한 고향집이 됩니다. 이에 따른 신앙은 다시 자기 자신에게로 되돌아오면서도 궁극적으로 자신을 떠나 영원성에 안기게 됩니다.

질문 6. 3주에서 언급된 내용인 "결혼하면 끝"이라는 것은 잘못된 생각이며, "운명은 있지만 없는 것"이라는 것에 대해 자세히 부연설명 부탁드립니다.

답변 6:

1) 결혼이란 종착점이 아니라 두 사람의 새로운 시작입니다. 이 시작은 언제나 새로운 시작이어야 합니다. 그때마다 자신의 마음을 상대방에게 전하고 표현해야 합니다. 표현의 양적 관계가 질적 관계로 바뀔 때 두 사람은 바로 한 사람이 되는 것이 아니겠습니까!

2) 운명이란 원방각에서 圓과 方은 절대적이고, 角은 상대적입니다. 절대성으로서 원과 방이 2/3이고, 각이 1/3이어서 산술적으로만 보면 사람의 운명은 있는 것이 되나, 1/3의 각인 자유의지가 2/3인 절대성인 운명을 극복할 수 있음으로써 사람의 운명은 자신의 각으로 인해 없게 되는 것입니다. 그래서 운명은 있으나, 그 운명을

覺하여 행동할 때 운명은 없어지는 것입니다.

질문 7. 정지용 시인의 〈호수〉를 두 번이나 인용한 이유를 설명해 주셨으면 합니다. (한문선 님)

답변 7: 강조하기 위해서 두 번 인용했을 따름입니다. 되풀이하여 주문을 외우듯 하면 시의 깊은 맛, 인문학의 묘미가 더욱 잘 나타나기 때문입니다.

"얼굴 하나야 손바닥 둘로 폭 가리지만

보고 싶은 마음은 호수만 하니 눈감을 수밖에."

질문 8. 박종홍 선생의 "한국 철학"에 대한 설명을 부탁드립니다. (홍생수 님)

답변 8: 제가 말씀드리기보다는 전공교수님께 여쭤보시길 바랍니다.

함석헌 옹과 함께 한국의 2대 학자로 추앙받는 한국철학계의 석학이십니다.

질문 9.

1) 니체의 권력에의 의지란 무엇을 의미하며, 니체 철학의 요체는 무엇인가요?

2) 실존주의란 말은 많이 들었고 또 많이 알려고 노력했음에도

정확하게 알지 못합니다. 설명해 주시면 감사하겠습니다.

답변 9:

1) 니체의 철학을 통상 가치전도의 철학이라고 합니다. 왜냐하면 그는 망치를 들고 철학을 한 사람이기 때문입니다. 그는 가치전도의 철학으로서 첫째 도덕비판을 하고 나섰습니다. 선과 악이란 生을 발전케 하느냐 혹은 몰락하게 하느냐에 따라 선으로도 될 수 있고 혹은 악으로도 될 수 있습니다. 그는 그리스인들의 도덕을 생을 긍정하는 '군주도덕'이라고 하고, 유대인들의 도덕을 생을 부정하는 도덕이라 하여 '노예도덕'이라고 했습니다. 둘째는 종교비판을 하고 나섰습니다. 종교란 세계의 생명과 자기 자신을 일치시키는 것으로 보고 오직 예수만이 상징주의자로서 그렇게 했을 뿐으로 어느 누구도 하지 못했다는 것입니다. 그러므로 기독인이란 세상에는 오직 한 사람인 예수뿐이라고까지 했습니다. 그리고 셋째는 철학비판입니다. 철학은 소크라테스가 등장하여 하나인 것을 이론과 실천으로 양분했다는 것입니다. 그래서 소크라테스를 정죄하고, 그 이전의 철학인 헤라클레이토스로 돌아가야 한다고 역설합니다. 이로써 그의 철학은 도덕비판, 종교비판 그리고 철학비판으로 이어졌습니다. 이런 가운데 그의 중요한 사상이라고 할 수 있는 것이 초인의 사상과 권력의지, 그리고 영겁회귀의 사상입니다. '초인 (Übermensch)'이란 달성돼야 하는 어떤 하나의 목표물이나 정형이 아니라 개개인이 그때마다 현실에 직면하여 자신을 넘어서는, 즉 ─

日新하는 생성적 인간을 상징적으로 표현한 것입니다. 그 자신이 "초인이란 大地의 뜻이로다"라고 하는가 하면, "인간이란 초극돼야 할 그 무엇이노라"고도 했습니다. 권력의지에서 권력이라는 원래의 뜻은 '힘(Macht)'입니다. 즉 모든 생명체는 그 자체적으로 살려고 하는 의지가 있다는 사실을 천명한 것입니다. 따라서 힘에로의 의지는 모든 전통적 가치를 전도시키는 새로운 가치창조의 원동력을 말합니다. 그리고 영겁회귀란 존재의 수레바퀴가 영원히 굴러가듯이 동일한 것의 반복을 말하고, 존재의 집마저 영원히 스스로를 세우듯 동일하게 되돌아옴을 말합니다. "내가 짜놓은 인과의 매듭은 되돌아오는도다. 그것은 다시금 나를 창조할 것이로다. 내 스스로가 영겁회귀의 인과에 속해 있노라."

2) 실존주의란 유신론적 실존주의와 무신론적 실존주의로 통상 나누기도 합니다. 유신론적 실존주의자로서는 키에르케고르를 비롯하여 야스퍼스와 마르셀 같은 사람들이 있고, 무신론적 실존주의자로서는 니체를 비롯하여 하이데거와 사르트르 등이 있습니다. 이들의 공통점은 '인간'이라는 보편개념이 너무 추상적이어서 '나'라는 구체개념으로, 나라는 구체개념도 추상적이어서 더욱 나를 적나라하게 '실존(Existenz)'으로 표현했습니다. 예를 들어 꼭 나 한 사람에게만 해당되는 본연의 내용으로서 '실존적 각성' 등을 말합니다.

질문 10.

1) "몸의 안정을 위해서는 집으로, 마음의 안정을 위해서는 고향으로, 이성을 고집하는 경우엔 정신세계로 돌아가는데 정신세계에는 타향살이하는 철학과 본향살이 하는 종교가 있다"고 하셨습니다. 왜 철학은 타향이고 종교는 본향인지요?

2) 선생님의 인간 생명을 존중하는 철학의 눈으로 볼 때, 낙태와 안락사를 어떻게 보아야 할까요? 낙태와 성의 자유의 관계는 어떻게 보아야 할까요?

답변 10:

1) 철학마저 때로는 외향적인 탐구의 연속이나, 종교는 내향적인 자기 침잠에로의 안정이기 때문입니다. 좀 더 자세한 설명은 질문 5에 대한 답변 5를 참조하여 주시기 바랍니다. 질문 5와 질문 10이 동일하기 때문입니다.

2) 낙태란 귀중한 생명을 인위적으로 차단시키기 때문에 죄에 해당한다고 할 수 있습니다. 어떻게 해서 한 생명이 태어나게 됐는가를 되새겨 볼 필요가 있습니다. 안락사에는 3가지 유형이 있습니다: 첫째 적극적 안락사란 불치의 병으로 극심한 고통을 받고 있는 환자의 생명을 단축시킬 목적으로 고통을 제거하는 행위입니다. 작위에 의한 살인죄에 해당합니다. 둘째 간접적 안락사는 생명을 단축시킬 염려가 있음에도 고통을 완화시킬 목적으로 처치를 한 결과 환자를 사망케 한 행위입니다. 부작위에 의한 살인 내지 살인방조

죄에 해당합니다. 끝으로 셋째 소극적 안락사는 죽음에 직면한 환자에 대한 치료를 중단하거나 유지장치를 제거함으로써 환자를 사망하게 한 행위입니다. 소극적 안락사가 넓은 의미에선 존엄사에 해당합니다. 그러나 존엄사와 안락사(소극적)도 구별됩니다. 첫째 죽음에 대한 관리주체가 자기 자신인가 혹은 의료인 내지 그 가족인가에 따라 존엄사와 안락사가 구별됩니다. 둘째 죽음을 환자 자신이 수용하면 존엄사에 해당하고, 타인에 의해 수용되면 안락사에 해당합니다.

질문 11.

1) 공자의 주 사상은 인이라고 합니다. 메시아의 주 사상은 무엇인지요.

2) 주요한 서양 철학자와 각각 그들의 주된 사상은 무엇인지 말씀해주세요. (조재풍 님)

답변 11:

1) 메시아의 주 사상을 단적으로 표현하면 '사랑'이고, 그 사랑은 하나님사랑과 이웃사랑으로 나뉠 수 있습니다.

2) 이에 대한 서술은 간단하지가 않을 것 같습니다. 간략한 서양 철학사를 한번 일별하시면 좋겠습니다. 다만 몇 철학자들만이라고 열거한다면 플라톤, 아리스토텔레스, 데카르트, 로크, 칸트, 헤겔, 니체, 야스퍼스, 하이데거, 아도르노, 하버마스 등을 꼽을 수 있을

것 같습니다.

질문 12. 인문학에서 문, 사, 철이 중요한 이유는 무엇입니까. (양창동 님)

답변 12: 이들 학문들은 인간의 목적 자체나 가치를 중요시하며, 자기 스스로를 창조하는 정신세계의 학문들이기 때문입니다. 자연과학은 '법칙'에 따라 설명되고, 사회과학은 '규범'에 따라 정당화될 수 있다면, 문사철의 학문들은 자신을 되돌아보는, 즉 '자유'를 바탕으로 하면서 근원성을 지목하기 때문입니다.

질문 13.

1) 독일철학에서 "Frankfurt학파"에 대하여 설명 부탁드립니다.

2) 일본 속담에 일찍 일어나는 새가 … 미국속담과 같은 게 있는데 우리나라 윗물이 맑아야 아랫물이 맑다와 비슷한 독일 속담은 없는지요?

답변 13:

1) 사회주의와 자본주의 모두를 비판하고 나선 20세기 후반의 서양사회비판철학입니다. 대표철학자들로서는 호르크하이머(전통이론과 비판이론)와 아도르노(부정변증법), 마르쿠제(이성과 혁명)과 하버마스(인식과 관심) 등입니다. 저는 1982년『변증법적 비판이론(경문사)』를 통해 Frankfurt학파를 소개한 적이 있습니다. 참조하시면 감사하

겠습니다.

2) 질의 토론시간에 찾아보기로 하겠습니다.

질문 14.

1) 인문학과 철학은 종교와 관련이 있다고 생각하십니까? 관련이 있다면 어떤 종교에 가깝다고 보십니까? 기독교는 물론이고 불교와의 관련도 중요합니다.

2) 잘 때 꾸는 꿈은 현실과 어떤 관계가 있다고 생각하시는지요?

답변 14:

1) 물론 관련이 있습니다. 대체적으로 기독교와 직결된다고 할 수 있으나 꼭 그렇지는 않습니다. 불교와도 뗄 수 없는 관계를 가지고 있지요.

2) 역시 꿈은 현실에 대한 소망이 아니겠습니까! Freud는 꿈을 정신분석학적으로 해석을 해냈습니다. 그의 중심사상은 성욕설에 있습니다. 다시 말하면 성적 충동이 인간의 삶 전체를 형성하고 있다는 주장입니다. 인간은 초자아(superego)와 자아(ego), 그리고 본능충동(id)으로 돼 있다는 것이 그의 지론입니다. 이를 두고 E. Bloch는 비판적으로 『희망의 원리』에서 Freud의 꿈은 한밤의 꿈이고 무의식의 꿈이며, 완결된 꿈이고 망각된 꿈, 나아가 자기 내면성에 대한 폐쇄적인 꿈이라 하고, 즉 〈그 이상 아니 의식된 것〉(das Nicht-Mehr-Bewusste)의 꿈이라고 했습니다. 이에 반해 자신의 꿈은 한낮의 꿈이

고 미완성의 꿈이며, 유의식의 꿈이고 보다 나은 인간 삶에 대한 꿈이며, 아브라함의 꿈이고 요셉의 꿈, 즉 〈아직-아니-의식된 것〉의 꿈이라고 했습니다. 프로이트는 심화되기만 하는 인간의 심층심리를 대상으로 하는 한밤의 꿈을 제시했다면, 블로흐는 인간본래의 자유와 근원적 동일성을 대상으로 삼는 한낮의 꿈을 제시했다고 할 수 있습니다. 한낮의 꿈이란 개인주의적인 오리무중의 몽매한 한밤의 꿈이 아니라, 개방의식에서 희망의 세계를 지향케 하는 〈아직-아니-의식되고, 아직-아니-완성된 것〉에 대한 미래적 역사의식을 말합니다. 이것은 물론 정신분석학적인 해석이 아니고 철학적인 해석입니다.

질문 15.

1) 인문학에서 관념론이란 무엇이고 또한 유물론이 무엇이며 아울러 참진리란 무엇인가요?

2) 인문학이란 삶을 긴장 속에서 팽이처럼 스스로 서는 것이 즉 새로운 삶 그 꼭지점이 인문학이라고 말씀하시는데 구체적인 실례를 주셨으면 합니다. (이충식 님)

답변 15:

1) 사물을 우리의 관념에서 이끌어내는 철학을 관념론이라 하고, 반대로 우리의 관념을 사물에서 이끌어내는 철학을 유물론이라 하며, 참 진리는 시대에 따라 다르나, 주어와 술어가 일치하면 참이라

고 합니다. 동전은 둥글다와 같은 것을 모사설 혹은 일치설이라 하고, 삼각형의 내각의 합은 2직각이다와 같은 진리를 명증론이라 하며, 칸트의 철학에서는 구성설이라고 합니다.

2) 부부간의 관계에서도 보면 나의 남편, 나의 아내이기 때문에 아무런 긴장감 없이 서로가 마구 대하면 긴장감이 떨어져 서로의 존중감도 없어지게 됩니다. 우리의 선조들은 부부가 서로 여보라고 하는 존대어를 썼습니다. 그 이유를 한번 생각해볼 필요가 있을 것 같습니다.

질문 16.

1) 시대조류와 철학사조의 관련에서 시대를 앞서 이끄는 것은 어느 것인지 알고 싶습니다. 그리고 최근 철학의 흐름을 소개해 주시면 감사하겠습니다.

2) 동양철학과 서양철학의 차이점에 대하여 설명해 주시기 부탁드립니다.

답변 16:

1) 현대철학사조는 헤겔 이후의 철학을 말합니다. 생철학, 현상학, 실존철학, 실용주의, 신마르크스주의, 해석학, 철학적 인간학, 구조주의, 포스트모던철학, 해체주의철학, 분석철학 등이 있습니다. 지금은 어떤 하나의 철학사조가 존재하지 않고 다양한 지적 관심에 따른 주의주장들이 많습니다.

2) 철학이란 서양에서는 知를 사랑하는 학문으로서 출발했으나, 우리에게는 성리학, 도학 등과 통합니다. 서양철학은 대체로 먼저 자연을 철학의 대상으로 삼았고, 동양철학은 사람을 철학의 대상으로 삼음으로써 서양철학은 외향적 탐구에 탐익했고, 동양철학은 내향적 탐구에 몰두해온 것 같습니다. 따라서 서양철학에서는 논리적(수학적) 사고에 따른 합리적 철학이 왕성했으나, 동양철학에서는 포괄적 사고에 따른 경험적 삶의 지혜가 우선하는 철학이었던가 봅니다.

질문 17. 디지털 시스템은 모든 논리를 코드화하므로 이진법 사고에서 출발합니다. 그래서 시스템화를 위해서는 숫자 "1"과 "0", 논리적으로는 "부정"과 "긍정"만 존재합니다. 이에 따라 사고가 둘로 나뉘어 다양한 의견 개진이 점차 어렵게 됩니다. 이런 조류에서 다양한 사고를 갖기 위해선 어떻게 해야 할까요?

이에 따른 글로벌스탠다드는 우리 생활과 규범은 내 사고와 무관하게 행동을 지배합니다. 이는 우리가 아주 싫어하는 전제저의와 그것도 세계적 수준에서의 전제화로 갈 것으로 봅니다. 이것이 우리가 궁극적으로 가야 할 지향점이 되어야 하나요?

답변 17: 디지털시스템의 주축은 Pixel(화소), 즉 점입니다. 강연에서 말씀을 드린 대로 철학은 현실을 중요시합니다. 현실이란 시간(1차원)과 공간(3차원)을 전제로 이루어진 4차원의 세계입니다. 여기에서 1차원인 시간이 빠지면 3차원의 공간(가로×세로×높이)인 입체, 즉 조각상이 가능합니다. 다시 1차원이 빠지면 2차원, 즉 평면(가로×세로)만 남게 되어 회화(그림)가 가능하며, 다시 거기서 1차원이 빠지면 1차원만 남기 때문에 선(線)이 되고, 이것이 문자로 된 것이라고 합니다. 그러니까 지금 우리가 쓰고 있는 1차원의 문자는 '현실'로부터 3차원이나 추상화된 것이기 때문에 4차원의 '현실'을 먼저 상정하고 있어야 현실감을 가질 수 있다는 말입니다. 그런데 지금은 1차원인 선형의 문자조차 넘어서서 0차원인 점의 시대가 됐다는 것입니다. 이를 두고 디지털시대라 하고, 그 이전 시기를 통틀어 아날로그시대라고 합니다. 디지털시대는 점의 시대이기 때문에 시간도 공간도 다 초월하는 시대가 된 것입니다. 문자가 없어 암반에다 그림을 그려 넣던 시대를 '선사시대'라 하고, 지금처럼 문자로 기록하던 시대를 '역사시대'라고 하나, 오늘날 과학기술의 발달로 점의 0차원시대가 됨으로써 '탈역사의 시대'가 됐다는 말입니다. 컴퓨터나 스마트폰을 염두에 두시면 혹시 이해가 더욱 쉬울 수 있을는지 모르겠습니다. 탈역사시대의 가치관들은 이전 역사시대와는 상상할 수 없을 정도로 달라질 것으로 사료됩니다.

질문 18. 인간의 도리, 예절을 강조하고, 기술을 홀대하던 조선 왕조의 인문학적 사회가 지리멸렬한 이유는 무엇입니까?

답변 18: 물론 확실한 많은 이유가 있을 것입니다만 저가 답을 드리기에는 한계가 있습니다. 그러나 한가지 분명한 것은 정치 경제적 요인과 과학기술로 인한 우리의식각성의 한계가 아닌가 싶습니다.

질문 19. 스티브 잡스가 인문학을 이야기하면서 ―다양한 사고의 출발점으로서― 인문학도 돈이 된다고 합니다. 그래서 많은 사람들 관심이 집중되면서 열풍이 불고 있습니다. 심지어 단도박, 노숙자 등 재활 과정에도 인문학 강좌가 필수 과정이 되었습니다. 압축 성장으로 표현하는 우리나라 경제성장을 세계적으로 부러워하면서 우리나라를 닮고자 하는 나라가 많다고 합니다. 그런데 이런 인문학 열풍이 시작하는 시점과 유사하게 우리나라 자살률이 급증하며 다른 나라에 비해 월등하게 높습니다. 문사철로 표현되는 인문학이 금전적 기준을 유일한 가치판단 기준으로 하는 현대적 가치에서 벗어나야 한다고 항상 이야기합니다. 그리고 대개 모든 사람이 이를 수긍합니다. 그러면서 인문학적 가치를 수용하고 이에 근거해서 행동하자고 합니다. 하지만 자살률은 줄어들지 않습니다. 인문학적 소양을 쌓는 것이 자살률 감소에 별로 영향을 못 미치는 것 같습니다. 전적으로 인문학적 소양 부족으로 탓할 수는 없겠지만 현상 파악이 잘못된 것은 아닌지요? 자살을 방지할 수 있는 또 다른 방책은 무엇일까요?

답변 19: 저도 선생님의 말씀에 동의합니다. 조선조 말, 일제강점기, 해방, 동란 등으로 우리 전통사회의 가치관이 송두리째 무너지고 말았습니다. 그 후 산업화와 민주화를 거치는 동안 계층 간의 갈등도 고조됐고 또한 이로 인해 경제적으로는 어느 정도 성공을 했다 해도 여전히 사람이 사람으로서 생활할 수 있는 따뜻한 신뢰의 인간화 사회는 아직 이룩하지 못한 채 경제적으로나 정서적으로나 자기목적만을 달성하고자 하는 강박관념이 팽배해졌습니다. 이제 우리 사회 전체가 '인간화'를 위해 차분해져야 할 때가 된 것 같습니다. '사람팔자 알 수 없는 사회'에서 이제 '사람팔자 알 수 있는 인간 사회'로 갈 때 자살률도 다소나마 낮출 수 있지 않을까 생각도 해봅니다. 이를 위한 인문학적 사유가 필요할 것으로 사료됩니다.

질문 20. 역사는 인간이 만들어 간다고 하셨습니다. 우리들의 이념으로서의 '자유실현'을 어느 정도 성취하였지만 결국 '자본주의체제'에 들어섰습니다. 공과 과가 뒤섞인 자본주의는 법과 국가라는 이름으로 새로운 사회계층을 낳아 빈부의 격차를 확대시켜 사리사욕이 판치는 제로섬 게임으로 변화한 것을 부정할 수는 없는 듯합니다.

21세기 들어서면서 글로벌 시대의 미명으로 금융자본주의, 말씀하신 따뜻한 자본주의 4.0(신자유주의) 등으로 그 폐해는 더욱 심화되고 있다고 느낍니다.

헤겔은 공동체 윤리의 인륜국가, 즉 이성국가의 실현을 말했습니다. 인문학으로 생명의 존엄성을 강조 하시는 선생님은 사회적 실천으로서의 삶을 말씀하셨습니다. 철학적 관점에서 보는 한국 사회가 지향한다고 해야 할 이념의 지표는 어떤 것이어야 한다고 여기십니까? (변우진 님)

답변 20: 너무나 훌륭한 질문에 감사할 뿐입니다. 저도 선생님 이상의 고견을 갖지 못하고 있습니다만. 먼저 헤겔은 그 나름대로 완벽한 국가에 대한 철학적 구상을 했습니다. 현실을 먼저 직시하고 이념까지를 제시코자 했기 때문입니다. 그는 국가를 설명하기 위해 남녀로부터 시작했습니다. 남녀란 그 자연성에 따라 필히 사랑으로 이어지고, 그 결과로 자식이 태어납니다. 여기에서 한 '가정'이 성립되고, 그 자식이 성장하여 결혼하여 자식을 낳게 됨으로써 또한 가정이 이루어지며, 그 다음 세대도 그렇게 수직적으로 이어질 때, 첫째의 가정, 둘째의 가정, 그리고 셋째의 가정 등등 생기고, 이를 통합한 것이 '사회'가 됩니다. 여러 가정이 모여 이룩된 사회에는 자연스럽게 욕구불만들이 터져나오게 되어 소란스럽게 됨으로써 '국가'라는 최고의 기관이 그 사회를 조정하게 된다. 요약하면 가족, 사회, 그리고 국가로 이어진다는 것입니다. 물론 이것이 그대로 후세까지 통용되지는 않았습니다. 왜냐하면 국가지상주의라 해서 비판을 받게 됐지요.

저는 무엇보다 제일 우선해야 하는 것이 '사람존중'이라고 생각합니다. 사람존중은 생명의 존엄성에서 비롯되고, 이는 인권과 관련되며 또한 생존권에까지 이어진다고 생각합니다. 왜냐하면 이것은 '사회적 사실판단' 이전에 생명에 대한 '철학적 가치판단'에 근거하고 있기 때문입니다. 물론 이 모든 것이 정치경제적 기반 없이는 아무런 의미가 없겠지만요. 외세에 시달리지 않았던 한국전통의 사람됨과 현대사회의 자유함을 실현할 수 있는 세상을 바라고 싶습니다. 이 양자는 서로가 모순되나, 그런 모순으로 인해 한 자리에만 머물지 않고 원대한 꿈을 펼칠 수 있을 것으로 생각하고, 그 지표는 우리에게는 물론이고 전체 인류를 위해서라도 paco ergo sum입니다. 이를 가능케 할 수 있는 계기가 인문학적 사유일 것이고, 이는 '경첩'의 술을 가지고 있습니다.

질문 21. 인간의 생물학적 측면을 강조하는 생물학자들의 주장을 듣다보면 인문학을 즐겨 탐방하는 우리로서 삶에 큰 도움이 결여된 관념의 유희나 자위행위 같아 서글퍼지기도 합니다. 생명의 설계도라는 DNA의 조작은 의학의 발전에 기여했지만, 한편 인간의 존엄성에 상처를 주는 양날의 칼이 되기도 합니다. 리처드 도킨스의 '이기적 유전자' 가설은 인간의 행동을 지배하는 것은 Selfish Gene으로 우리의 몸은 단지 버스와 같은 차량에 지나지 않아 개인은 유전자를 위한 생존기계라고 합니다. 먼 미래 이간의 존엄은 한층 빛이 바래지지 않을까 염려되기도 합니다. 인간의 탈중심성 논리로 이를 어떻게 설명하시겠습니까? (고영걸 님)

답변 21: 좋은 질문이십니다. 그러나 우리가 짚고 있어야 할 것은 아무리 과학이나 기술이 발달한다고 해도, 완벽한 디지털정보사회가 된다고 해도 그 과학이나 기술, 심지어 디지털까지도 스스로 생각하고 판단할 수 없다는 사실입니다. 세상은 바뀌어도 사람 자체는 바뀌지 않습니다. 이미 앞에서도 말씀드렸습니다만 지난 400만 년 동안 지금과 같은 DNA를 가진 800억 명이 이 세상에서 살았다고 합니다. 과거는 그랬다고 해도 지금 과학기술의 발달로 새로운 인공인간이 만들어진다고 할 때 지금까지와는 완전히 다른 인간류가 탄생할 것이 아니냐는 것은 누구도 예측할 수 없습니다만 그런 '새 인간(homo novus)'이 현존인간과 그 인간의 문화와 전적으로 무관할 수만은 없을 것으로 사료됩니다. 왜냐하면 하나님이 자신의 형상대로 사람을 창조한 것과 같이 오늘날의 인간이 만든 새 인간 역시 별종일 수는 없지 않겠습니까! 어떻든 인간의 탈중심성논리는 현존하는 인간능력을 자연에 역행하는 문화나 전통에 역행하는 역사, 그리고 자신에 역행하는 정신으로 서술해냄으로써 인간존재의 독자적 위상성을 드러내고자 한 것입니다. 단적으로 우리에게 역행은 곧 새로운 생산성입니다. 직접 뵙고 싶네요.

질문 22.

1) 원시 종교가 차원 높은 (외래)새 종교에 의하여 밀려났는데 학문적으로 어느 정도의 한계(가치)를 가지고 있습니다. 특히 민족의 종교로 보는 입장에서

2) 학문의 과거와 현대의 연구 방법이 다른 점이 무엇입니까?

3) 학문이란 문헌이나 선인들의 논문을 참고하는 연구물이 없어지는 경향보다는 독자적 상상의 세계를 연구할 수 있을까요?

4) 학문이 대중에게 이해하고 공감할 수 없는 것 같습니다.

5) 학문이 저속성을 띤다면 그것도 정상인가요?

답변 22:

1) 신앙의 고백문제는 입장을 서로 아주 달리할 수 있을 것 같습니다.

2) 시대에 따라 학문의 지평이 달라집니다. 서양고대에서는 '자연'과 '사람'이 중심이었으나, 중세 때는 '신앙'이, 근세에서는 '이성'이, 현대는 '삶'이, 그리고 요즘에는 어떤 하나의 척도가 없기 때문에 저는 앞에서 말씀드린 대로 paco ergo sum(나는 평화한다, 그러므로 나는 존재한다)라고 생각합니다.

3) 학문하는 태도를 극단적으로 양분할 수 있다면 하나는 전통과 관계없이 자기 독자적으로 학문의 체계 혹은 예술을 창조할 수 있고(예를 들면 100% 순수하지는 않다고 해도 칸트나 백남준 같은 분을 들 수 있음), 다른 하나는 이전의 학문에 대한 새로운 해석의 학문이라고 할 수 있겠습니다. 해석학이란 저자 자신이 자신을 이해하고 있는 것보다 더 잘 이해하는 학문이라 할 수 있음을 말합니다.

4) 엄격한 의미에서는 자신의 학문을 이룩하기 위해 자신에게만 통용되는 개념을 독자적으로 개발하여 학문을 하기 때문에 난해할

수 있습니다. 예를 들면 칸트라는 철학자는 『순수이성비판』이라는 저서를 발표했습니다만, 너무나 난해해서 대중을 위해 그들이 이해할 수 있도록 『비판철학서설』로 풀어서 썼습니다.

5) 대체적으로 동서양의 고전들은 지속성을 유지하기에 그것은 정상이라고 할 수 있습니다. 왜냐하면 인간의 본질 혹은 속성은 잘 변하지 않기 때문입니다. 괴테의 『파우스트』나 노자의 『도덕경』 등은 세월과 관계없이 오늘날 우리에게도 많은 시사점을 주고 있습니다.

질문 23. 2백 명 이상의 남성과 성관계 경험이 있는 서양여자는 자기의식으로 했으니 그건 사랑인가요?

답변 23. 진정한 사랑이란 성관계의 횟수와는 무관한 것이 아니겠습니까! 한 번이나 백 번이나 분명한 자기의식 없이 성관계가 이루어졌다면 그것은 단순한 정욕 혹은 성욕의 발산이라고 할 수 있지요. 참으로 매번 상대를 바꾸어가면서 성관계를 하면서도 분명한 자기의식에서 한다고 하면 그것은 자기기만에 해당하는 것이겠지요. 그런 것은 정신적인 순결도 아니고, 더구나 육체적인 순결은 더더욱 아닐 것입니다.

질문 24.

1) 생존권이 인권이라 한다면 현실적으로 철학적 정당성을 어떻게 해야 하나요?

2) 「철학적 판단」이란 복잡한 현실세계에서 어떻게 조화롭게 해 나갈 수가 있나요?

3) 인간의 삼중적 위상인 신체, 마음, 정신중에서 마음과 정신에 는 어떤 차이가 있나요?

4) 도입 → 역행 → 생산성이라 한다면 문제의식, 긴장의식이 창 의성, 창조성이라는 것과 같은 맥락인가요? 또한 문제의식을 가지 는 것이 인문학을 한다고 봐야 하는가요?

5) 학계에서 독일서가 존폐위기에 있습니다. 일부 소수의 전공자 이외에는 하는 이가 없는 이는 곧 독일어를 하지 않고는 인문학을 할 수 없다는 인문학의 존폐위기와는 맥을 같이한다고 볼 수 있습 니다. 독일어 활성화 방법은 무엇인가요?

6) 구글, 삼성에서의 예와 같이 현재 한국사회의 인문학의 수요 는? 향후의 전망은 어떤지요? (이종호 님)

답변 24:

1) 왜 생명이 존엄한가 하는 것은 죽음의 역경 속에서 태어났기 때문이고, 그런 존엄성으로 인해 인간의 존엄성이란 인권을 가능케 합니다. 인권이란 생물학적으로 보장이 되지 않으면 공허한 개념으 로 떨어지고 맙니다. 따라서 인권은 생존권에 연계되어 있고, 이것 은 생명에 대한 철학적 가치판단입니다.

2) 사람이 일상적으로 살아가는 데는 상식적 판단으로 충분합니 다만, 때로는 합리적 판단을 해야 하지요. 그럼에도 사실의 본질을

직관하는 데는 철학적 통찰력이 있어야 사태 전체를 관망할 수 있습니다. 이 세 가지 판단이 각각 독립되어 있는 것이 아니라 그때마다 다 섞여 작동할 것입니다. 현상만 보고 본질을 보지 못해서는 안 되겠습니다.

3) 마음이 사람의 가슴에 관계하는 것이라면, 정신은 사람의 머리에 관계하는 것이라고 할 수 있습니다. 따라서 마음은 감정에 따라 좌지우지되나, 정신은 사람의 감정을 넘어 이성의 판단에 따른다고 할 수 있습니다.

4) 네 저는 그렇게 생각합니다. 굳이 도입 → 역행 →생산성이라는 도식으로만 이루어지지는 않는다고 해도 그런 형태로 이어가면서 문제의 본질을 넓고 깊게, 즉 이 전체과정을 인문학적으로 사유한다고 할 수 있을 것 같습니다.

5) 독일어가 세계어가 아닌 이상 그 한계는 어떻게 할 수 없이 있게 되는 것 같습니다. 지금의 세계 공통어는 영어이지 않습니까! 2차 세계대전 이후 정치, 경제적으로, 더욱이 과학기술적으로 미국을 비롯한 영어권의 국가들이 그 위상을 높여갔기 때문으로 여겨집니다. '에네르기'로 혹은 '비타민'으로 통용되던 말들이 오늘날에는 '에너지'로 혹은 '바이타민'으로 통용되는 것이 그 예라고 할 수 있겠습니다.

6) 한국에서 인문학의 수요정도에 대해서는 통계자료가 없어 알지 못하겠습니다만, IT가 발전함에 따라 다양한 상상력을 필요로

하기 때문에 계속 관심은 높아지리라 기대합니다. 그러나 인문학이라는 것이 본성상 실천학문이 아니기 때문에 인기학문이라고 하기에는 한계가 분명 있을 것입니다. 오죽 했으면 내외적으로 인문학의 위기를 말했겠습니까! 하기야 인문학 자체란 위기를 맞을 수 없는 능력 자체의 학문이지, 법학이나 의학처럼 곧장 인간 삶에 실용적인 학문은 아닙니다.

질문 25. 구글(google)의 앱 검색엔진은 지적 세계 질서를 정리하고 재 편성하는 큰 구상이 돋보입니다. 검색이나 인터넷에 액세스하여 세계의 모든 지적 유산과 정보를 나의 손 안에 갖고 다닐 수 있게 되었습니다. 인문학적 가치 창조가 爲學日益에서 찾았지만, 타무스 왕의 반박처럼 미래디지털사회는 기억력 감퇴는 물론 사고와 판단력을 약화시킬 가능성도 내포하고 있음을 알았습니다.

틀린 정보를 익명으로 흘려 개인에게 피해를 줄 수도 있습니다.

조지 오웰의 〈1984년〉에 비견되는 통제된 디스토피아사회가 가능할 수도 있을 것 같아 위기의식도 느껍니다. 정보화 사회에 대한 진지한 논의가 있어야 할 때라고 생각합니다. 이에 대한 선생님의 고견을 듣고 싶습니다. (윤묘진님)

답변 25: 이미 우리는 전통교육으로서 서당교육과 현재의 학교교육, 그리고 이제 새로운 가상교육을 살펴보았습니다. 서당교육은 암기식교육이었고, 주입식교육이었으며, 또한 권위교육이어서 낡은 교육이었는가 하면, 신식의 학교교육은 토론식교육이고, 비판적 교육이며, 또한 민주교육이어서 살아 있는 교육이라 하여 찬사 일변도였습니다. 그러나 이제 디지털시대가 되어 영상교육이 학교에 자리잡고 나섬으로써 가상교육이 현실교육이고 전방위교육이며, 또한 정보교육이어서 지금까지의 모든 교육을 한물간 교육으로 단절시키고 있습니다. 한마디로 종전의 서당교육이나 학교교육은 아날로그시대의 교육이었고, 오늘날의 교육은 디지털시대의 교육으로서 최첨단의 교육이라는 것입니다.

새 교육이나 첨단교육 자체가 중요한 것이 아니라 디지털교육의 본질이 무엇이고, 교육의 대상이 누구이며, 그리고 이런 교육을 통해 무엇을 얻을 수 있는가를 짚어내는 것이 중요합니다. 시대에 따라서 교육의 방식은 달라져 왔으나, 교육의 중심에는 서당도, 학교도, 가상도 아닌 '사람'이었음을 우리가 간과해서는 안 됩니다. 서당교육에서도 인성교육을 목표로 했었고, 학교교육에서도 인간교육을 목표로 했으며, 또한 디지털시대의 가상교육 역시 사람교육을 궁극적 목적으로 해야 한다면, 단순한 객관적 대상의식을 극복할 수 있는 각(覺)의 자기의식이 무엇보다 중요한 관건이라 할 수 있을 것입니다. 위학일익(爲學日益)이 아니라 위도일손(爲道日損)하는 자기의식 말입니다.

_참고문헌

강영안, 『인간의 얼굴을 가진 지식 – 인문학의 철학을 위하여』, 서울: 소나무, 2002.
강영안, 『타인의 얼굴 – 레비나스의 철학』, 서울: 문학과 지성사, 2005.
구약성경, 에스겔 22장 10절과 36장 17절.
권택영, 『포스트모더니즘이란 무엇인가』, 서울: 민음사, 1991.
김건열, 『존엄사. 회복가능성이 없는 환자에 대한 연명치료 중단』, 서울: 최신의학사,
        2005.
김동욱, 『포스트모더니즘의 이론』, 서울: 민음사, 1992.
김영필, 이강화, 『철학과 삶』, 서울: 학문사, 1996.
김옥환, 『대학론. 대학의 이념론』, 서울: 교육과학사, 1994.
김지하, 『생명사상: 생명과 가치』, 서울: 솔, 1996.
노자, 『도덕경』, 임수무 역해, 대구: 계명대학교출판부, 2001.
문성학, 『철학, 삶 그리고 윤리』, 서울: 형설출판사, 1996.
박경서, 『인권이란 무엇인가』, 서울: 미래지식, 2012.
박이문, 『문명의 위기와 문화의 전환』, 서울: 민음사, 1996.
백승균, 『변증법적 비판이론』, 서울: 경문사, 1991.
백승균, 『실존철학과 현대』, 대구: 계명대학교출판부, 1994.
백승균, 『해석학과 현대철학』, 서울: 철학과현실사, 1996.
백승균, 『플레스너의 철학적 인간학』, 대구: 계명대학교출판부, 2005.
백승균, 『세계사적 역사인식과 칸트의 영구평화론』, 대구: 계명대학교출판부, 2007.
백승균, 『호스피스 철학』, 대구: 계명대학교출판부, 2008.
서광일, "철학은 고향을 그리는 마음이다," In: 『계명대학교 목요철학세미나 자료집』
        218회, 1993.

손석우, 『육관도사의 풍수·명당 이야기(상)』, 서울: 답게, 1993.

신약성경, 고린도 전서 13장 4절 이하.

신일희, 『천로역정: The Pilgrim's Progress』, Academia Humana, 2006.

이윤갑 외, 『인문생채의 눈으로 지역혁신을 꿈꾼다』, 대구: 계명대학교출판부, 2009.

이진우, 『한국 인문학의 서양콤플렉스』, 서울: 민음사, 1999.

이희승 편저, 『국어대사전』, 서울: 민중서관, 1995.

장회익, 「인간적 학문—'삶 중심' 학문의 복원을 위하여」, 한국학술협의회 편, 『인문정
　　　신과 인문학, 지식의 지평 2』, 서울: 아카넷, 2007.

조가경, 『실존철학』, 서울: 박영사, 1961.

조동일, 『인문학문의 사명』, 서울: 서울대학교출판부. 1997.

조선일보, "통일이 미래다" (2) 한반도의 르네상스, 서울대·고려대 연구소 분석,
　　　2014.1.2, 1면.

조선일보, 「남북 하나될 때 동아시아번영의 미래가 열린다」, 2014.1.14, 1면.

조지훈, 『철학적 인간학』, 서울: 탐구당, 1964.

진원숙, '휴머니즘의 부흥과 인문과학': In: 『인문학의 전통과 새로운 지』, 대구: 계명
　　　대출판부, 2004.

한국철학회 편, 『생명사상: 생명과 가치』, 서울: 철학과 현실사, 1995.

한국철학사상연구회, 『문화와 철학』, 서울: 동녘, 1999.

한자경, 『칸트 철학에의 초대』, 서울: 서광사, 2006.

Aristoteles, 『시학』, 손명현 역주, 서울: 박영사, 1960.

Bollnow. O.F., 『교육의 인간학』, 오인탁, 정혜영 공역, 서울: 문음사, 1988.

Bollnow. O.F., 『진리의 양면성: 인식의 철학 II』, 백승균 옮김, 서울: 서광사, 1994.

Cassirer. E., 『국가의 신화』, 최명관 옮김, 서울: 서광사, 1988.

Darwin. Ch.R., 『종의 기원』, 박만규 역, 서울: 삼성출판부, 1977.

Descartes. R., 『방법서설』, 김진욱 옮김, 서울: 범우사, 2005.

Diemer. A., 『철학적 해석학』, 백승균 옮김, 서울: 경문사, 1982.

Flusser. V., 『디지털시대의 글쓰기. 글쓰기에 미래는 있는가』, 윤종석 옮김, 서울: 문예출판사, 2002.

Flusser. V., 『그림의 혁명』, 김현진 옮김, 서울: 커뮤니케이션북스, 2004.

Flusser. V., 『코무니콜로기. 코드를 통해 본 커뮤니케이션의 역사와 이론 및 철학』, 김성재 옮김, 서울: 커뮤니케이션북스, 2006.

Flusser. V., 『피상성 예찬』, 김성재 옮김, 서울: 커뮤니케이션북스, 2006.

Gadamer. H.G., 『진리와 방법』, 이길우, 이선관, 임호일, 한동원 옮김, 서울: 문학동네, 2000.

Hegel. G.W.F., 『정신현상학』, 왜관: 분도출판사, 1980.

Hegel. G.W.F., 『대논리학 (I). 존재론』, 임석진 옮김, 서울: 지학사, 1983.

Heidegger, M., 「사물」, 『강연과 논문』, 이학사, 2008.

Heidegger, M., 『존재와 시간』, 이기상 역, 까치, 1999.

Hirschberger. J., 『서양철학사 上』, 대구: 이문출판사, 1983.

Hufnagel. E., 『해석학의 이해』, 강학순 옮김, 서울: 서광사, 1994.

Ineichen. H., 『철학적 해석학』, 문성화 옮김, 서울: 문예출판사, 1998.

Israel. J., 『변증법』, 황태연 옮김, 서울: 까치, 1983.

Jaspers. K., 『역사의 기원과 목표』, 백승균 역, 서울: 이대출판부, 1986.

Kant. I., 『비판철학서설』, 최재희 역, 서울: 박영사, 1980.

Kant. I., 『순수이성비판』, 최재희 역, 서울: 박영사, 2002.

Kant. I., 『실용적 관점에서 본 인간학』, 울산: 울산대학교출판부, 2008.

Kant. I., 『판단력비판』, 김상현 옮김, 서울: 책세상, 2009.

Kierkegaard. S., 『죽음에 이르는 병』, 김용일 옮김, 대구: 계명대학교출판부, 2008.

Landmann. M., 『철학적 인간학』, 진교훈 역, 서울: 경문사, 1977.

Pasternak. Ch., 『무엇이 우리를 인간이게 하는가?』, 채은진 옮김, 서울: 말글빛냄, 2008.

Scheler. M, 『인간의 지위』, 최재희 역, 서울: 박영사, 1976.

Wright. G.H. von, 『설명과 이해』, 배철영 옮김, 서울: 서광사, 1995.

Adorno. Th. W., *Wozu noch Philosophie. In: Eingriffe. Neun kritische Modelle*. Frankfurt(M) 1966.

Adorno. Th.W., *Kritik. Kleine Schriften zur Gesellschaft*. 2.Aufl. Frankfurt(M) 1973.

Aristoteles, De Caelo, 298b30; Vgl. DK,153, Herakleitos B10.

Bloch. E., *Das Prinzip Hoffnung*. Frankfurt 1959.

Bloch. E., *Tübinger Einleitung in die Philosophie*. Frankfurt(M) 1970.

Crane. R.S., *The Idea of the Humanities and other Essays Critical and Historical*. Chicago & London. The University of Chicago Press 1967.

Gadamer. H.G., *Wahrheit und Methode. Grundzüge einer philosopohischen Hermeneutik*. Tübingen 1965.

Gehlen. A., *Der Mensch: Scinc Natur und seine Stellung in der Welt*. Berlin 1940.

Gehlen. A., *Der Mensch. Seine Natur und seine Stellung in der Welt*. Frankfurt(M) 1971.

Habermas. J., Der Universalitatsanspruch der Hermeneutik. In: *Hermeneutik und Ideologiekritik*. Frankfurt(M) 1971.

Habermas. J., *Philosophisch—politische Profile*. 2. Auflage, Suhrkamp: Frankfurt 1984.

Heidegger, M., *Das Ding, in: Vorträge und Aufsätze*. Stuttgart 1954.

Heidegger, M., *Sein und Zeit*. Tübingen 1986.

Herders Gedicht, Das Kind der Sorge (Suphan XXIX, 75), in: Martin Heidegger, *Sein und Zeit*. Tübingen 1986.

Jaspers. K., *Philosophie II. Existenzerhellung*. Berlin. Heidelberg 1956.

Jaspers. K. u. K. Rossmann, *Die Idee der Universität für die gegenwärtige Situation*. Berlin 1961.

Landmann. M., *Philosophische Anthropologie. Menschliche Selbstdeutung in Geschichte und Gegenwart*. Berlin 1969.

Lowith. K., *Nietzsches Philosophie der ewigen Wiederkehr des Gleichen*. Stuttgart

1956.

On Melissus, Xenophanes, and Gorgias 979a 11−12; http://en.wikipedia.org/wiki/ Gorgias (2013.08.18.22:30)

Orbell. M., *The Concise Encyclopedia of Māori Myth and Legend*. Christchurch: Canterbury University Press 1998; http://en.wikipedia.org/wiki/Tiki.

Pasternak. Ch., *What Makes Us Human?*. Oxford 2007).

Platon, *Politeia* 7.

Plessner. H., 'Macht und menschliche Natur. Ein Versuch zur Anthropologie der geschichtlichen Weltansicht'. In: ders.: *Zwischen Philosophie und Gesellschaft*. Bern 1953.

Plessner. H., *Lachen und Weinen. Eine Untersuchung nach den grenzen menschlichen Verhaltens*. Bern 1961.

Plessner. H., *Die Stufen des Organischen und der Mensch. Einleitung in die phlosophische Anthropologie*. 2.Aufl. Berlin 1965.

Plessner. H., *Die Stufen des Organischen und der Mensch. Einleitung in die philosophische Anthropologie*(1928). Frankfurt 2003.

Skirbekk. G. (Hrsg.u.eingel.), *Wahrheitsthorien. Eine Auswahl aus den Diskussionen über Wahrheit im 20.Jahrhundert*. Frankfurt(M) 1977.

http://de.wikipedia.org/wiki/Helmuth_Plessner (2013.8.17.18:25).

http://en.wikipedia.org/wiki/Tiki.

_찾아보기

석학人文강좌 56